科技管理决策·科技调查统计·科技与产业·知识产权管理·学术探讨

NINGBO SHI KEJI CHUANGXIN
FAZHAN ZHANLÜE YANJIU

宁波市科技创新
发展战略研究

张国成　主编　　王元明　魏晨雨　副主编

知识产权出版社

全国百佳图书出版单位

图书在版编目（CIP）数据

宁波市科技创新发展战略研究 / 张国成主编 . —北京：知识产权出版社，2019.6
ISBN 978-7-5130-6357-9

Ⅰ . ①宁… Ⅱ . ①张… Ⅲ . ①技术革新—区域发展战略—研究—宁波 Ⅳ . ① F127.553

中国版本图书馆 CIP 数据核字（2019）第 130936 号

内容提要

本书是宁波市科技信息研究院科研人员 2018 年的研究成果，围绕"科技管理决策""科技调查统计""科技与产业""知识产权管理""学术探讨"几方面开展研究，具有思想性、前瞻性、科学性、独立性和建设性，其中的多项建议已经被相关部门采纳并进入决策程序，充分发挥了高端科技智库的作用。

责任编辑：彭喜英　徐凡　　　　　　**责任印制：孙婷婷**

宁波市科技创新发展战略研究

张国成　主编　王元明　魏晨雨　副主编

出版发行：**知识产权出版社** 有限责任公司	网　　址：http://www.ipph.cn
电　　话：010-82004826	http://www.laichushu.com
社　　址：北京市海淀区气象路 50 号院	邮　　编：100081
责编电话：010-82000860 转 8539	责编邮箱：pengxiying@cnipr.com
发行电话：010-82000860 转 8101	发行传真：010-82000893
印　　刷：北京中献拓方科技发展有限公司	经　　销：各大网上书店、新华书店及相关专业书店
开　　本：720mm×1000mm　1/16	印　　张：15
版　　次：2019 年 6 月第 1 版	印　　次：2019 年 6 月第 1 次印刷
字　　数：232 千字	定　　价：68.00 元

ISBN 978-7-5130-6357-9

本书编委会

主　编　张国成
副主编　王元明　魏晨雨
编　委　（按姓氏笔画排序）
　　　　石璐珊　李建花　吴明昊　周一行
　　　　施　军　郭　伟　黄　亮　黄文琦
　　　　葛育祥　潘　滨　潘挺雷

前 言

当前，我国经济发展已由高速增长阶段转向高质量发展阶段，正处于转变发展方式、优化经济结构、转换增长动力的攻关期，随着新一轮科技革命和产业变革蓄势待发，突破发展瓶颈的根本出路在于创新。

研判科技创新发展趋势，把握科技创新发展脉搏，是高端科技智库的职责所在。2018年，宁波市科技信息研究院在市科技局的领导和支持下，以"服务政府决策、服务产业创新"为使命，充分发挥研究优势，致力于为宁波市科技、经济和社会发展提供多层次、多方位、多专业、高质量的决策咨询。

本书是宁波市科技信息研究院科研人员2018年的研究成果，围绕"科技管理决策""科技调查统计""科技与产业""知识产权管理""学术探讨"几个方面开展研究，具有思想性、前瞻性、科学性、独立性和建设性，其中的多项建议已经被相关部门采纳并进入决策程序，充分发挥了高端科技智库的作用。

本书在编写过程中，得到了有关领导、专家学者的帮助和支持，在此表示衷心的感谢。由于编者水平有限，书中难免有不妥之处，欢迎读者批评指正。

编　者
2018 年 12 月

知识产权管理

学术探讨

科技管理决策

宁波市科技创新发展思考及研判
——论创新生态的构建和维护

在国家科技创新跨越式发展的大趋势下，为应对宁波市全面发力"六争攻坚、三年攀高"、紧盯"科技争投"、聚焦关键指标"八个倍增"的重大挑战，科技部门必须提高站位、精心谋划。本研究通过分析宁波市与同类城市在科技创新上的差距，立足国家机构改革的趋势和要求，发掘科技体制改革动力，谋划宏观布局的路径对策，致力构筑全新的创新发展大生态，为新时代宁波市经济社会高质量发展注入充实的科技内涵。

一、历史方位研判：对宁波市科技创新阶段和定位的认识

纵观宁波市改革开放以来的经济发展历程，通常以 1978 年（改革开放和启动港口建设）、1992 年（社会主义市场经济体制改革和北仑港建成）、2001 年（中国加入世贸组织）和 2008 年（全球金融危机）为主要节点。在历经起步发展、市场转型、加速发展、创新转型四个主要阶段后，宁波市地区生产总值逐年攀高，增长速度逐步趋稳（图 1），而科技事业在支撑经济工作发展过程中，也实现了从起步、健全、蓬勃发展到创新驱动的转变和革命。

回顾历史，创新在不同阶段为宁波市经济社会发展注入动力。自实施科教兴市"一号工程"以来，宁波市先后做出建设创新型城市、实施创新驱动发展战略的决策部署，让创新在经济转型发展中发挥重要作用。特别是在金融危机后，在经济下行压力加大，石油化工、临港低端制造等传统产业低迷的情况下，

宁波市地区生产总值年均增长超过 8%,形成了以新材料、汽车制造、家用电器等 8 大千亿级产业为支柱的先进制造业体系,探索出一条科技智力资源薄弱地区提升自主创新能力、培育新兴产业、创新引领发展的新模式、新路径和新机制,用创新发展的增量弥补了传统产业的减量,缩短了转型阵痛期,创新正逐步成为经济发展新旧动能转化的主要驱动力。

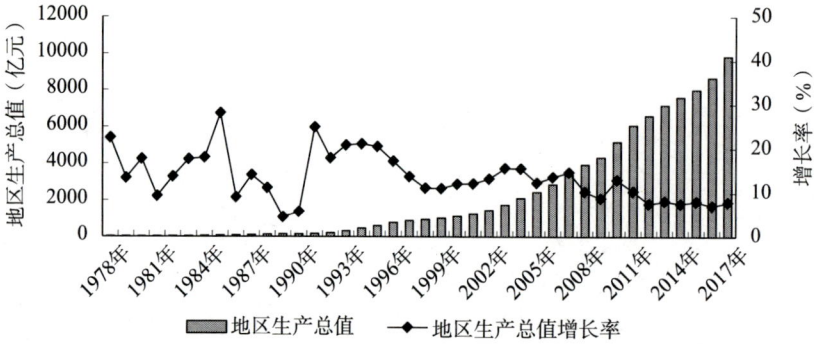

图 1   改革开放以来宁波市历年地区生产总值及增长率

站在当下,创新应当成为宁波市与同类城市竞争的利器。近 10 年,作为具备较好区位优势的沿海开放城市,宁波市经济发展相对迟缓,地区生产总值已被多个城市超越(表 1)。2008—2017 年宁波市的地区生产总值增幅为 150%,增幅在 15 个副省级城市中位列第 11 位,与武汉市、成都市和南京市等城市存在较大差距;南京市、成都市分别从落后于宁波市,到 2017 年高出宁波市千亿元的规模。在 5 个计划单列市排名中,宁波市位次虽没有发生变化,都位居第 3,但与排名第 2 的青岛市的差距已从 10 年前的 460 亿元扩大到 2017 年的 1190 亿元。不可否认,赶超宁波市的几大城市,均是这 10 年间创新步伐大步迈进、创新能力显著提升的城市,宁波市在新一轮竞争中必须紧抓创新引擎,不断提升创新对经济社会发展的贡献度。

表 1   副省级城市 10 年地区生产总值排名变化

城市	2008 年位次	2017 年位次	10 年位次变化
深圳市	2	1	+1
广州市	1	2	−1
成都市	7	3	+4

续表

城市	2008 年位次	2017 年位次	10 年位次变化
武汉市	5	4	+1
杭州市	3	5	−2
南京市	9	6	+3
青岛市	4	7	−3
宁波市	6	8	−2
西安市	14	9	+5
大连市	8	10	−2
济南市	11	11	不变
长春市	13	12	+1
哈尔滨市	12	13	−1
沈阳市	10	14	−4
厦门市	15	15	不变

面向未来，是宁波市创新发展从量的积累到质的飞跃的关键期，只有找准站位、找对路径，才能实现脱胎换骨的变化。宁波市创新发展进入关键阶段，意味着宁波市正在加速新旧动能转换、经济发展动力加速从规模速度型增长转向质量效益型增长、经济发展动力加速从传统增长点转向新的增长点。新旧动能能否转换成功、创新能否成为现代化经济体系的战略支撑，关键在于创新是否真正成为引领发展的第一动力。而在这一关键阶段，企业创新模式以及宁波市整体的创新路径会与之前截然不同，比如企业不仅要创新出来更新换代的产品，更要掌握原创性很强的产品，才能真正在产业领域掌握话语权，因此对创新生态的构建和维护均提出了更高的要求。

二、由表及里剖析：宁波市与国内城市间的差距、短板及其成因

各地区的创新发展和创新效果存在着巨大差异，科技发展对经济的带动作用也各不相同。虽然近年来宁波的创新发展取得了显著的成绩，但拉高标杆、主动比较，会发现宁波市与省内先进、国家先进、国际先进城市仍有距离。在近年各类全国城市创新指数综合排行中，宁波市未获得明显突破性成绩，最好

成绩仍停留在 2012 年福布斯全国排名第 8 位，2017 年度长三角城市群科技创新驱动力城市排名中位列第 7 位，部分指标被合肥市、无锡市超过。

从主要创新指标来看，目前宁波市研发投入、高新技术产业规模、高新技术产业投资等主要创新指标都与先进地区存在着差距。与深圳市、杭州市、南京市等城市的创新发展轨迹相比，宁波市经济发展尚未完全走出"路径依赖"，创新尚未成为引领发展的第一动力，产业发展缺少未来基因，核心关键技术话语权不强，仍存在以下短期内难以解决的深层问题。

（一）从创新主体来看，宁波市缺乏带动区域创新崛起的战略力量，更缺乏企业家精神

宁波市创新型企业总体规模较小，企业研发水平普遍较低，高新技术企业占规模以上工业企业数量的 18%，总量与杭州市、苏州市、深圳市存在较大差距。已有的创新型企业多数集中在传统产业领域，与深圳市、广州市 80% 以上的高新技术企业属于电子信息、高新技术服务等附加值较高的新兴产业领域相差甚远。缺乏能占据科技和产业制高点、能带动产业上下游协同发展的领军型创新企业，2016 年产值超百亿元的仅有 4 家，而苏州市和深圳市在 2011 年产值超百亿元的高新技术企业已分别达到 15 家和 13 家；2017 年浙江省创新型领军企业评选名单中，宁波市仅拓普集团股份有限公司 1 家入围。从创新精神来看，宁波市曾涌现出以李如成、郑坚江等为代表的一大批企业家，但追求短期利益、赚"快钱"仍然是部分民营企业无法改变的心态，随着宁波市企业家群体发生代际传承，需要在新的企业家身上不断强化企业家的创新、实践、开放合作等精神，推动宁波市民营企业实现二次创业。

（二）从创新体系来看，宁波市缺乏类似材料所同等级的大院大所，更缺乏面向未来产业、面向原始创新的大平台

近年来，宁波市在引进高等院校，科研院所上取得了一定的成效，但大多以技术转移为牵引，服务区域产品端创新，未从根本上通过引机构带来人才、成果、研发线，导致高校、科研院所对创新人才、创新型企业等创新要素的吸引力不强，创新的集聚效应还不明显。目前，宁波市高校、科研院所数量少、总体实力偏弱，特别是能承载高端创新资源、能产出重大科技成果、能带动产

业发展的国家级科研院所、高能级创新平台、"国字号"重大科技创新基础设施十分匮乏，技术源头创新供给能力薄弱。在创新平台建设方面，上海市以张江综合性国家科学中心为核心，深圳市以大科学装置群、诺奖科学家实验室、基础研究机构为核心，都为城市创新迈向前沿提供着基础支撑，而宁波市缺乏创新源头供给大平台，是导致新兴产业发展慢、核心关键技术缺乏的关键原因。

（三）从创新环境来讲，宁波市创新生态构建仍处于起步阶段，缺乏吸引高端资源的产业因素、资源因素、城市因素

目前宁波市尚未形成从成果产出到产业化的全链条创新创业生态体系，政产学研金服用协同创新格局尚未形成。各创新主体之间围绕技术集成、产品研发和产业链合作而展开的技术转移、产学研合作、资源共享、专业分工等融通创新较弱，高校院所与企业之间、企业与企业之间、科技服务机构与企业之间的协同性有待增强。存在科技转移转化等创新服务链有待加强、科技与金融结合不够紧密、产学研协同创新机制不协调等多处需要完善的生态细节，如宁波市科技型初创企业拿到早期投资的概率是上海市、深圳市等地同等企业的1/5，获得早期投资的总量与深圳市、上海市、杭州市无法相提并论。

（四）从创新治理来看，宁波市科技创新推进合力还不够强，统筹协调机制有待进一步完善

面向宁波市创新驱动发展的顶层设计机制还未形成，涉及科技创新的项目分散在各部门的情况还不同程度存在，区县（市）统筹协调力度、联动推进创新驱动发展的力度还不够，存在项目重复建设、资源重复引进等现象，面向创新资源配置的市场化机制、准入门槛机制还未完全建立。关于创新的顶层设计，科技管理部门的谋划、设计仍具有前瞻性不足、判断不准、掌握不全等问题，需要精准掌握科技创新形势，借助产业、企业、政策等多方专家资源，提升科技管理工作水平，以"大生态、大格局、大统筹"理念，回答好创新时代之问，提升对宁波市全域创新的引导和支撑。

三、创新格局谋划：优化科技工作思路，打造高端创新生态

如果说宁波市创新模式必须依靠正向创新、逆向创新两条腿走路，那么科

技创新工作也要摒弃传统路数，厘清与市场之间的关系，"有所为有所不为"，做科技创新生态的设计者、建设者、维护者，持续为科技创新赋能。

建设、设计、维护以实现真正创新为目标的"创新生态"，必须解决好一系列问题：如何支持伟大的企业家阶层崛起；如何划清政府与市场的边界；如何提供更有利于创新企业成长、产业创新转型的制度环境与人力资本供给。现阶段，需要以"双创大生态＋若干特色产业创新微生态"的创新生态格局带动科技创新创业，以科技创业带动自主创新，以自主创新带动新兴产业，构建全域创新的新格局。

（一）站高位谋划全域创新空间，打造宁波市特色创新形象

认识创新活动的空间特征、寻找创新活动的空间演进轨迹，并为创新活动提供空间载体，已成为创新型城市总体谋划的重要命题。杭州城西科创大走廊、上海松江 G60 科创走廊、深圳大沙河创新走廊等都对城市整体空间发展格局和功能转型影响深远。随着区域间创新要素快速流动、竞争日趋激烈，宁波市亟须把握创新格局调整趋势，在新一轮创新发展中找准创新空间定位，尽快重构区域创新空间，向众多创新创业主体解答"去哪里创"的问题，证明宁波市能真正成为以创新为主导的城市，以功能合理、要素高端的整体创新形象在区域错位争先发展中脱颖而出。

用统一的视角和合力去谋划创新空间，将创新空间谋划提升至宁波市整体规划的核心位置，引导城市经济结构、空间布局以及社会网络的联系属性得到重新优化建构。在"一带两湾"区域创新格局基础上，借鉴相关城市打造"科创走廊"的做法和经验，抓紧谋划布局甬江科创大走廊、前湾新区（"一廊一湾"），统筹形成以宁波市国家高新区为核心，宁波市域建设国家自主创新示范区的格局，打造全省大湾区创新动力源和宁波市创新创业、新兴产业发展的新高地，产业发展和城市建设的主要承载区。

（二）两条路径支撑产业创新转型，打造创新型经济格局

在经济动态增长和产业升级的过程中，"企业创新、市场选择、政府支持"是理性而又有效的路径。政府做不了创新，受信息约束也不能做产业选择，所以应从制度、人力资本、生态环境等方面去支持产业创新。放眼全国智能化、

信息化浪潮层层吹卷，以制造业为主的宁波市借力新形势的东风，走出一条适合宁波市地域实际的产业特色道路，政府在这个阶段要坚持走好两条路径。

一是制作一套技术创新的导航系统。 建立完善创新调查制度，通过绘制创新地图、人才地图，开展专利导航分析，找到技术供给在哪、竞争对手是谁、突破技术的关键点在哪。依托重点产业知识产权导向目录编制，通过知识产权、创新资源等匹配，明确区域产业发展主攻方向和领域，建立创新发展战略图和技术创新路线图，高效配置国内外创新资源。待发现一个好的产业之后，要立足产业基础发育创新生态，再通过创新生态提升产业发展层级，最终形成从产业生态到创新生态之间的闭环发展。

二是铺好允许产业试错的高速公路。 创新具有不确定性，是一个试错的过程，提高创新成功的概率至关重要。因此，需要放眼长远，开展前沿科技研究，开发原创性、颠覆性科技成果；着力推进实施"科技创新2025"重大专项，攻克核心关键技术，研发重大战略性产品（装备）；搭建鼓励试错、提供帮助的科技创新平台体系，布局建设甬江实验室、新型产业技术研究院、公共科技服务平台、专业化众创空间及孵化器，为产业试错提供平台支持。做好资源布局，不再是单纯地实施科技计划项目，而是通过新技术、新业态预测反向地、开放式地配置有限的科技项目资源，引导社会资本加快产业技术创新。要在创新工作进程中充分借力智库，组建一支由科学家、企业、管理等人才构成的专家咨询队伍，长期为宁波市的长远发展献计献策。

（三）多源头培育壮大创新主体，组建若干创新发展冲锋队

创新主体培育是宁波市现阶段提质增速的核心，重在加大创新源头种子孕育、推进创业企业试错发展、助推瞪羚企业做强做大、引进和培育潜在独角兽企业，加快形成"变革式创业—高成长瞪羚、独角兽企业—高技术大公司"科技创业梯队，建立产业爆发成长机制，形成以企业为主体、以高校院所及枢纽组织为支撑的发展结构。

发挥优势，推进企业创新主体能力提升。继续深入推进"科技领航"计划，按照"创新型初创企业—高新技术苗子企业—高新技术企业—创新型领军企业"成长路线，培育发展一批创新型企业。对创新型初创企业给予"智团创业计

划"、科技创新券、天使投资引导基金等政策扶持。培育发展高新技术企业，鼓励创新型领军企业建立研发准备金制度，按上年度销售收入的一定比例提取研发准备金开展研发活动。鼓励创新型企业承担国家及省、市重大科技专项，支持与高校院所共建研发机构。实施"科技启航行动"，推动传统制造企业发展成为拥有"研发投入、研发人才、研发机构、自主知识产权"的"四有"企业。

补齐短板，引育高层次创新人才团队。坚持外地引进与本地培养相结合，加速打造规模宏大、结构合理、素质优良的创新型科技人才队伍。实施顶尖人才集聚计划，引进两院院士、外籍院士以及在社会贡献、行业公认度、国际影响力等方面相当于上述层次人才的顶尖人才。深入推进"3315计划""资本引才计划""泛3315计划"，加快引进培育"国家千人""国家万人"、省领军型团队、"省千人"等高端创新创业人才。加大"海外工程师"的引进力度，加快推进外国专家证和外国人就业证"两证合一"试点。启动青年才俊储备计划，对来宁波市的高校毕业生按规定给予补助，建立快速落户通道。

（四）抓重点打造创新微生态，促进创新要素合理流动

转变只注重创新活动本身的观念，更加关注创新主体之间的互动性、创新链条内的承接性、产业链与创新链的衔接性以及与外部环境之间的共生性；不仅要培育创新主体，还要建设开放多元、共生包容的创新文化，建立健全适应创新资源跨界流动的体制机制，最终形成"科技—产业—科技"的闭环，即科研资金投入通过成果转化产生财富，资本聚集后再回流到科研，开始新一轮更高水平的创新，形成从研发活动到产生经济价值的"正反馈"。

以服务支撑体系为根本。目前，科技服务业已成为创新生态建设的重要组成部分，在资源配置、产业组织、要素供给等方面发挥着基础作用或决定作用。加快构建多元化的科技服务支撑体系，通过提升专业服务能力，探索促进创新创业的新模式新形式。探索通过建设产业创新服务综合体等形式，不断引进培育高端服务平台、提升机构专业服务能力、强化各类服务互联互通，提升创新微生态的集成服务能力。

以开放创新为途径。抓住经济全球化与区域经济一体化发展机遇，强化地区开放创新、加强跨区域分工协作、积极探索国际科技合作，实现两种资源、

两个市场的充分利用。重点强化与高端创新区域的链接、嫁接、对接，建立以人脉链接带动专利技术、风险资本、经验知识的链接发展机制；强化内部分工合作、跨区域分工协作等，实现区域经济一体化发展，增强辐射带动能力。

以创新政策为保障。顺应创新政策前置化发展趋势，强化体制机制创新，落实政策先行先试，核心是通过各类创新主体的开放式协同创新，建立更加有力的政策供给体系，促进各类资源要素的优化配置与高效循环。建立健全覆盖自主创新及产业发展全链条的政策体系以及关键节点的政策措施，加快形成面向世界科技前沿抓基础、面向国家战略需求抓重大、面向经济社会主战场抓攻关的科技供给、自主创新布局。

关于建立区域创新驱动数据监测运用机制，完善政府经济运行管理模式的对策建议

习近平总书记曾做出"建立符合国情的全国创新调查制度，准确测算科技创新对经济社会的贡献，并为制定政策提供依据"的指示。强化创新驱动数据监测运用，有助于全面反映新兴产业、新兴业态、先进制造业、小微企业等新经济增长点，有利于动态监测创新驱动对经济增长的拉动作用，为政府宏观决策提供支撑。

宁波市作为国家自主创新示范区建设城市、国家创新型试点城市、首批知识产权区域布局试点城市，在创新驱动数据监测和运用方面初步形成了一套大数据决策机制，但随着创新驱动发展战略的深入实施，反映企业创新、产业创新、成果转化等创新活动的统计数据还不能在经济运行管理中得以充分体现，传统的经济监测与评价方式在分析经济结构、产业分工、创新能力等方面已经难以满足政府经济运行管理的需求。

为更好地支撑政府经济运行管理决策，准确测算科技创新对经济社会的发展贡献，完善要素资源配置，优化创新发展布局，建议进一步加强顶层设计、改革传统经济运行监测方式，建立完善创新驱动数据监测运用机制，为政府经济宏观管理、创新驱动动态管理以及推进经济高质量发展提供支撑。

一、创新驱动数据监测运用的机理及意义

创新驱动数据监测运用机制是围绕区域创新发展生态构建的，涵盖区域经济、科技、教育、产业、企业等各类资源，链接国内外高端创新要素如知识产权、人才等而形成的监测、评价与运用体系。通过建立创新资源与产业资源、

经济发展的匹配关系，实现摸清区域创新发展家底、实时把控创新驱动发展动态、引导产业创新发展布局等目标。因此，创新驱动数据监测运用不仅可以实现对企业、产业创新活动的监测评价，还能有效反映创新驱动发展对区域经济新旧动能转换和经济社会发展的贡献。

（一）创新驱动数据监测运用是实现创新驱动宏观动态科学管理的关键

创新驱动数据监测运用机制，是利用大数据和现代信息手段，构建规范、动态、实时的创新决策支持系统，致力于形成高效服务市场主体的精准治理模式。该机制从区域创新资源与产业的互动匹配、区域间分工合作以及产业技术全球布局调整等角度，将创新驱动管理模式由传统的项目申报"被动管理"转变为资源配置（规划布局）—政策支持—创新生态保障全过程"主动管理"，可以有效提高政府决策和管理水平。

（二）创新驱动数据监测运用是推动创新资源合理、高效配置的关键

实施创新驱动发展战略首先要实现创新资源的合理配置与有效集聚。创新驱动数据监测运用机制，是通过摸清区域创新发展状况，分析特定产业、特定技术领域在全球创新链上的位置，来明确创新资源和产业发展需要。这对于当前加速创新发展，抢夺创新资源，实现创新资源与产业资源、教育资源、人才资源的空间合理匹配，精准规划产业布局，提高资源配置效率具有重要意义。

（三）创新驱动数据监测运用是推进供给侧改革、强化技术供给的关键

增强有效技术供给是科技创新领域供给侧改革的重点。创新驱动数据监测运用机制，是通过科技信息、知识产权信息等大数据的挖掘、研判与研究，帮助创新主体预警技术壁垒、预见技术路线、研判产业方向，这对强化关键核心技术攻关具有重要意义。通过区域创新发展数据的监测运用，能够挖掘影响区域未来发展的核心技术和关键人才，从而构建促进创新要素合理流动的创新网络，形成创新资源布局引导目录，为技术有效供给、高效供给提供支撑。

二、先进地区和部门创新驱动数据监测运用的经验

据了解，北京市、深圳市、苏州市等国内先进城市，以及中国航天科工集团有限公司已经在创新发展大数据统计监测与运用分析上做出了有益尝试，并

取得良好效果，主要形成了以下两方面的经验。

（一）面向政府宏观管理决策，建立创新驱动发展数据融合、监测与评价机制

多地建立了创新驱动发展监测指标体系、年度评价机制和数据通报发布制度，将创新大数据决策纳入政府经济决策中。如北京市针对创新驱动发展宏观决策，综合考虑除科技部门以外的相关部门、高校院所、企业等的协同创新数据，由北京市统计局负责开展企业创新活动调查，由北京市科学技术委员会、北京市教育委员会负责开展科研活动及高校的创新调查等，建立形成了创新驱动发展监测评价体系，设计了包含人才、资本、环境、制度创新、开放创新、结构优化、辐射引领等 12 项指标，通过新数据实现对城市发展新变化、新成效和新功能的掌控。

（二）面向创新数据动态应用，打造制造业发展生态圈、推进产业转型升级

在创新数据动态应用方面，中国航天科工集团有限公司建立了工业互联网平台，通过采集企业创新数据，开发政府决策指数、打造制造业企业创新生态，为引领产业转型升级提供指引。在服务政府决策层面，该平台开发了工业互联网覆盖指数、工业互联网创值指数、工业互联网协作配套指数等，为政府实时掌握区域内企业发展健康度、工业互联网创新情况提供决策支持。在制造业生态打造层面，该平台在常州市的应用场景以"大数据、大软件、大应用"为核心，实现企业能力上云、管理上云、过程上云、设备上云、大数据应用等，将企业设计、研发、设备管理、生产经营优化及数字化转型等通过大数据手段进行监测优化，构建了新型的智能制造生态圈，带动了苏南智能制造和协同制造水平提升。

三、宁波市对创新驱动数据监测运用的探索及存在的问题

（一）探索实践情况

近年来，宁波市抢抓创新型城市建设、知识产权区域布局试点城市、知识产权运营服务体系重点城市等建设机遇，建立了创新发展数据采集与监测机制、统筹评价机制和创新资源区域布局引导机制，相继建成了宁波市创新型企业监测预警平台、宁波市科技创新云服务平台和宁波市知识产权区域布局信息平台，为政府创新驱动管理决策提供了基础支撑，主要表现在三方面。

一是建立形成了覆盖创新全流程、多主体的监测体系。宁波市已经建立了规模以上企业科技活动监测机制、高新技术企业统计监测机制和科技项目管理监测体系，监测指标涵盖了规模以上企业 R&D 经费，高新技术产业增加值、投资额，高新技术企业产销、利润等近百项指标。目前，各项监测指标已经实现与宁波市"3511"产业关联互通，为监测宁波市制造业创新发展打下了坚实基础。

二是建立形成了创新驱动发展统筹协调评价机制。强化创新驱动发展统筹协调，建立了区域科技进步监测机制和创新型城市建设评价机制，每年发布相关评价报告；研究形成了产业竞争力、产业创新活跃度等评价模型，为宁波市创新政策制定、管理和创新能力评价等工作提供了有效支撑。

三是建立形成了创新资源区域布局引导机制。结合国家知识产权区域布局试点城市建设，建立了创新资源与产业协调发展匹配模型，形成了产业发展数据库、人才资源数据库、科技资源数据库，摸清了创新发展资源家底、提供了资源配置方案。目前，宁波市委市政府相关政策中已将创新资源区域布局引导机制作为区域引项目、引人才的参考标准。

（二）面临的主要问题

一是面向政府经济运行管理的创新数据监测体系还未完全建立。现有经济运行统计监测大多以传统监测指标、评价方法反映经济运行状态，更多关注三次产业结构、规模以上工业规模等常规经济运行情况，而反映经济发展质量效益的创新活动指标还未建立，面向不同主体、不同产业的指标体系还未形成，与政府经济管理对经济运行监测的需求有较大差距。

二是反映创新活动的数据动态监测机制还未完全建立。就静态数据而言，围绕创新活动主体的各项指标数据分散在统计、科技、经信、发改、教育等多个部门，部分数据是年度数据，数据实时更新、动态监测、数据互融共通还未实现，影响了数据的及时有效运用。就动态数据而言，面向创新主体的创新行为数据等非结构化数据（如对企业创新项目申报、专利成果申请等创新行为的监测评价）还未采集、尚未形成完整的监测分析链条，与创新管理对创新活动监测的要求还有较大差距。

三是反映创新活动对经济发展影响的评价模型还未完全建立。虽然目前宁波市面向创新活动建立了科技进步贡献率、创新型城市评价等评价模型，但监测评价机制和方法无法全面评价不同创新主体、不同创新活动和政策环境等情况。同时，将创新活动纳入政府经济运行管理的研究实践尚处于起步阶段，顶层设计和业务需求还不够明确，还没有一套完整、现成的机制可供借鉴，现有创新驱动数据监测运用评价机制仍需不断调整完善。

四、强化区域创新驱动数据监测运用的对策建议

下一步，围绕贯彻落实宁波市委市政府"六争攻坚"战略部署，建议以"准确测算科技创新对经济增长贡献、打造创新驱动数据监测运用系统"为重点，高层次谋划经济运行监测和宏观动态管理的顶层设计，高标准实施数据统筹共享，高质量完善创新驱动监测指标体系，高水平搭建数据管理应用平台，高效能建立创新资源合理布局引导机制，不断完善宁波市数据统计监测运用的制度性、规范性和统筹性，着力在建立与完善政府经济运行监测模式上求创新，为政府创新驱动宏观管理、经济运行科学决策提供有力支撑。

（一）高层次谋划经济运行监测和宏观动态管理的顶层设计，进一步增强政府经济运行监测的准确性

将创新活动纳入政府经济运行监测的顶层设计与统筹协调工作中，组建由科技、统计、发改、经信、教育、人才等部门组成的创新驱动数据监测评价工作小组，研究建立包括创新活动监测、创新能力评价、创新发展贡献等的创新驱动数据监测运用机制；建立区域内企业、研究机构、高校、创新密集区等调查评价月报制度，形成科学、规范的监测评价制度安排。

高标准实施数据统筹共享，加强部门之间、区域之间数据开放共享，完善政府创新发展基础信息数据库建设。面向全国遴选专家成立创新驱动数据监测运用咨询专家组，为数据监测运用的顶层设计、重点任务部署、创新活动统计调查方案制定、创新能力监测和评价报告等提供咨询意见。

（二）高质量完善创新驱动监测指标体系，进一步推进创新驱动管理科学化

建立完善创新驱动数据监测体系，依托创新型企业监测预警平台和科技创新云服务平台，建立面向创新全主体、全流程、全产业的大数据指标体系，形

成区域创新发展评价指标体系、县域创新发展评价指标体系、产业创新发展评价指标体系、创新生态指数等，不断研究完善区域产业、企业和典型创新密集区的调查监测指标体系，并形成监测评价的标准与方法。

优化国民经济相关领域数据采集和利用机制，强化非结构化大数据采集应用，强化经济运行主管部门数据资源的关联分析、融合应用，加强数据应用模型研究。

（三）高水平搭建数据管理应用平台，进一步促进创新驱动数据的应用发展

完善统分结合的监测平台和监测预警数据库，采用基于大数据分析技术的动态监测和预警模型等手段，深化对重点行业、重点创新领域、重点创新主体的结构性分析，加强对区域宏观经济结构平衡性、经济运行状态、经济发展周期、创新活跃程度变化规律及其趋势等的定量分析研判，强化对潜在风险的跟踪预警预测，为政府创新调节经济提供科学、准确的决策辅助信息。

建立完善区域创新驱动决策支持系统，充分利用知识产权区域布局、知识产权运营服务体系建设等公共平台已有成果和应用，加强数据集成与开发，从技术挖掘、人才引进、技术匹配等多环节，完善服务创新全链条的大数据决策支持系统。

（四）高效能建立创新资源合理布局引导机制，进一步优化区域创新资源配置

结合国家知识产权区域布局试点城市建设，继续推进知识产权区域布局工作，建立创新资源布局引导常态化机制，开展宁波市"3511"产业领域导向目录研究、专利导航研究和技术预见研究等，大力开发各类行业数据库，对高科技领域数据进行深度加工，建立基于不同行业领域的专题数据库，推进创新资源布局引导机制平台化、数据化。

努力打造以创新资源为核心的资源配置机制，以创新要素的集聚与流动促进产业合理分工，为产业发展提供高水平技术供给，为产业区域合理分工和梯次转移提供布局方案，不断提高创新资源配置效率。

"十三五"副省级城市科技创新进展与趋势及对宁波市创新发展的启示

创新是引领城市发展的第一动力，是副省级城市间比拼的法宝。"十三五"以来，随着全国科技创新大会的召开、建设世界科技强国的号角吹响，各副省级城市相继提出了未来五年科技发展目标、政策举措，争当建设世界科技强国排头兵。面向"十三五"创新发展，副省级城市提出了哪些目标，在"十三五"开局之年，这些目标的完成情况如何、有哪些新进展和新突破，梳理这些情况，对于把握宁波科技创新位势，为宁波市进一步聚焦重点，在副省级城市中脱颖而出、争创一流具有十分重要的意义。

一、"十三五"开局之年副省级城市科技创新进展

一是打造区域创新中心成为主流目标。区域创新中心是区域范围内创新资源最密集、创新活动最集中、创新实力最雄厚的地区，创新中心的形成有利于在全球创新版图中抢占有利位置，吸引全球领先的技术、人才与资源，进一步提升区域层级，加快创新资源集聚和区域创新个性形成。从 15 个副省级城市"十三五"科技创新规划来看，建设创新中心已经成为主要城市的第一目标。如深圳市提出建设"具有全球影响力的国际创新中心"、广州市提出建设"国际科技创新枢纽和国家创新中心城市"、杭州市提出建设"具有全球影响力的'互联网+'创新创业中心"等。

二是培育创新型企业成为主要手段。从各地"十三五"规划看，优化创新创业生态、加大创新型企业培育力度、强化企业创新主体地位是各地未来

五年加快发展的主要手段。如深圳市提出到 2020 年，要累计培育高新技术企业 1 万家，广州市提出要累计培育科技企业 20 万家、高新技术企业 6000家。在创新型领军型企业引进、培育方式上，主要城市工作力度进一步加强。如深圳市成立由市领导牵头的专责工作小组，实施大型龙头企业和跨国企业培育引进计划，设立规模为 1500 亿元的混合型并购基金，鼓励企业支持企业做大做强做优，对首次入选"世界 500 强""中国 500 强"的企业分别给予 3000 万元、1000 万元奖励。2016 年，深圳市、广州市高新技术企业数量呈现爆发式增长，分别新增 2500 家和 2800 家，累计分别达到 8000 多家和 4700 多家。

三是高端战略资源平台成为必争之地。创新资源具有稀缺性。一方面，国家级试验区、示范区是打造城市创新品牌、获得先行先试政策、吸引创新资源的主要方式之一，竞争十分激烈。目前，广州市、深圳市、武汉市、成都市、沈阳市、西安市等 6 个副省级城市纳入全面创新改革试验区建设；除宁波市、长春市外，其他副省级城市均列入国家自主创新示范区建设。另一方面，高端科技创新资源成为城市竞争的焦点，主要城市对高端创新人才引进、高端创新载体建设都提出了具体的目标任务，部分城市已经取得了积极进展。如 2016年，青岛市启动运行全国首个国家实验室——青岛海洋科学与技术试点国家实验室，获批全国首个国家技术创新中心——国家高速列车技术创新中心。

四是持续加大科技投入成为重要保障。区域财政科技资金投入和 R&D 经费支出是衡量科技投入强度、评价科技实力的重要标准。以副省级城市财政科技资金投入为例，保持两位数增长的城市有 10 家，其中深圳市（214 亿元）、广州市（88 亿元）、杭州市（70 亿元）、武汉市（68 亿元）、南京市（52 亿元）等五个城市投入达 50 亿元以上。2016 年，广州市财政科技资金投入达 113 亿元，同比增长27%。从 R&D 经费支出看，截至 2015 年，深圳市、西安市、杭州市、武汉市、厦门市等 5 个城市 R&D 经费投入强度突破 3%，9 个城市保持两位数以上增长，副省级城市平均 R&D 经费支出达 252 亿元，继续保持快速增长趋势。"十三五"期间，R&D 经费支出成为副省级城市创新发展主要抓手，有 10 家城市提出，到2020 年 R&D 经费支出占 GDP 比重超过 3.2%。

二、宁波市科技创新发展位势及面临的挑战

（一）从 2016 年科技进展看宁波市科技创新发展位势

为更准确地进行对比，我们选取副省级城市"十三五"规划目标中口径一致的 R&D 经费支出占 GDP 比例、发明专利拥有量、高新技术企业数量、技术市场交易额等作为参照指标。截至"十二五"末，宁波市 R&D 经费支出占 GDP 比例、发明专利拥有量、高新技术企业数量等均排副省级城市第 9 ~ 10 位，综合位势在副省级城市中处于中等偏后位置。从"十三五"规划目标和 2016 年科技创新进展看，宁波市正奋起直追、加快赶超。

一是从"十三五"规划目标看，宁波市科技创新有望突出重围跻身副省级城市前五。宁波市提出要打造全球有影响力的制造业创新中心，到 2020 年，R&D 经费支出占 GDP 比重超过 3.2%，排副省级城市第 6 位；每万人发明专利拥有量达 38 件，排副省级城市第 3 位；累计培育高新技术企业 2600 家，排副省级城市第五位。目前，宁波市计划 3 年投入超百亿元资金建设国家首个"中国制造 2025"试点示范城市，以宁波市为核心的浙东南国家自主创新示范区已经通过科技部审议，有望获批。综合来看，通过一系列有效举措，加快"十三五"规划目标的落实，将大幅提升宁波市的创新位势。

二是从 2016 年科技创新指标完成情况看，宁波市科技创新争先进位的压力仍旧很大。2016 年，宁波市发明专利授权达 5669 件、每万人发明专利拥有量达 23 件，分别排副省级城市第 9 位、第 5 位；实现技术市场交易额 54.35 亿元，居副省级城市第 13 位；累计培育高新技术企业达 1739 家，居副省级城市第 6 位；预计实现 R&D 经费支出超过 210 亿元，居副省级城市第 9 位。❶ 如 2016 年副省级城市主要科技指标表所示（表 1），宁波排在副省级城市后半段的局面还没有改变，而且呈现出与深圳市、广州市、杭州市等先进城市差距不断拉大，与南京市、青岛市等同位城市竞争日益激烈，相比成都市、西安市等中西部省会城市优势逐渐减弱的趋势。

---

❶ R&D 经费支出数据每年下半年公布，对比往年数据宁波排名在第 9 位。

表1　2016 年副省级城市主要科技指标排名情况

城市	R&D 经费支出（亿元）	位次	发明专利授权（件）	位次	技术市场交易额（亿元）	位次	高新技术企业数（家）	位次
深圳市	732.39	1	16956	1	372.16*	4	8037	1
广州市	380.13	2	7668	4	289.61	5	4740	2
武汉市	329.26	3	6514	8	566.42	2	2177	4
西安市	303.71	4	6686	6	732.00	1	1506	8
杭州市	302.19	5	8666	3	87.99	12	2413	3
南京市	290.65	6	8705	2	215.73	6	1697	7
青岛市	263.71	7	6561	7	104.12	10	1348	9
成都市	257.57	8	7190	5	463.89	3	2098	5
宁波市	**193.18**	**9**	**5669**	**9**	**54.35**	**13**	**1739**	**6**
济南市	133.05	10	4503	10	44.79	15	751	11
大连市	126.17	11	2309	13	137.18	8	647	12
沈阳市	125.14	12	2853	12	186.91	7	555	13
厦门市	112.89	13	2028	14	45.14	14	1225	10
哈尔滨市	112.5	14	3695	11	89.16	11	492	14
长春市	115.15	15	1980	15	108.20	9	285	15

注：* 标记（深圳技术市场交易额）数据为 2015 年数据。

1.R&D 经费支出数据为 2015 年数据。

（二）宁波市科技创新发展面临的挑战

通过主要科技创新指标，当前宁波市创新发展面临两大挑战。

一是科技创新资源薄弱是制约宁波市创新发展的最大短板。 "巧妇难为无米之炊。"创新从来不是凭空而来的，需要有人才、科技等方面的创新基础作为支撑。宁波市现有科技创新资源无论从量上还是质上都大大弱于其他副省级城市。虽然宁波市在"十二五"期间就引进共建了上百家创新载体，但是引进载体规模小、投入少、成效弱的问题十分突出，以高校、科研机构的 R&D 经费支出为例，2015 年宁波市为 10 亿元，与科技资源同样匮乏的深圳市（60 亿元）、青岛市（37 亿元）差距较大。

二是企业创新能力不够强是宁波市创新驱动发展最大难题。 企业研发投入强度是企业创新能力的重要体现，企业研发投入强度高的创新型领军企业往往可以带动一个产业、一个区域快速发展。虽然宁波市有研发活动的规模以上企业达 3600 家，是深圳市的 2.7 倍、杭州市的 2.15 倍、青岛市的 5.9 倍，居副省级城市首位，创新主体地位日益显现，但是企业自主创新能力不强，研发投入水平普遍较低，有研发活动的规模以上企业平均 R&D 经费支出约 500 万元，是深圳市的 1/10、青岛市的 1/6。在新一轮科技革命和产业变革正在孕育兴起的背景下，宁波市缺少像深圳华为、青岛海尔这类占据科技和产业制高点、能带动产业上下游协同发展的独角兽企业，稍有迟疑，就可能陷入战略被动，错失发展机遇。

三、进一步加强宁波市科技创新发展的对策建议

（一）切实加大高端科技创新资源引进力度

一是加强领导，切实加强引进高端创新资源的宏观协调、规划和上下联动。加强对引进创新资源工作的领导，坚持政府强势推动。进一步提高引进工作规格，建议由宁波市委市政府主要领导牵头负责大院、大所、大校、大企的引进工作，争取"十三五"期间引进多家国内外知名高校、大院、大所在宁波市设立主要研发基地，引进 1～2 家"世界 500 强""中国 500 强"中的创新独角兽企业在宁波市设立总部或核心研发机构。

二是加强研究，准确分析产业创新需求、开展引进高端创新资源的顶层设计。开展引进高端创新资源总体布局、引进重点及发展对策研究，从构建一流区域创新体系的高度，开展引进资源的顶层布局设计。学习武汉市等地引进大院、名企的经验，制定拟引进创新资源名录，有计划、有层次地逐步推进。

三是加强政策引导，确保科技资源引进工作做出成效。梳理现有引进资源，支持建设产业技术研究院的各类政策，明确不同类别、不同层级创新资源引进支持力度。加强政策落实绩效考核，确保引进的科技资源、各类创新载体有人员、有研发投入、能服务地方创新发展。

四是抢抓机遇，争取引入北京"非首都功能"疏解项目。组织力量谋划、研究、对接北京"非首都功能"疏解相关内容，借助国家疏解北京市非首都功

能、建设雄安新区、推进京津冀一体化，从北京市外迁高校、科研机构、企业总部的机遇，广泛联系、精准对接，努力争取与宁波市产业关联度高、体量大的科技创新资源落户。

（二）切实加大创新型企业培育力度

一是加快优化创新创业生态。坚持把科技工作前移，深入推进"大众创业、万众创新"，探索专业化众创空间、孵化器和创新型产业集群协同发展的机制，实现从团队孵化到企业孵化再到产业孵化的全链条一体化服务。加紧落实宁波市委 3 号文件，强化创新政策供给、完善科研项目资金管理和自主创新产品首购首用机制，加快建立研发投入普惠支持机制。

二是加快培育高新技术企业。培育建设高新技术企业后备库，建立高新技术企业培育辅导团队，帮助企业建立研发台账等机制，推进一批科技型企业，特别是科技服务业企业升级高新技术企业。实施技术创新引导计划，鼓励企业联合高校、科研院所攻关关键核心技术，推动企业加大创新投入，推进规模以上工业企业创新活动"全覆盖"。

三是支持企业做强做大做优。支持企业联合高校院所申报国家级重大科技专项、建设国家级创新创业载体；针对区域产业共性技术创新难题，设立市级重大科技专项，通过连续支持的方式解决制约企业发展的技术难题；探索设立国际科技招商平台，鼓励、支持企业借助"一带一路"倡议和宁波市开放优势，通过股权收购、技术合作、技术购买等模式，嵌入国际创新网络。

（三）切实争取国家级试点示范支持

一是加快推进以宁波市国家高新区为核心的浙东南自主创新示范区建设。争取早日获批浙东南自主创新示范区，联动温州市、舟山市、台州市，充分发挥各地政策叠加效应，着力在民间资本投资创新创业、链接全球创新网络开展开放协同创新、民营企业二次创业和二次提升、制造业率先突破等方面加大探索力度，打造宁波市都市圈创新品牌。

二是加快推进创新型城市建设。按照宁波市第十三次党代会的要求，加快推进一流创新型城市建设，主动与科技部、省科技厅对接汇报，争取早日获批国家创新型城市，进一步提升宁波市科技创新高度。

三是加快推进中国（宁波·汽车及零部件）知识产权保护中心建设。 汽车及零部件产业已经成为宁波市的第一大行业，中国（宁波·汽车及零部件）知识产权保护中心的设立将成为地方开放审查和专利评估的快速通道，发明专利、实用新型的授权期限以及侵权案件的办结都将大大提速。要加快推进、积极争取早日获批，形成宁波市知识产权政策高地，为企业加快获批专利、加快掌握市场主动权、加快处理纠纷，为集聚高端创新资源、快速形成和保持产业创新发展优势提供坚实保障。

推进实施"科技争投"，培育区域发展动能的对策研究

"六争攻坚"是宁波市高质量发展的时代要求和发展所需，六个"争"环环相扣、相辅相成，而"科技争投"作为"六争攻坚"加速跑的重要引擎，是实现"三年攀高"的强心剂。2018 年以来，宁波市上下协力推进"科技争投"各项工作，以前所未有的新姿态解好创新驱动发展的时代方程，为创新型城市建设注入新动能。

一、推进"科技争投"的亮点及成效

（一）普惠＋重点，"争"出科技投入增幅的新跨度

投入是主线，坚持当好创新投入的引导者，通过财政资金的杠杆作用撬动企业、社会资本、风险投资等加大科技创新投入，激发全社会的创新创业活力。

科技创新政策注重点面结合，更多财政资金投入创新。全面优化"普惠支持"与"突出重点"的科技创新政策支撑体系，2018 年上半年财政部门下达科技经费同比增长近四成，形成积极撬动效应。调整优化涉企政策，对建设创新研发机构、实施技术改造、引进培养人才的企业，按研发投入金额的新增部分给予一定比例的支持；提升支持力度，对重点建设的高端平台一事一议提供更多资金保障；帮助企业精准享受所得税优惠政策，超 4000 家科技型企业获两税减免政策支持，2017 年宁波市共减免高新技术企业所得税和研发加计抵扣所得税 71.62 亿元，同比增长 34.7%，减征的税额可持续用于研发和扩大再生产，大大提升了企业实业投资热情和研发投入积极性。

创新企业发挥投入主体作用，更多研发经费投入创新。企业研发投入是

"科技争投"的主战场和主体，持续的创新研发投入是企业确保产品和服务处于行业领先地位的重要保障。2018 年上半年，进一步加大了企业研发投入的支持力度和引导，宁波市研发投入 90% 以上来自企业，1—7 月宁波市 1410 家高新技术企业共支出研发经费 144.8 亿元，同比增长 12.9%，平均每家 1027 万元。吉利汽车集团近年来每年研发投入近百亿元，占销售收入的比重远高于行业平均水平；万华化学（宁波）有限公司投入数亿元设立万华宁波高性能材料研究院，产品多年来处于国际一流水平；宁波东方电缆 2018 年上半年研发投入已达 5000 万元，从传统电缆制造厂"华丽"转型为全国首家海底电缆高新技术企业。在这些个体的带动下企业研发投入强度逐渐放大，宁波市规模以上企业研发经费占主营业务收入比重已由 0.75% 提升至 1.39%。

发挥科技金融杠杆作用，更多社会资本投入创新。加快形成天使投资、科技信贷风险池、专利保险等于一体的多元化科技投融资体系，进一步引导社会资本广泛投入支持科技创新，为中小企业"输血"，为新兴产业"加油"。扩大天使投资引导基金规模，创新天使基金投资方式，截至目前，天使投资引导基金累计投资 211 个项目，引导基金投入 1.9 亿元，引导基金间接放大效应达 12 倍。搭建"银行＋科技"信贷服务模式，科技信贷风险池规模达 9400 万元，已为 58 家初创企业提供科技信贷 2.45 亿元。

（二）实干＋提速，"抢"出创新平台建设的新速度

平台是抓手，坚持当好项目服务的"店小二"，以实干精神推动平台项目建设，呈现出项目签约快、落地转产快、辐射见效快的显著特征，抢出一批以"瑞凌速度""北航速度""锋成速度"为代表的平台提速建设的新纪录。

开展与时间赛跑的出击式招商，争取重量级的科研团队、平台及项目签约落地。2018 年上半年，宁波工业互联网研究院、宁波瑞凌节能环保创新与产业研究院、北京航空航天大学宁波创新研究院、大连理工大学宁波研究院、宁波锋成先进能源材料研究院、中石化宁波新材料研究院 6 家大院大所陆续签约落地，一系列院地、院企"牵手"，提前完成了 2020 年的预期目标。"瑞凌"系列项目，从第一次会面到决定落户宁波市用时 5 天，从签订框架协议到完成企业注册用时 1 个月，体现了宁波市创新队伍的高效率。短短几个月时间，北京航空航天大学宁波创新研究院、

北京航空般天大学宁波研究生院、浙江机械研究院南方中心、中国科学院宁波材料所杭州湾研究院相继落户揭牌，体现出宁波市创新队伍的实干精神。尤其重视顶尖创新人才团队的引进，2018年上半年引进中国科学院外籍院士黎念之、加拿大工程院院士朱志伟，宁波市已拥有全职国内两院院士3名、外籍院士4名，成为浙江省唯一全职引进院士的城市，实现了宁波籍院士全职回归零的突破。

开展与未来对话的补链式建设，争取以宁波籍创新平台补齐资源短板。快马加鞭推进重大科技创新平台建设，加快建设科技基础研发平台，提升原始创新能力，积极争取之江实验室在宁波市设立分支机构，谋划以"一体多点"的方式建设甬江实验室。重点支持多元主体建设面向中后端应用的产业技术创新平台，提升产业技术创新能力。2018年上半年，围绕新材料、先进制造、生物医药、海洋经济等重点产业领域，引进共建中国电力科学研究院创新分中心等20余家新型产业技术研究院，加快推进中东欧新材料研究院、中国科学院微电子研究所宁波微电子应用研究院、吉利汽车研究院、万华宁波高性能材料研究院等建设。积极培育建设产业创新服务综合体，目前已有3家产业创新服务综合体进入省级创建或培育序列，启动智能装备产业创新服务综合体建设。

开展与需求匹配的全生态服务，争取平台项目早日转产见效。科技部门坚持当好项目服务的"店小二"，从资金、政策、审批、人才等多角度精准支持，不断推动平台项目早日建设、投产、发挥作用。宁波瑞凌节能环保创新与产业研究院现已集聚39位高层次人才，确定2位世界顶级科学家、院士的签约意向，国内外降温薄膜及辐射制冷产品市场稳步拓展，正重点与60多家重点客户洽谈合作，形成中东、东南亚、北美、欧洲等国际市场布局点20多处，开展5个标杆项目应用。宁波工业互联网研究院获市、区两级财政经费3.6亿元，系列项目中浙江蓝卓工业互联网信息技术有限公司等已完成工商登记注册，第一批研究院人员近30人完成入职，已研发出国内首个拥有自主知识产权的工业操作系统"sup工业操作系统"。宁波锋成先进能源材料研究院现已引进院士2人，完成双亲纳米材料研究中心、储能技术研究中心和制氢技术研究中心构建。

（三）培育＋引导，"创"出企业主体培育的新规模

企业是冲锋队，抓住高新技术企业这一中坚力量，"向前"推进高新技术企

业质量规模双提升，"向后"培育壮大创新型初创企业、高新技术苗子企业备好后续梯队，不断壮大宁波市创新主体力量。

加快培育创新型企业梯队，实现规模迅速扩张。 深入实施"智团创业"计划和高新技术苗子企业培育计划，2018 年上半年将浙江猎狐信息科技有限公司等 898 家企业备案为 2018 年宁波市第一批创新型初创企业，累计拥有创新型初创企业 11446 家。完成 694 家高新技术企业申报受理工作，将宁波市中灿电子科技有限公司等 1039 户企业列为高新技术苗子企业予以重点培育。对高新技术苗子企业，参照《宁波市企业研发投入后补助管理暂行办法》，在享受企业研发投入后补助政策的同时，再给予企业补助金额 50% 的奖励补助。引导各地科技管理部门主动增强企业服务意识，共同推进高新技术苗子企业加大研发创新投入、合理归集研发费用、强化科技人才队伍建设、增强科技成果转化能力等，着力提升企业自主创新能力，助推其成长为国家认定高新技术企业。

加快引导企业研发载体建设，实现企业研发能力层级跃升。 按"四有"标准推进企业研发机构建设能力提升，2018 年上半年新增国家企业技术中心 3 家、省级工程实验室（工程研究中心）2 家。创新资源与实体经济深度融合，企业的盈利能力持续增强。2018 年上半年，宁波市高新技术企业利润总额 241.7 亿元，同比增长 16.2%，新产品产值增长 11.1%。吉利汽车研究院、万华高性能材料研究院、激智创新材料研究院等龙头企业牵头的产业技术研究院建设不断加快，成为区域创新的重要组成部分。帮助企业借助"外脑"从外部汲取创新资源，万华化学（宁波）有限公司面向全球实施外延式合作，与金涌院士及其团队合作成立了宁波万华（金涌）院士工作站，与大连理工大学共建了催化联合实验室，与南京工业大学联合完成了国家科技支撑计划项目；中科院宁波材料所联合行业骨干企业、上下游企业、产业资本等，共同成立了石墨烯创新中心，搭建了石墨烯产学研开放合作的新平台，已成为首批浙江省制造业创新中心。

（四）服务＋创新，"谋"出产业技术创新组织的新路径

自主研发是关键，面向科技前沿及经济主战场，以重大专项为重要利器，用非常之力竟非常之功，不断创新组织工作机制模式，志在突破关键技术，解决"卡脖子"难题，打好宁波市产业技术创新的攻坚战。

集聚专家智慧，找准重点领域的技术创新突破口。宁波市"科技创新2025"首批八个重大专项启动实施，瞄准新能源汽车、先进材料、智能器件、先进半导体芯片及应用软件等高精尖技术领域，面向全国范围发布"英雄帖"，集聚优质创新资源，力争用3年时间，攻克200余项核心关键技术，形成若干个特色技术链条，催生第三代半导体等多个千亿级产业，带动形成绿色石化等多个百亿级产业。随着重大专项申报实施工作陆续推进，将带动超级电容、石墨烯基重防腐涂料等一批重大科技成果落地转化应用，带动新材料、智能制造等战略性新兴产业实现较快发展。

坚持开放协同，提高重大专项产出效率。除全面组织动员宁波市企业、高校院所、联盟协会外，还主动链接国内外创新人才团队、高校院所进行联合攻坚，并为项目撮合落地、企业注册、人才融资对接等提供服务。优先支持产学研协同创新、高端创新人才牵头承担、直接带成果转化落地、境内外科技合作等方式申报重大专项，将重大专项与产业招商、科技招商、人才引进、产业园区建设等有机结合，主动链接国内外创新人才团队、高校院所进行联合攻坚，并为项目撮合落地、企业注册、人才融资对接等提供服务。截至目前，市内外申报数量达150余项，初步统计有300余家企业、高校、科研院所共同参与。

二、推进解决"科技争投"中存在的问题

一是在顶层谋划上，要进一步强化需求导向和问题导向的谋划推进机制。对工作方向的研判仍要强化以区域发展需求和支撑引领高质量发展为主要原则，在关注抢抓产业关键核心技术突破机遇、高水平科研设施布局、未来产业布局、前沿科技创业孵化平台等方面需要进一步加强顶层谋划和前端研究，要进一步强化主动作为和市县一盘棋协同推进的工作机制。

二是在工作推进上，对创新谋划布局的研判能力和推进合力均要加强。目前宁波市"科技争投"工作"争"的氛围已经形成，"投"的意识已经加强，但各区域统一推进"科技争投"的协同推进合力有待加强，需要各地方能够从宁波市创新发展的大角度出发考虑问题，并引导科技投入更加精准，提升创新投入的产出效率。

三是在监测评价上，统计分析工作方法需要创新、效率需要提升。"科技争投"的多项重点任务，是由多部门共同推进、多主体参与完成的，需要进一步巩固上下协调机制。对高新技术产业投资、宁波市研发投入等相关数据统计监测工作也需要进一步创新，围绕科技创新规律，形成能够准确及时地反映全市创新争先发展的监测机制。

三、进一步推进"科技争投"的建议

推进"科技争投"非一日之功，引导宁波市上下持续"投入"更是长久之计，需要直面创新发展差距，站在宁波市发展大局，围绕努力营造最优创新生态、最大程度释放体制机制改革活力，主动挑担、勇于扛责、敢于超越，加快增强区域科技创新实力，培育更加强劲的发展新动能，努力缩小与标兵城市的差距。因此，仍要在以下方面精准发力、靶向施策，以"精准投""高效投"推动宁波市创新型城市建设迈向更高层级。

（一）夯实基础：打造区域特色的"科技争投"大平台

补齐创新资源的短板是"科技争投"工作的首要任务，对宁波市产业发展产生重大影响的平台、载体，既要"补链"也要"补需求"，需眼光长远、不计成本地投入。高标准、全域性建设国家自主创新示范区，加快形成以宁波市国家高新区为核心的"一区（城）多园"联动发展机制，探索形成区域特色先行先试举措。同时要加快已引进平台的建设进度，推进中科院宁波材料所杭州湾研究院、北京航空航天大学宁波创新研究院、宁波工业互联网研究院高能级创新平台建设进度，尽早发挥大平台的辐射作用。围绕新材料、先进制造、生物医药、海洋经济等重点产业领域，按照"科研＋产业＋资本"的院所建设模式，加快推进新型产业技术研究院建设。聚焦宁波市产业转型升级和经济社会发展的重大战略需求，系统谋划科技基础研发、工程技术创新和创新创业孵化等重大科技创新平台的实施战略，构建布局合理、层次明晰、链条完善、支撑有力的科技创新平台体系。

（二）壮大主体：培育量大面广的"科技争投"主力军

企业创新主体培育是宁波市现阶段提质提速的核心，重在培育壮大梯次有序的创新创业梯队，形成以企业为主体、以高校院所及枢纽组织为支撑的发展结构。继续深入推进"科技领航"计划，按照"创新型初创企业—高新技术苗子企业—高新技术企业—创新型领军企业"成长路线，实施"科技启航行动"，推动传统制造企业发展成为拥有"研发投入、研发人才、研发机构、自主知识产权"的"四有"企业。补齐短板，引育高层次创新人才团队，坚持外地引进、本地培养相结合，实施顶尖人才集聚计划，加速打造规模宏大、结构合理、素质优良的创新型科技人才队伍。

（三）招引资源：完善开放创新的"科技争投"新格局

充分利用"两个市场、两种资源"为我所用，推动企业主体的产学研协同创新。开展以企业牵头的委托开发、联合研发科技项目，推广企业技术难题竞标等研发众包、研发外包模式，支持企业牵头联合高校院所开展技术交流和对接合作。坚持区域协同创新，围绕新材料、智能硬件、科技服务业等领域，着力推进与北京市中关村、深圳市等区域的科技合作，创新与上海市、杭州市、南京市等地的科技合作交流机制。融入全球创新网络，抢抓国家"16+1"经贸合作示范区建设机遇，支持领军企业建设海外研发中心，加快建成宁波国家海外人才离岸创新创业基地，建设宁海中瑞科技园、鄞州中德工业园、余姚中意产业园，按照"国外孵化＋国内加速"的一体化建设思路，开展科技招商，吸引集聚优质的人才、技术、项目等创新资源。

（四）健全生态：营造活力迸发的"科技争投"大环境

完善创业服务体系，实施孵化器提升工程，开展专业化众创空间培育计划，推动杭州湾麟沣生物、宁波新材料联合研究院等先行先试，形成集研发设计、精准招商、技术孵化、创业融资等一体的专业化服务体系。以营造产业创新生态体系为目标，建设新能源汽车、集成电路、光电等若干个产业创新服务综合体。完善科技金融体系，扩大天使投资引导基金规模，支持天使引导基金与符合条件的专业化众创空间、孵化器等共同设立子基金，建立健全科技企业信贷风险分担机制。健全科技服务体系，加快国家科技成果转移转化示范区建设，推进宁波科技大市场与区域化、专业化技术市场联动发展，发展基于技术需求的科技成果信息推送、科技检索导航等服务，培育发展技术转移、技术交易等科技服务业。

宁波市推进科技成果转化　激发创新创业活力现状分析

促进科技成果转化是实现经济科技紧密结合最关键的环节。一直以来，宁波市将推进科技成果转化、释放创新创业活力作为推动创新驱动发展的关键举措来抓，初步探索出了一条东部沿海科技资源相对薄弱地区以科技成果转化释放创新创业活力，推动经济高质量发展的路径，相继获批国家自主创新示范区、国家首个"中国制造2025"试点示范城市、首批科技成果转移转化示范区、国家知识产权运营服务体系建设重点城市等一批国家级试点示范项目。

一、总体情况和特征

经过多年的发展，宁波市形成了民营经济活跃、制造业基础较好、企业创新主体地位高、开放型经济发达、体制机制灵活等发展特征，为推进科技成果转移转化、激发创新创业活力奠定了良好的基础，在推动科技成果转化方面形成了三个鲜明特点。

一是落实国家改革部署力度大，政策激励系统完备。在成果转化方面，先后制定出台了《宁波市人民政府关于加快推进科技成果转化的若干意见》《中共宁波市委、宁波市人民政府关于实施人才发展新政策的意见》《宁波市高校办学绩效评估办法》等系列政策措施，基本形成了涵盖研发支持、中试资助、成果备案、中介培育、转移补助、产业化投融资等成果转化各环节的政策支持体系。在科研管理方面，宁波市出台了《关于进一步完善市财政科研项目资金管理等政策的实施意见》，改革和创新科研经费使用和管理方式，充分调动科研人员积极性和创造性。在释放科技人才活力方面，鼓励人才双向流动、优化人才评价机制，加速推动高等院校、科研机构加快构建以科技成果转化和产业化为导向的绩效考核评价体系。

二是调动各方力量参与创新创业，转化手段丰富多元。宁波市已经形成了集线上、线下技术交易、科技成果竞价（拍卖）、企业技术难题竞标等于一体的技术交易市场。在转化方式上，形成了科技人员带成果带团队共同创业、成果作价入股、"产业技术＋产业育成＋衍生企业""国际合作＋跨国并购＋产业化"等多种科技成果转移转化模式，已在汽车电子、工业机器人、新材料等领域实现了一批重大成果产业化。

三是企业创新主体地位不断巩固，创新创业活力涌动。宁波市创新创业由精英化转向大众化，出现了以大学生等"90后"年轻创业者、大企业高管及连续创业者、科技人员创业者、留学归国创业者为代表的创业"新四军"。目前，宁波市已培育创新型初创企业超过1万家、高新技术企业1900余家，这些企业贡献了宁波市90%以上的R&D经费投入、80%以上的授权专利。

二、主要工作举措

（一）深化体制机制改革，激发科研机构和人员积极性

一是深化科技成果三权改革。扎实开展科技成果的使用、处置和收益权管理改革，赋予高校院所更大自主权，推进推动高校院所开展股权、期权激励。目前中国科学院宁波材料所、宁波市农业科学研究院等部分科研院所均已根据国家和宁波市的改革要求，出台了内部的职务发明三权改革和收益激励的实施办法。其中，宁波市农业科学研究院杂交水稻育种团队与宁波市种子公司合作运营，推进"甬优"系列杂交水稻的产业化，具体由宁波市农业科学研究院杂交水稻育种团队整体委派进入宁波市种子有限公司从事育种科研，工资在宁波市农业科学研究院发放；同时，参与宁波市种子有限公司收益分配，宁波市农业科学研究院和宁波市种子有限公司共享知识产权、开发利润，宁波市种子有限公司具有"甬优"系列杂交水稻品种独家具名权，把15%的开发利润返还宁波市农业科学研究院作为科研发展基金和奖励基金。

二是推进以知识价值为导向的分配政策落实。宁波市"人才新政"中明确

规定："成果转化所得收益可按最高 95% 的比例划归参与研发的科技人员及其团队拥有"。目前，在宁波市的高校、科研院所基本都制定了成果转化收益分配制度的实施办法。其中，宁波大学规定专利转让收入在扣除相关成本后 80% 奖励给成果完成人；浙江大学宁波理工学院规定以作价入股方式进行的科技成果转化，最高可将科技成果在相应实体中所折算股份或出资比例中的 90% 分配给成果完成人。此外，妥善解决人才创业、人才流转涉及的人事关系问题，明确规定，经本单位同意，科技人员人事关系 5 年内可保留在原单位，允许其回原单位申报专业技术资格。

三是完善科研经费管理制度。建立一套符合客观规律的科研经费管理机制，让经费为人的创造性活动服务。在预算编制、预算调剂权、间接费用比例等各方面加大改革力度。探索精简科技计划管理，建立"一表多用"工作机制、计划项目"里程碑"管理，减少评估、审计、财务检查等活动。探索赋予顶尖人才更大的自主权，逐步实行经费支出负面清单管理，对于直接费用列支范围不再做具体限制。

（二）实施科技人才创新创业行动，激发科技人员创新创业活力

一是大力实施高端创新创业人才培育计划。在深入实施"人才新政 25 条""3315 计划"的基础上，出台"资本引才计划"和"泛 3315 计划"两大引才政策。面向全球招募顶尖人才，对于人才层次高、影响力大，产业化前景好的项目可资助 1 亿元。2017 年成功全职引进中国科学院赵玉芬院士、中国工程院陈剑平院士、眼科影像领域全球顶尖专家刘江团队、中国工程院宁波籍院士陈建峰团队、哈佛大学终身教授赵景团队、国家科技进步特等奖主要完成人张平团队等高端人才团队，以创新创业促进科技成果转化。目前，宁波市集聚了国内外院士 7 名、"国家千人" 93 名、"省千人" 274 名。

二是大力实施"智团创业"计划。列入智团创业计划立项支持的创新型初创企业，认定为创新型初创示范企业，实施普惠性政策支持，给予企业不超过 50 万元的资助，并结合项目总投入、技术领域和研发周期给予研发后补助。将培育壮大创新型初创企业，鼓励支持高层次科技人才创新创业作为工作重点，达到高端创新创业与科技成果转化同步推进的目的，目前已初步形成了以激智科技张彦为代表的"海归派"，以美康邹炳德为代表的"高知派"，以东旭成罗

培栋为代表的"创二代"和以方太茅忠群为代表的"企二代"等一批新甬商，备案创新型初创企业达 11446 家。

三是积极构建完善创业孵化体系。启动实施科技企业孵化器提升工程，形成了"创业苗圃—孵化器—加速器—产业园"的创业孵化链条，建成以"选种—育苗—移苗"梯级推进的科技孵化孵育服务体系，集成包括项目筛选、创业导师、团队建设、投资对接、商业加速和后续支持的全过程孵化服务。目前宁波市众创空间和创客服务中心已达 80 余家，其中国家级 23 家，省级 45 家；建成市级以上科技企业孵化器 26 家，其中国家级 9 家，公共孵化器面积近 72 万平方米，拥有在孵初创企业 1800 余家，累计毕业企业 1300 余家。

（三）注重方式方法创新，探索科技成果转化宁波模式

一是面向企业技术难题，加强科技合作与成果对接。围绕解决企业创新发展技术难题，加强科技合作与成果对接，通过举办中国（宁波）高新技术成果交易洽谈会、中国（宁波）新材料与产业化国际论坛等活动，组织开展科技成果竞价（拍卖）、企业技术难题竞标等方式，促进科技成果转移转化。2017 年，宁波市技术交易额超过 80 亿元，输出、吸纳技术合同金额同比分别增长 171%、98%。

二是面向转化成功率提升，强化科技成果中试和放大性试验。在成功引进共建了中国科学院宁波材料所、宁波国际材料基因工程研究院、宁波智能制造产业研究院等 50 余个产业技术研究院的基础上，加快搭建一批中试实验工场、中试创客平台等平台载体，积极承接合作单位人才团队和重大科技成果在宁波产业化落地前期的预孵化，开展中间性、规模化放大试验，以打包的方式为企业输送可供产业化的重大产品（装备）和人才团队。目前，宁波市由产业研究院实施的、已进入预孵化的科技成果转化项目 500 余个。其中，中国科学院上海药物所宁海生物技术产业研究院自筹建以来落户项目达 23 个。

三是面向关键技术突破，部署实施重大科技专项。着眼产业发展趋势，结合宁波市产业基础，创新重大科技专项组织实施模式，将重大科技专项实施与产业招商、人才引进等相结合。2017 年以来，聚焦新能源汽车、先进半导体及应用软件、先进材料、高性能电机与高端数控机床、机器人与高端装备、生物医药与高性能医疗器械、新能源与节能环保、关键基础零部件、种子种业、生

产性服务业等 10 个领域，总投入 100 亿元以上。目前，已发布第一批 8 个重大专项、共计 125 个项目（课题）的申报公告，并组织力量在北京市召开推介会，面向全国邀请科技人才、创新型企业和高校院所参与申报。

（四）营造有利于创新创业的环境，激发全社会创新创业活力

一是强化创新优惠政策落实，建立普惠性创新政策体系。加大财政科技经费投入力度，整合宁波市科技创新、产业发展、人才引育等财政资金，三年统筹安排 150 亿元，支持开展"科技争投"攻坚行动。建立研发后补助、科技创新券等普惠性创新政策体系，加大高新技术企业所得税优惠、研发费用加计扣除政策落实力度，深入区县（市）开展企业创新政策培训，2017 年宁波市共有 986 家高新技术企业享受按 15% 税率缴纳企业所得税优惠政策，减免企业所得税 45.80 亿元，同比增长 22.3%；有 3467 家企业享受技术开发费 150% 和 175% 等两类加计扣除税收优惠政策，受惠企业同比增加 53.4%，减免企业所得税 25.82 亿元，同比增长 64.4%。

二是完善科技金融服务体系，强化资本对创新创业的支持。按照创新创业阶段特征和企业成长规律，建立形成满足不同发展阶段需求的金融服务体系，设立天使投资、创业投资、产业投资等政府引导基金，成立宁波股权交易中心，形成了集"天使投资、科技银行、知识产权质押、科技信贷风险池、科技金融服务"于一体的多元化科技投融资体系。目前，天使投资引导基金已投资项目 150 项，引导社会资金投资 15.2 亿元，政府引导基金的间接放大效应达到 12.2 倍，已有 23 家企业获得新一轮融资，金额总计 3.1 亿元；28 家企业快速步入资本市场，其中 8 家在新三板挂牌，20 家在区域性股权交易市场挂牌。

三是强化知识产权保护，打造良好的营商环境。加强知识产权保护部门协作，建立宁波市知识产权综合运用与保护第三方平台，形成了知识产权诉调对接机制，建成了一支 120 余人的知识产权纠纷人民调解员队伍，在全国率先探索出了一条多部门协同推进、多元化快速解决知识产权纠纷的路子。自 2016 年 3 月以来，平台累计成功调解知识产权纠纷 1948 起，调解成功率近 70%。成功获批中国（宁波）知识产权保护中心，开展集快速审查、快速确权、快速维权于一体的知识产权快速协同保护工作，进一步优化知识产权保护环境。

新型研发机构建设机制创新及对宁波市的启示

新型研发机构是区域创新体系的重要组成部分，是面向全球集聚共享高层次创新人才团队、优质科研成果项目等高端创新资源，形成高水平技术供给新动能，推进高质量科技创新的新型载体。目前，国内在建并取得良好成效的新型研发机构既有以基础研究为主拓展上下游成果转化类型，也有打造产业创新生态圈类型。本文主要观察了深圳市"四不像"研发机构、上海市功能型创新平台等新型研发机构建设经验及其机制创新举措，形成了有关对策建议，为宁波市打造新型创新载体提供参考。

一、先进地区建设新型研发机构的经验

（一）主要建设发展模式

一是体制机制创新类：形成以研发为基础、以创业孵化为手段、科技金融深度参与的机构驱动发展模式。深圳清华大学研究院，借力于科技特色的金融体制创新，通过灵活的企业化管理机制和市场化激励机制，打破了传统研发机构固有的"铁饭碗"薪酬制度，吸引了一批科技人员创新创业，形成了"应用研究—技术开发—产业化应用—企业孵化"的科技创新链条。目前，已培育了1500多家企业，总产值超过300亿元。

二是产业创新生态打造类：构建"产业链、创新链、价值链"融合的新型创新生态，形成支撑产业创新的研发平台。上海微技术工业研究院链接产业领域内的各类企业，集聚和整合各类资源，打造新型创新生态。该平台通过联合社会资本已建成先进8英寸"超越摩尔"研发中试线（累计为行业100多家知

名企业服务)、成功运营中国传感器与物联网产业联盟(国际三大传感器与物联网交流平台之一)、联合设立了 50 亿元的超越摩尔基金(联合国家集成电路产业基金等)等,以产业生态深度参与的形式吸引一批科技人员创业、发展产业高端服务业,形成了自给自足的发展模式。目前,该平台累计孵化"超越摩尔"企业 10 余家,2018 年成功获批建设国家智能传感器创新中心。

(二)主要创新机制

一是在财政资金投入方面,形成投入与绩效联动的扶持机制。建立符合创新规律、以质量绩效为导向、激励与约束并重的财政科研经费投入机制和管理模式。如在支持上海微技术工业研究院建设过程中,采用财政投入"退坡"机制(每年设立不同的考核指标,对达到考核指标要求的逐步降低支持力度,满足指标反映出平台的外部性较好,具有运作和收入能力),通过稳定支持与绩效奖励的方式逐步调整支持力度,并设立孵化团队、知识产权、营收等考核指标,鼓励平台不断增强市场化服务和许可能力。如北京市在支持一流新型研发机构建设中,实施"按需支持",引入绩效评估机制,在支持周期届满后,依据合同约定,围绕科研投入、创新产出质量、成果转化、人才聚集和培养等方面进行评估,根据绩效评价结果和实际情况,确定后续支持方案;对市场导向类研发机构,通过一次性补助,积极推动共性关键技术实现突破,并及时进行成果转化、产业化。

二是在投入资金使用方面,改革创新科技资金使用机制,赋予机构科研项目经费管理使用自主权。如北京市在探索新型研发机构建设中,进一步赋予新型研发机构经费使用自主权,在确定的重点方向、重点领域、重点任务范围内,自主确定研究课题,自主选择科研团队,自主安排科研经费使用。同时,还探索经费负面清单管理模式,下放项目科目经费调剂权等,释放科技人员活力。

三是建立管理评价指标体系,突出机构绩效管理。广东省针对新型研发机构管理出台了《广东省科学技术厅关于新型研发机构管理的暂行办法》,建立了包括研发条件、创新活动、创新效益等 38 条评价指标体系,实行年度竞争力评价,对评价不通过的视为放弃,不再资助。目前,广东省批准认定的新型研发机构已达219 家,近 3 年,新型研发机构成果转化和技术服务收入达 614.5 亿元。

二、宁波市加快建设新型研发机构对策建议

近年来，宁波市通过政策扶持、培育共建等方式，推进新型研发机构发展，目前，已拥有一批科研能力强、人才水平高、转化应用快、建设模式新、开放程度高的新型研发机构，如中国科学院宁波材料所、北方材料科学与工程研究院、宁波市智能制造产业研究院、中国电子科技集团（宁波）海洋电子研究院等。但是经调研了解，宁波市新型研发机构在规模、效益上与先进地区仍有较大差距；部分机构存在多头管理、机制僵化等现象；部分新型研发机构自身造血功能缺乏，参与市场竞争能力弱，吸聚高端创新资源能力偏弱，无法较好带动产业发展。

下一步结合宁波市委市政府"六争攻坚、三年攀高"战略部署，推进重大创新载体平台建设，建设从强化顶层设计、创新财政支持机制、创新管理机制和人才使用机制等方面强化新型研发机构建设，打造具有宁波市特色的产业创新生态，努力为建设创新型城市、实现经济高质量发展提供有力支撑。

一是强化顶层设计，谋划实施重大创新载体建设计划。强化宁波市创新载体建设需求研究，从基础研究、应用转化、公共科研基础平台等方面，谋划重大创新载体建设实施方案。重点在建设目标、功能属性、机制创新等方面进行布局。在建设模式上，对接国家创新中心、重点实验室、科研基础平台等类型，研究部署宁波市有需求、有基础、有能力争创的平台。在平台产业方向上，加强优势产业、未来产业的发展研判，结合创新资源区域布局工作开展智能汽车、智能家电、智能装备、先进材料、第三代半导体、集成电路等优势前沿产业技术分析与预见，结合宁波市制造业终端产业优势，积极跟踪国内外技术创新前沿和产业发展趋势，遴选出若干宁波有能力、有机会的领域。在平台机制创新上，面向不同类型平台、不同产业领域设计不同的运作机制，强化平台的市场化、专业化运作机制设计、开放共享机制设计以及协同创新机制设计。

二是创新财政资金支持机制，提高财政资金使用效率。建立"政府投入＋产业基金＋VC/PE"的多渠道扶持机制。设立新型研发机构发展专项资金，每年安排专项经费，采用"一事一议"高贴合度的方式。建立财政投入"退坡"机

制，以财政"补血"减法换研发机构"造血"加法。建立"稳定支持＋按需支持"机制，对从事基础前沿研究的新型研发机构，在支持周期届满后，依据合同约定，根据绩效评价结果和实际情况，确定后续支持方案。探索设立重点优势产业基金，鼓励产业基金、社会资本、民间资金参与新型研发机构建设。在土地使用、新购科研仪器设备、孵化创办企业、研发经费支出、税收减免等方面，对新型研发机构给予支持。如新型研发机构建设在不同地块享受不同优惠，对落地在高新区、梅山岛、高校周边的，在土地使用上分别给予不同程度的优惠。

三是创新新型研发机构管理机制，强化绩效评价管理。建立新型研发机构绩效评价体系，强调以市场需求引导、技术产业化、创业孵化为目标，设置主营业务收入、研发经费支出、研发／成果转化等服务收入占比、创业孵化数量、人才团队引进数量等评价指标，以主体开放共享和业绩效益为重点，按绩效评价结果给予分类支持。建立淘汰退出机制，增强新型研发机构市场竞争力。建立认定管理标准，从定位与研究方向、规划与目标、体制机制、科研团队、创新能力、经费需求等方面进行综合论证，加强监督检查与实地考察，定期检查进展情况，对绩效考核不合格的，摘牌处理；对投入产出效率低的，予以警告。

四是创新人才使用机制，下放技术路线决策、资金使用等管理权限。鼓励新型研发机构通过"领军人才＋创新团队＋创新项目"等精准引才模式，引进拥有核心技术、产业带动力强的创新项目及创新团队，其中对有突出贡献和重大影响力的高层次人才团队，如国内外院士、首席技术官等，采用"一事一议"支持方式。赋予科研单位科研项目经费管理使用自主权，探索经费使用后监督管理机制。赋予科研人员更大技术路线决策权，根据项目需要，在研究方向不变、不降低申报指标的前提下自主调整研究方案和技术路线。赋予新型研发机构人才职称评定权限。鼓励新型研发机构采用合同制、匿薪制、动态考核、末位淘汰等管理制度，不限年龄与学历，大胆任用具有创新胆识和创新能力的年轻人。

移动政务视角下政府数字化转型创新发展研究

当前，全球新一轮科技革命和产业变革加速推进，云计算、大数据、物联网、移动互联网、人工智能、区块链等新一代数字技术蓬勃发展，信息技术发展日新月异，全面影响和重塑经济运行、社会发展、人民生活各个领域，为政府管理和社会治理带来了重大的机遇和挑战。面对数字时代的到来，各国纷纷制定了相关国家战略，积极推进数字化建设进程，争夺数字社会的话语权和制高点。我国高度重视政府数字化建设，党的十九大对建设网络强国、数字中国、智慧社会做出战略部署。浙江省更是将发展数字经济作为"一号工程"重点推进，以"数字产业化、产业数字化"为主线，把数字化转型作为高质量发展的加速器。以坚持全面深化"最多跑一次"改革为契机，全力加快推进政府数字化转型。近年来宁波市加快落实省"数字经济"一号工程，以数字化的知识和信息为关键生产要素，以数字技术创新为核心驱动力，以现代信息网络为基础支撑，以促进数字技术与各领域各行业的深度融合为主线，着力推进"数字宁波"建设。

一、政府数字化转型的内涵和意义

政府数字化转型是政府主动适应快速变化的数字化时代要求，以现代信息技术为支撑，按照数字化、数据化、智能化、智慧化的演变规律与发展路径，对政府职能、业务流程、管理机制、运作模式、组织结构等进行系统性重塑，秉持以人为本的原则，形成灵敏感知、科学决策、精细科学、高效服务的运行模式，全面提升政府治理现代化能力。政府数字化转型是政府自身改革重要方向，目标是政府治理现代化，核心内容是政府履职行为的全面数字化，转型过程的最终形态是数字政府生态体系。

政府数字化转型的重要意义可以从三个视角解读。

从经济发展视角看，政府数字化转型是催化数字经济快速释放、融合、速增的关键性支撑。在大数据时代，数据流通、开放、共享是实现数据资源价值的重要方式，建设现代化经济体系离不开大数据支撑。政府是"数据海洋上的巨轮"，掌握着极其庞大的数据渠道以及数据资源，政府数字化转型是经济数字化转型的先导力量，也是数字经济的重要支撑和现代化经济体系的强大引擎。把政府数字化转型作为数字经济的标志性、引领性工程来抓，加强数字时代的政府改革和治理能力建设，通过政府数字化撬动经济数字化和提高全要素生产率，加速互联网、大数据、人工智能等数字经济与实体经济深度融合，催生新产业、新业态、新模式，进而促进经济高质量发展和现代化经济体系建设。

从社会治理视角看，政府数字化转型是加快推动社会治理精准化、公共服务高效化以及社会互动信任化的迫切要求。进入数字时代，社会治理主体呈现出多元化趋势，从传统的政府单一主体拓展到政府、社会组织、企业、公众多元协商共治。政府数字化转型，使得政府拥有全面感知社会的能力，以"数据＋算法"双驱动模式刻画现实社会，更透彻揭示传统政府难以展现的关联关系，促进社会公众感知及行为的数字化。大数据、云计算及物联网等技术的应用，进一步提高社会治理的匹配性、精准性及有效性，为破解社会治理难题提供重要工具和有效手段，推进政府管理和社会治理模式创新，实现政府决策科学化、社会治理精准化、公共服务高效化，推动社会治理体系和治理能力现代化。

从政府改革视角看，政府数字化转型是对政府自身改革进行全方位、全领域、全时空系统性和数字化重塑的战略支点。当前，数字化、网络化、智能化在生产生活领域的深度渗透，深刻改变了政府治理的基础环境，给政府履行职能带来了全新的挑战和机遇。运用数字技术重塑行政权力运行流程和模式，有效打破组织壁垒和信息壁垒，提高政府治理能力和公共服务质量，对高效履行政府职责，提高行政质量、效率和政府公信力是有力促进。通过"制度创新＋技术创新＋流程创新"协同发力的数字化转型，按照自身运行规律与政府和社会良性互动之关系设置数字化的政府治理和服务模式，有助于推进审批服务、执法监管、城市管理、安全管控、智慧办公等政务数字化。

二、我国政府数字化转型发展现状及关键痛点

（一）我国政府数字化转型发展的发展现状

随着网络强国战略、国家信息化发展战略、国家大数据战略、"互联网＋"行动计划等重大战略和行动的实施，我国政府数字化转型发展势头强劲，主要体现在三个方面。

一是全球排名稳步提升。据权威报告评估显示，2018 年我国政府数字化发展水平居全球第 65 位，近 5 年来，世界排名提升了 13 位，处于中等偏上水平。在政务在线化方面，得益于政府门户向一站式服务平台转变，在线服务指数实现了从低水平到较高水平的突破。

二是数字化普及程度较高。截至 2018 年 6 月，我国 IPv4 地址数为 338818304 个，拥有 IPv6 地址 23555 块 /32，国际出口带宽为 8826302Mbit/s，网站和 App 数量分别达到 544 万个和 415 万款，网民规模突破 8.02 亿，互联网普及率达到 57.7%。在线政务用户规模达到 4.70 亿，占总体网民 58.6%。通过支付宝或微信城市服务平台获得政务服务的使用率为 42.1%，支付宝和微信为网民使用最多的在线政务服务方式；其次为政府微信公众号，使用率为 23.6%；政府网站、政府手机端应用及政府微博的使用率分别为 19.0%、11.6% 及 9.4%。

三是重大政策进入全面实施高峰期。如图 1 所示，从"十二五"开始，国家对于政府数字化相关的政策引导、管理规范不断密集发布，在保障信息安全和既有投资的情况下，引导政府数字化向集中化、服务化演进。目前，政府数字化转型相关内容已纳入 31 个省（自治区、直辖市）年度重点工作，各地工作方案陆续颁布。

时间	政策	主要内容
2011年3月	国家"十二五"规划	建设和完善网络行政审批、信息公开、网上信访、电子监察和审计等体系，加强市场监管、医疗卫生等重要信息系统建设、完善地理、人口、法人、金融、税收、统计等基础信息资源体系；强化信息资源的整合，规范采集和发布，加强社会综合开发利用。
2012年5月	"十二五"国家信息化规划	在继续加快推进金盾、金关、金税、金财、金审、金农等重要信息系统建设的基础上，重点建设信息惠民生、维护社会经济安全保障和改善社会生、提升国家治理和现代能力等方面的重要信息系统
2015年11月	国家"十三五"规划	加快推进政府大数据应用，建立国家宏观调控体系，提高政府治理能力。制定政府数据资源管理办法，推动政府数据资源分类分级采集、管理、建立、交换、架构、评估认证等标准制度
2016年7月	国家信息化发展战略纲要	适应国家现代发展需要，更好用信息化手段感知社会态势、畅通沟通渠道、辅助科学决策。持续深化电子政务应用，着力推动决解信息碎片化、服务割裂等问题，以信息化推进国家治理体系和治理能力现代化
2016年9月	关于加快推进"互联网+政务服务"工作的指导意见	国务院各部门要整合面向公众服务的业务系统，加快推进政府各公众（区、市）网上政务服务平台按需开放业务系统实时数据接口。加快分类推进新型智慧城市建设、打造透明高效的服务型政府
2016年12月	"十三五"国家信息化规划	加快涉密信息系统与信息资源的安全保密设施建设、统筹应急响应与灾难备份能力建设、增强电子政务网络、基础信息库和重要业务信息系统的安全防护能力建设，为重要信息系统运行提供安全可控能力支撑、完善密钥管理基础设施
2017年3月	2017年政府工作报告	全面推行"双随机、一公开"，增强事中事后监管的有效性。推进"互联网+政务服务"。加快国务院各部门和地方政府信息系统互联互通，形成全国统一政务服务平台
2018年6月	国务院办公厅印发《进一步深化"互联网+政务服务"推进政务服务"一网、一门、一次"改革实施方案》	进一步推进"互联网+政务服务"，加快构建全国一体化网上政务服务体系，推进跨层级、跨地域、跨部门、跨业务的协同管理和服务，推动企业和群众办事线上"一网通办"、线下"只进一扇门"（一门）、现场办理"最多跑一次"（一次），让企业和群众办事像"网购"一样方便

图1 我国政府数字化宏观政策演进情况

（二）我国政府数字化转型发展的关键痛点

要持续推动政府数字化转型步入深水区，还需要解决以下四个痛点。

痛点 1：当前国内政府数字化缺乏统一模式，导致地区间、部门间信息孤岛现象严重，服务碎片化，一体化线上政务服务平台还不够成熟。不同服务部门的各自为政以及服务渠道的分散化，造成政府社会治理和公共服务数据信息难以互联互通，处于碎片化状态。这极大制约了大数据、云计算等技术的价值创造能力，使不同地区、不同层级政府部门间难以实现信息共享和业务协同，无法为民众提供成熟的"一站式"线上政务服务。

痛点 2：不同地区之间线上政务服务的供给能力分化严重，地区之间、部门之间，甚至事项发布与办理之间缺乏联动，重审批轻服务。其中发展较好的前十位省级政府提供的政务服务事项总数超过 2.3 万项，占全国比重达 61.65%，且各省级政府提供的线上政务服务多为审批事项，与民众生活相关的服务事项偏少。

痛点 3：线上事项办理指南没有统一的标准，烦琐复杂、不易理解，准确性、时效性、可操作性和实用性都不高。当前，各地政府的服务指南不仅更新缓慢、跟不上最新的政策节奏，且内容较为松散，流程不清晰。以办事表格及文件下载为例，在需要提供表格或文件下载的办事事项中，全国范围内仅有 50.54% 的事项提供了下载服务。

痛点 4：相关的体制机制和法律法规比较滞后，缺乏保障和推动政府数字化转型深化发展的制度环境。在政府数字化转型过程中，相关制度性配套措施缺位，在电子印章、电子文件、电子证照等方面缺乏有力的制度保障。

三、国内外政府数字化转型建设的发展情况

近年来，政府数字化转型已经成为世界各国政府改革的主要方向，各国高度重视政府数字化转型，积极推进国家发展战略和政策。英国推出"政府转型战略（2017—2020）"，启动"数字政府即平台行动计划"；美国发布"数字政府战略"（Digital Government）；德国发布"数字化战略 2025"及"数字化政府"行动（eGovernment）；日本制定"i-Japan 战略"，均通过系统的数字化路线推动政府转型，致力于引领全球数字政府转型，继而抢占数字经济先机和竞争优势。

目前，全球政府数字化发展呈现以下三个特征。

一是全球总体进步十分明显。《2018 年联合国电子政务调查报告》显示，与 2016 年相比，全球政府数字化发展水平进一步提高，193 个成员国政府数字化发展指数 EGDI 平均值为 0.55，比 2016 年提高 12.2%，位列 EGDI 极高、EGDI 高组别的国家进一步增加。

二是区域发展差异依然存在。《2017 年国际数字政府评估报告》等多份权威报告显示，多年来，英国、美国、日本等经济发达国家政府数字化水平常年居全球前十，处于领先地位，经济发达程度与政府数字化水平呈明显正相关；从不同大洲看，欧洲整体保持领先，其次是美洲、亚洲和大洋洲，非洲的发展水平最低；从发展速度看，以中国为代表的亚洲国家在政府数字化上显示出强劲的发展势头和增长空间，而欧美先行区域在原本拥有较高水平的数字演进状态下出现势头减缓的迹象。

三是政府数字化进入新阶段。伴随技术形态演进，部分政府数字化领先区域已率先进入智能政府阶段，从政府的信息、业务数字化迈向政府组织数字化，移动政务、人工智能、物联网、云计算等新技术与政府治理加速融合。

四、浙江省政府数字化转型创新发展实践

浙江省政府数字化转型总体方案框架如图 2 所示，包含"四横三纵"七大体系。"四横"即全面覆盖政府经济调节、市场监管、公共服务、社会管理、环境保护等方面职能的数字化应用体系，以及为业务应用提供一体化支撑、全省共建共享的应用支撑体系、公共数据资源体系、基础设施体系；"三纵"即与改革目标相匹配的组织保障体系、政策制度体系和标准规范体系。

"浙里办"和"浙政钉"是集成平台"掌上浙江"的重要终端产品，共同形成了"一体两翼"架构，如图 3 所示。

"浙里办"是在浙江政务服务移动客户端基础上改造升级后形成的全新移动 App，包括三个基本板块。一是掌上办事，覆盖全省各级政府部门适宜在手机上办理的审批服务、便民服务；二是掌上投诉，包含政务类投诉举报和反馈功能，以及社会治理随手拍等功能；三是掌上咨询，为老百姓提供一站式的办事咨询、政策咨询等。

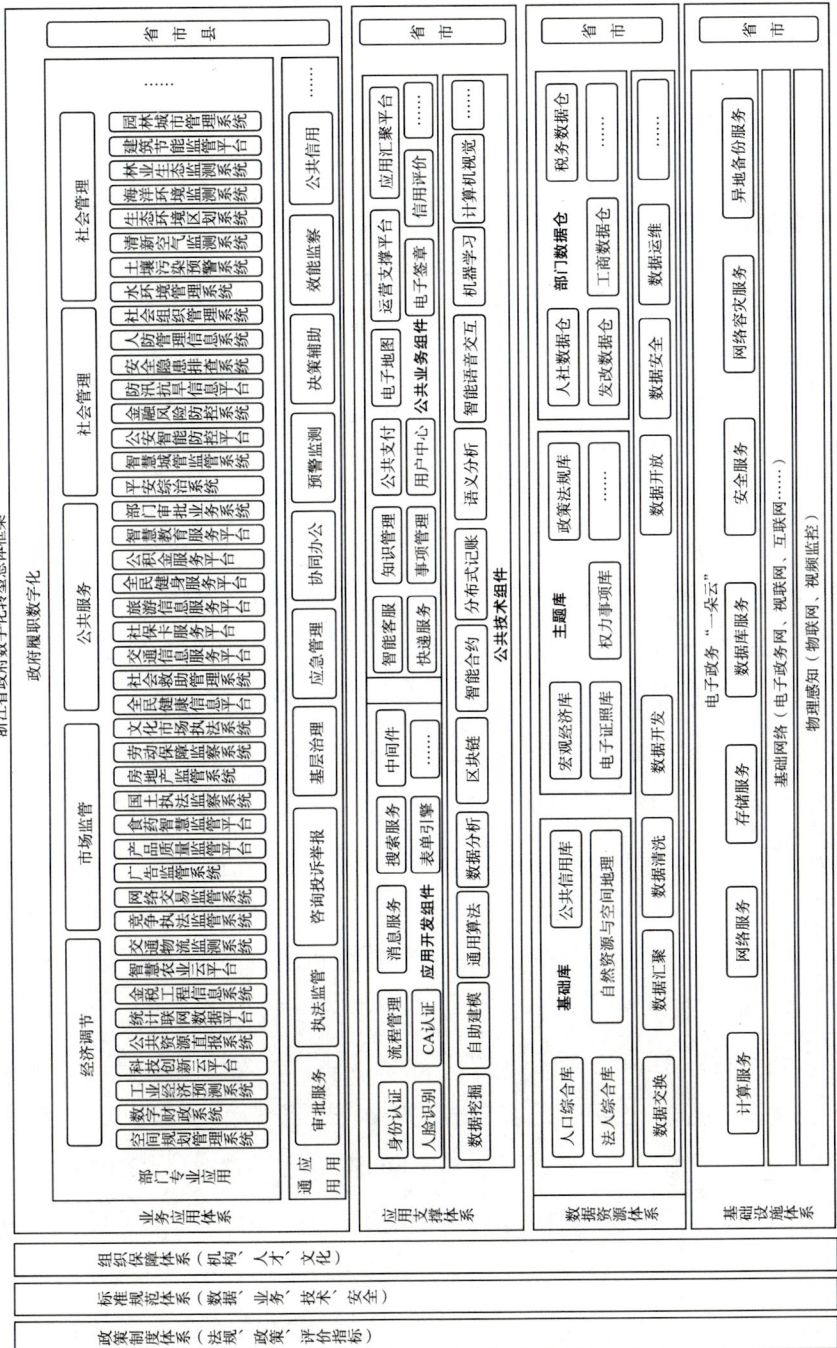

图 2 浙江省政府数字化转型总体框架

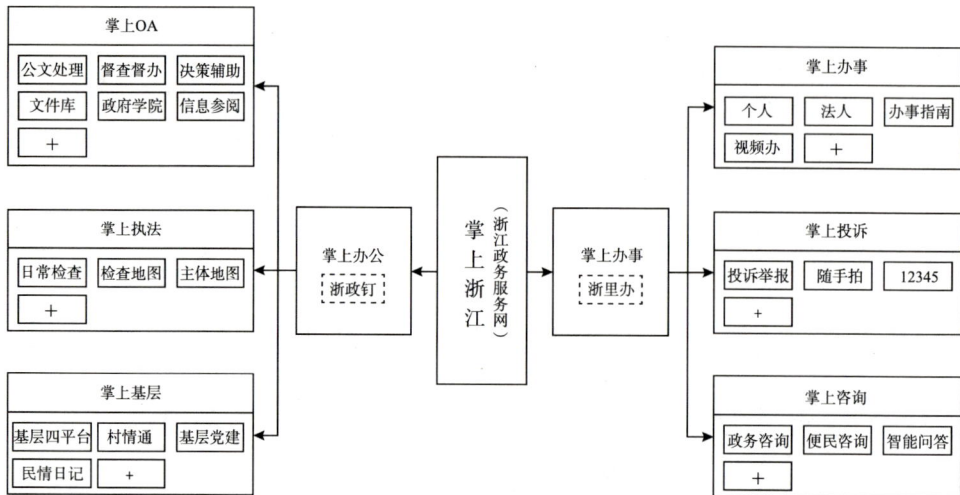

图3 "掌上浙江"结构示意图

"浙政钉"即政务钉钉移动平台，是基于钉钉 App 的一种新型政务移动互联平台，它集即时消息、短信、语音、视频等通信手段和承载移动协同应用于一体，包括三个基本板块。一是掌上 OA，即办公自动化，实现公文流转、督察督办、决策辅助等移动办公业务；二是掌上执法，集成统一执法监管系统功能，为执法工作人员提供移动执法功能；三是掌上基层，集成基层治理四平台移动端功能，为基层政府工作人员和村（社区）网格员提供信息采集、事件处理、村情互动等功能。

"浙里办"客户端于 2018 年 9 月上线，目前接入各类便民应用 282 项，推出首批可以掌上办的行政审批服务事项，其中省级 60 项、设区市平均 150 项、县（市、区）平均 70 项。省、市、县三级民生事项已有 35.1% 实现"一证通办"。其中衢州市提出打造"无证明之城"，已实现 170 个民生事项"一证通办"，完成率达 74.56%。"浙里办"客户端有序整合了各级政府部门办事的移动 App，达到了"一站式服务"的要求，提升了群众的使用体验。

"浙政钉"从 2016 年开始试用。2017 年年初，浙江省政府办公厅发文，为推动"互联网＋政务""最多跑一次"改革，决定在全省政务统一部署使用移动办公钉钉系统，提高行政决策效率。目前"浙政钉"组织架构内，浙江省钉钉注册用户数增加到 114 万人，激活用户 110 万人，激活率 96%，活跃率 44%。

包括浙江省政府、省属委办厅局机关和全省 11 个地市、90 个区县都在钉钉上进行工作沟通和办公协同，上线的浙政钉微应用达到 267 项。"浙政钉"帮助浙江政务系统实现了省、市、县、乡、村五级机构的组织在线，完成了五级行政区划的移动联络系统建设，这在国内属于首例。实现了政府内部"最多跑一次"甚至不跑路，极大提高了行政效率和质量，助力了政府数字化转型。

五、宁波市政府数字化转型创新发展建议与对策

通过对众多国内外政府数字化转型的先进案例研究，特别是深入分析浙江省在移动政务上的创新举措，结合宁波实际，提出了如下几点宁波市政府数字化转型创新发展的对策建议。

一是注重顶层谋划，融入发展大局。建立领导小组推进政府数字化转型中总体方案设计、政策法规制定、标准规范编制、政务数据整合共享等重大工作。在浙江省数字政府建设总体框架下，结合宁波市实际，加快谋划宁波市政府数字化转型发展规划及其配套措施，继续推进"最多跑一次"改革，并以此为契机，建设市级层面政务统一平台。

二是推进数据共享，消除信息孤岛。加快完善政府信息资源的权限和共享机制的制度建设，推动政务信息系统整合和清理工作，打通部门间数据资源交换共享渠道。构建政府统一政务信息资源共享平台，全面整合、汇聚分散在各部门的数据，避免重复建设，消除信息孤岛。强化政务服务大数据开发应用，以集约化、高效协同的发展模式，最大限度发挥数据的使用价值，打通数据信息共享的"最后一环"。

三是强化信息保护，维护数据安全。将信息安全放在首要位置，按照网络安全法和国家网络安全等级保护制度的要求，建立各方协同配合的信息安全防范、监测、通报和处置机制。加强对电子证照、统一身份认证、网络支付等重要系统和环节的安全监控。扩大信息安全教育，提升公众信息安全防范意识，健全对政府数字化转型项目第三方服务的管理制度和日常监管，确保政府对核心业务和数据资源的掌控。

四是布局移动平台，缩小数字鸿沟。对于政府数字化转型项目，强调移动

为先的建设理念，相关政务上线首先考虑移动端体验，加强移动基础设施的投入。建设借鉴"浙里办"移动政务平台建设思路，整合各级部门数据及政务，打造宁波市级移动政务统一平台。借助支付宝、微信等拥有海量用户的成熟互联网平台，上线部分民生服务功能小程序、小应用，降低公众使用门槛，缩小城乡数字差距。

五是创新建设模式，发挥示范作用。积极探索政府数字化转型工程建设新模式，探索"政府主导＋企业参与"的建设运营模式，充分发挥政府的引导、管理作用与市场活力。加大对数字化转型项目的梳理分类，政府主导开展基础性行政性强的数字化项目建设，鼓励企业参与社会性较强的数字化项目建设，通过特许经营、投资补助、政府购买服务方式，承担政府数字化转型系统建设和运维工作。开展政府数字化转型示范模式创建活动，充分发挥各地各部门、全社会的能动性和首创精神，建立示范推广的有效机制，充分发挥创新模式示范引领作用。

宁波市离岸科技创新中心建设的思考和建议

创新是引领发展的第一动力，是解决城市发展问题的关键。当前，宁波市正处在新旧动能转换、科技创新从 2.0 向 3.0 转型的关键阶段，要实现宁波市产业转型升级，占据产业发展主动位势，必须全力推进技术创新从跟随式创新向原创式创新跨越，形成一批引领性原创成果和颠覆性技术重大突破，实现科技创新的并跑和领跑。

前沿和基础科学研究需要巨大的智力资源与物质资源投入，并具有系统性和延续性的特点。在技术创新周期缩短、技术创新要素配置全球化、高层次人才争夺白热化的背景下，我国以企业建立海外研发中心和高校科研机构以项目为依托的国际合作模式目前均无法满足创新能力"弯道超车"的需求，实现创新引领，必须在全球化视野下探索建立科技与经济共赢的新型国际科技创新合作渠道。

因此，尊重科研规律和人才成长规律，从战略发展的高度，积极探索建设以"不求所在、但求所用"为策略的离岸科技创新中心，在国际顶尖科研机构人才不脱离既有科研环境的前提下，鼓励支持与国际一流大学、科研机构、研发中心开展国际合作，通过技术资源的流动与共享，及时掌握国际前沿基础研究进展、获取前沿技术创新资源，既是在更高起点上推动自主创新的新渠道和新方式，也是为人才提供更自由的空间和更多样化的选择。

一、离岸科技创新中心内涵

离岸创新是在全球经济发展与科技进步大背景下，突破传统创新模式下创新资源的流动性限制，不设在本国（或本行政区域）境内的创新活动，是聚焦战略需求，寻求全球范围内科技合作、提高研发效率和本地成果转化效率，减少海外科研人才境内创新环境不适应的战略选择。

离岸科技创新中心是贯彻"非对称"发展战略所提出的整合国内、国际两种资源、两种市场，在秉承"以我为主"的原则下，实施全球研发战略，通过建立国际化基础科学研发设施、应用科学与工程技术研发基地、产业孵化公共服务平台一体化构架，推动国际研发中心与国内创新基地相互协调、相互激励构建的通过寻求外部合作伙伴实现组织内部扩展、具有自我优化能力的动态协作创新网络。

离岸科技创新中心与**离岸创新创业基地**的区别在于，离岸创新创业基地是为有创业需求的海外人才提供的区内注册、海内外经营的政策要素资源配置保障的专业载体平台。离岸科技创新中心则是在明确的战略需求导向下，从创新的源头开始，有的放矢地将立足海外的国际离岸研发中心与国内研发创新体系进行有机整合与对接，通过技术引入实现人才引入的战略举措。

离岸科技创新中心与**企业海外研发机构**的不同在于，企业海外研发机构往往侧重于立足市场需求的应用技术开发与转移。离岸科技创新中心则是海外研发中心的延伸和升级，强调的是在全球范围内获取并利用当地科研资源，进行基础技术研发以提升自主创新能力。

二、国内外离岸科技创新中心建设的探索和实践

相较于发达国家而言，我国企业海外创新中心起步较晚，离岸创新也尚处在探索和发展阶段。目前国内更多关注的是离岸创新创业基地建设，对离岸科技创新中心的研究很少，在概念上存在混淆不清的问题，谋划在建的离岸创新中心建设模式和运行机制也不够清晰。

虽然本研究提出的离岸创新中心在建设目标上与跨国公司研发机构存在些许差异，但跨国公司开展国际技术合作的模式和运作经验，对于离岸创新中心模式具有重要借鉴意义。

（一）跨国公司国际研发合作模式的借鉴

跨国公司自 20 世纪 70 年代后就逐步建立起了完备的全球研发体系。跨国

公司离岸研发的模式分为三类：研发离岸控制模式、研发离岸外包模式和国际技术联盟。研发离岸控制是指跨国公司通过在本土以外的国家或者地区建立独资或者合资的研发中心，从而达到跨国公司的研发目的。研发离岸外包是指跨国公司将本来由自己完成的某些研发任务通过合同的方式交由给非本土的国家或者地区的研发企业或者机构来完成。跨国公司技术联盟侧重于两个公司基于研发战略上的考虑采取股权或者非股权的形式共同开发某项技术，风险方面共同承担，事后研究成功也共享创新成果。

跨国公司基于不同的目的会选择不同的离岸模式。例如，离岸研发程度很高的美国，其在欧洲和日本的离岸研发倾向于技术联盟模式，在中国的离岸研发倾向于离岸控制模式，而在印度则倾向于离岸外包方式。美国离岸和进岸研发投资的双向开放保证了美国的技术研发走上了一个良性循环的轨道。一方面，研发离岸的活动可以获取更多的外部技术资源；另一方面，大量的进岸研发投资不光吸引了国外研发资金的到来，也能吸引国外研发人才的到来，同时也造就更多的本土研发人才。

（二）国内外相关地区离岸创新中心的探索实践

1. 离岸创新中心建设的区位分布倾向于发达国家或地区

美国、德国、英国、以色列等发达国家和创新实力活跃的地区是离岸创新中心的首选区位。例如，武汉东湖高新区在美国硅谷圣荷西市、以色列、英国、泰国等国家、地区设立光谷离岸创新中心、海外科技园。青岛李沧区在美国西雅图、以色列特拉维夫、加拿大温哥华等地着力培育"国际特别创新区"离岸孵化科技创新体系。西安高新区已在硅谷的10多个孵化器成立离岸创新中心，未来还将在法国、德国、瑞典、新加坡、以色列等国家建立离岸创新中心，在相关"一带一路"参与国家和地区设立科技服务站和研发中心。

此外，国内一些创新资源禀赋薄弱的地区（如江苏宿迁、泰州）则探索将离岸创新中心更加广泛化，寻求在北京、上海、深圳等创新实力强劲的地区设立离岸研发机构，以破解专家教授不愿常驻、企业创新研发无法保障的局面。

2. 高新区、开发区等是离岸创新中心的主要依托主体

例如，目前已有武汉东湖高新区、西安高新区、沈阳中德高端装备产业园等设立了光谷离岸创新中心、北美（硅谷）离岸创新中心、中德（沈阳）装备园离岸创新中心。上海西安交通大学研究院作为在张江高科技园区注册设立的产学研合作机构，自 2014 年起，依托自身在国际合作方面的经验与资源，在俄罗斯注册成立新西伯利亚纳米材料与储能离岸创新中心、在瑞典成立斯德哥尔摩生命科学与大健康产业离岸创新中心，在以色列特拉维夫的国家安保与信息安全离岸创新中心正在筹建中。

3. 离岸创新中心采用多方共建、实体运营的建设模式

离岸创新中心成立运营实体，直接聘请中心所在地区科研人员参与研发工作，设立孵化机构，甄别、筛选、孵化满足国内市场需求的科技成果。例如，沈阳成立中德发展（沈阳）离岸创新服务中心有限公司作为运营主体，统筹境内外离岸创新中心的工作，在深圳成立中德发展（深圳）科技创新有限公司，并在南山区软件园设立科技孵化器，与源头创新百人会、深圳原创力离岸创新中心等机构建立战略合作关系，在德国海德堡建设 500 平方米的科技孵化器，组建专业运营团队，对接当地产业相关资源。

又如，青岛李沧区打造"国际特别创新区"的离岸孵化科技创新体系，是在青岛 – 亚马逊 AWS 联合创新中心项目基础上，由李沧区政府、区属国有企业、万国云商互联网产业公司多方共同推进的。李沧区政府和区属国有企业负责提供孵化承接空间、做好政策支持工作，万国云商互联网产品公司负责组建海外专业团队、建设离岸创新孵化基地、投融资、对接海外资源等工作，引进高科技的优质项目落户、提供咨询和服务以及国际化平台资源支持等。

4. 战略导向下产学研用一体化的全球研发体系是离岸创新中心建设的目标

离岸创新中心以战略性、国际性、前沿性、平台型为发展目标，围绕区域战略新兴产业及关键产业领域开展国际科技合作。如西安交通大学上海研究院新西伯利亚离岸创新中心聚焦纳米材料和储能技术领域。俄罗斯西伯利亚国立大学、俄罗斯科学院西伯利亚分院、雅罗斯拉夫尔分院等为主要合作和对接机构，负责俄罗斯科研资源的整合和技术成果向中方的引进和产业化。中方则依托西安交通大学、西安交大上海研究院等科研机构建设中俄纳米科学与储能技术联合实验室，并将逐步配套建设公共创新服务平台和产业孵化园区，形成产学研用一体化的技术研发创新体系。离岸创新中心组织架构如图 1 所示。

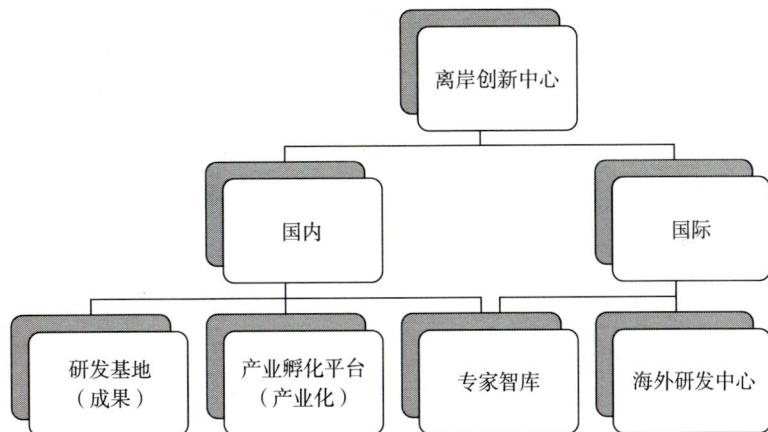

图 1　西安交通大学上海研究院新西伯利亚离岸创新中心组织架构

青岛李沧区组建了集政府、区属企业、民营企业、技术专家、资本专家于一体的专业团队，聚焦美国、以色列、加拿大等海外先进地区创新创业优势资源，介入项目源头创新，打造"落地资本 + 资源 + 产业 + 市场"的生态链，推动国际网络信息先进技术项目落地，并对接本地市场，加速新旧动能转换；西安高新区北美离岸创新中心搭建西安高新区与硅谷之间人才培养与交流、技术研发与合作、资本服务对接、企业国际市场拓展、离岸创新孵化、创新成果转化与交易等方面的六大合作平台。

5. 政策和资金支持是推动离岸创新中心运行的重要保障

目前全国 11 个自贸区均出台了对离岸创新创业的支持政策，主要表现在投资便利、税收优惠、平台载体、服务保障、科技支持及知识产权保护等方面。山东省还专门出台了《山东省离岸创新人才引进使用支持办法（试行）》及实施细则，对全省各类企业、高等院校、科研机构、社会组织、个人在国（境）外建立的研发基地、开放实验室、科技孵化器、技术转移中心围绕经济社会发展主导产业和重点领域引进使用离岸创新人才的给予相应资金补贴，对经认定的离岸创新人才给予各项政策优惠。这些也是支持离岸创新中心建设的重要内容和措施，但未完全覆盖到设立在境外的离岸研发实体。

对投入大、风险高的离岸研发活动，资金支持更为重要，上海西安交通大学离岸创新中心提出要设立离岸创新产业基金，基金总规模约 5 亿元，分期募集，首期 2 亿元，出资比例待定。青岛李沧区成立海外美元并购基金，直接投资海外高质量的创新项目，通过资本入股，在实现资本收益的基础上遴选优质海外项目，引入"国际特别创新区"。目前，李沧已与软银中国资本、加拿大加科资本等顶尖科技风投基金达成合作意向，构建跨境并购基金体系。

三、宁波市离岸科技创新中心的建设对策

在借鉴跨国企业境外研发中心及各地离岸创新中心建设经验的基础上，结合宁波市本区域发展实际，从以下几方面提出宁波市离岸科技创新中心建设的对策建议。

（一）从建设区位选择来看，拓展离岸创新中心建设的广度和深度

在区位选择上，不只是考虑在发达国家和地区，同时也要根据技术研发需求积极对接拥有丰富研发资源和发展潜力的发展中国家（如除中国之外的金砖国家、"一带一路"沿线国家），以及考虑将国内北京、上海、深圳、西安等创新实力强劲的地区作为宁波离岸科技创新中心的发展区位。

在离岸创新的研发深度上，以改变宁波市产业技术处于技术价值链末端、技术开发受制于人的局面为目标，聚焦战略必争和未来科技等关键技术研发领域，结合顶尖人才柔性引进政策，加强与国外知名科学家、教授的沟通和联系，组成海外研发支撑团队。引进通过离岸创新中心建设，更深层次地学习和介入到技术创新的源头，实现技术创新的并跑和领跑。

（二）从建设依托主体来看，将离岸创新中心各示范区、海外研发机构、产业技术研究院等建设相结合

以宁波国家自主创新示范区、国家科技成果转移转化示范区、中东欧经贸合作示范区建设以及宁波自由贸易港区争创等为契机，推动宁波市各高新技术园区打造科技引领、体制特殊、产业前沿的离岸科技创新园。支持离岸科技创新园建设离岸研发机构、科技服务机构，集聚海内外高层研发人才以及前沿科技创业项目。

同时，将离岸创新中心建设与推动企业海外研发机构、产业技术研究院等

建设相结合，在继续支持企业海外研发中心扩大市场需求的离岸研发活动外，支持宁波市实力型龙头骨干和创新型领军企业与国外知名高校、跨国公司研发机构围绕宁波市重点发展的战略性必争领域和未来科技产业领域加大离岸基础科学研究合作，提升和稳固全球科技研发体系。

（三）从建设机制来看，建立离岸研发和在岸研发无缝对接的产学研用技术创新体系

在国际方面，支持宁波市科研机构、组织与国际知名高校、科研机构联合成立离岸研发中心，瞄准世界科技前沿，整合国际科研资源与人力资源，进行研发工作。在国内方面，以市场为导向，以企业及高校、研究院为主体，建立科学研发基地、产业孵化公共服务平台与产业基金、专家智库一体化构架，形成产学研用技术创新体系。

在精准对接国外前沿研发机构的基础上，加强离岸创新中心和国内研发机构的沟通和交流合作，疏通好国内外信息交流渠道和人才自由流动的环境，融合好离岸和在岸两股研发力量，推动国内市场资源、产业资源和全球研发的互补和需求对接，保证研发与生产的连续性，以实现技术创新能力的突破。同时，重视研发成果消化吸收能力培养，形成海内外协同研发、同步建设的完善产学研用技术创新体系，实现研发效益最大化和研发成果的快速本地化。

（四）从建设模式来看，根据不同行业技术创新需求及特点谋划离岸创新中心建设

借鉴跨国公司离岸研发机构的建设模式，围绕宁波市重点产业技术创新发展需求，认真研究和客观评价宁波市产业技术创新能力水平及与国内外相关地区的差距，制定以跟跑、并跑、领跑为目标的离岸创新中心战略规划。

对宁波市技术创新实力较具优势的行业，离岸创新中心建设应借鉴美国跨国公司技术创新的路径，采取离岸控制的策略，目标定位在帮助国内研发机构了解搜集创新资源和技术，形成技术创新的良性循环；对宁波市技术创新实力相对一般的行业，可以借鉴日本跨国公司通过发展供应链建立良好研发合作关系的路径，与供应链企业形成国际技术开发联盟，在提高整条供应链竞争力的同时也增强了自身的技术开发能力；对宁波市技术创新实力处于弱势的行业，

采取离岸外包的策略，更大程度上借助外部研发资源得到所需的创新成果在本地化转化。

（五）在运行管理保障方面，加大离岸创新研发的政策支持和先行先试

优化离岸创新中心建设的政策环境。积极发展和扩大与发达地区、创新活跃地区的国际科技合作，为开展离岸创新中心建设铺平道路。以国家自主创新示范区、环杭州湾大湾区建设为契机，积极向国家争取市场准入、离岸业务税收、新闻与文化监管、区域性开放社交网站等相关政策在宁波开展先行先试，争取国家支持开展创新要素流动、新经济市场准入、科技法制、监管体制机制等方面的综合授权改革；研究落实海外人才出入境、就业、落户、结汇、通关、网络通信等方面配套政策。

建立离岸创新的投融资保障体系。离岸创新中心建设具有投资大、周期长、风险大等特点，政府应搭建良好的投融资平台。深化科研管理体制改革，允许科研资金跨境使用。建立由政府引导的"离岸创新产业基金"，用于各类基础设施建设和创新孵化投资等。与国外顶尖科技风投机构构建跨境并购基金体系，通过资本入股，在实现资本收益的基础上直接筛选、投资海外高质量的创新项目。建立相关保险机制，为离岸研发活动进行保障。

加强创新成果的知识产权保护。离岸创新中心的关键在于依托全球化协同研发体系，将国际创新成果"映射"进来为区域发展助力。因此，离岸创新中心必须坚持知识产权本地化和研发体系本地化，要遵循国内外共同研发、国内统一申报的原则，建立海外专利国内申请、国际保护的业务体系，实现海外创新中心研发成果的知识产权本地化。同时，也要强化在离岸国家的专利申请，支持"走出去"的海外研发机构积极探索建立独立开展海外专利申请的业务体系。

宁波市发明创新大赛的实践与思考

宁波市发明创新大赛（以下简称"大赛"）自 2004 年首次举办以来，始终秉持鼓励发明创造、营造良好科技创新氛围和促进宁波市科技进步的办赛宗旨。历经十多年的沉淀和积累，大赛的公信力、权威性、代表性和影响力日益增强。大赛已经成为宁波市表彰优秀专利，展示自主创新成果和创新型城市建设成效的重要平台。

一、基本情况

从主办单位看，2010 年以前，除了宁波市科技局（现为宁波市知识产权局）外，宁波市教育局、宁波市总工会、宁波市科学技术协会、共青团宁波市委先后作为主办单位参与了大赛相关工作。2010 年至今，大赛的主办单位均为宁波市科技局（宁波市知识产权局）和宁波国家高新区管委会。

从奖项设置看，大赛陆续设置过发明创新奖、技术革新奖、创意设计奖、学生综合创新奖、优胜奖、优秀组织奖、热心关注奖和先进个人等奖项。此外，大赛还举办过一些辅助活动，如发明创新知识竞赛、演讲比赛、发明创新成果展示、"宁波市十大发明之星"评选、"宁波市十佳青年创新创业之星"评选等。从 2015 年至今，大赛固定设置发明奖和设计奖两个奖项、金奖和优秀奖两个奖励等级。

从奖励对象看，历届大赛通过设置不同奖项，对相关发明专利、实用新型和外观专利，对未申请专利的发明创新方案、技术革新方案等专有技术，对在发明创造方面有突出贡献的发明人，对为大赛做出突出贡献的单位、组织团体，对在校学生及其优秀作品，对发明创新知识竞赛奖个别参与者和演讲比赛获奖者均进行过奖励。从 2015 年开始，大赛以项目形式对相关发明专利、实用新型专利、外观专利及其专利权人、发明人（设计人）进行表彰和奖励。

从奖金额度看，各届大赛针对不同的奖项和奖励等级，奖金金额在几百元到上万元不等。其中，第九届（2013 年）和第十届（2014 年）大赛设置的发明创新奖特等奖，每项奖励 15 万元，为历届大赛单项最高奖金。2015 年，大赛设置的奖金总额度为 56 万元，并对发明奖和设计奖的金奖项目，每项分别奖励 5 万元和 2 万元；发明奖和设计奖的优秀奖项目，每项分别奖励 0.2 万元和 0.1 万元。2016 年开始，大赛的奖金总额度提高到了 81 万元，并将发明奖和设计奖的优秀奖项目的奖金，提高到每项 0.4 万元和 0.2 万元。

二、主要成效

2015 年和 2016 年两年，大赛共表彰项目 319 项，其中金奖项目 16 项，优秀奖项目 303 项，累计发放奖金 130 余万元。截至 2016 年年底，择优推荐参评中国专利奖 ❶ 和浙江省专利奖 ❷ 的大赛优秀获奖项目，获中国专利金奖 1 项，中国专利优秀奖 16 项，中国外观设计优秀奖 7 项；获浙江省专利金奖 1 项，浙江省专利优秀奖 4 项。

历届大赛的获奖项目既有战略性新兴产业领域的项目，也有宁波市传统制造业领域的项目；既有医疗卫生领域的项目，也有农业林业领域的项目。通过对这些项目的表彰和激励，大赛有效促进了宁波市产业的创新发展和转型发展，提升了宁波市社会事业的发展水平。

大赛按照"专利要落地"的指示要求，通过引导相关单位和个人加强专利的保护和使用，创造了巨大的经济社会效益。据不完全统计，2015—2017 年大赛 1449 个申报项目，合计已实现销售额近 2000 亿元。

大赛激励和鼓舞了一大批专利权人及其发明人（设计人），在宁波市营造了

---

❶ 中国专利奖：1988 年设立，由国家知识产权局与世界知识产权组织评选，设中国专利金奖及中国专利优秀奖、中国外观设计金奖及中国外观设计优秀奖。

❷ 浙江省专利奖：2016 年设立，由浙江省知识产权局组织评选，每年举办一届，设浙江省专利金奖及浙江省专利优秀奖。

鼓励发明创造、共同推动知识产权事业发展的良好社会氛围，切实推动了宁波市知识产权示范强市建设，对于宁波市推进国家知识产权区域布局试点工作、建设国家科技成果转移转化示范区和打造一流的创新型城市起到了重要的促进作用。

三、横向对比

纵观16个副省级城市，各城市都非常重视专利奖励在推进知识产权工作中的重要作用，但在具体做法上有所不同。

宁波、杭州、西安、长春、青岛、哈尔滨6个城市没有专门设立市政府专利奖。西安和青岛主要针对获中国专利金奖、优秀奖和省级专利奖的专利进行相应奖励。长春和哈尔滨未出台相关专利奖励政策。而杭州与宁波的做法类似，通过举办大赛对相关专利择优进行奖励。2007年杭州首次举办"市长杯"创意杭州工业设计大赛，之后升格为创意中国（杭州）国际工业设计大赛。2017年，该赛事设置产品奖、创意奖和组织奖三大奖项，并针对产品奖和创意奖设置金奖、银奖、铜奖和优秀奖四个奖励等级，奖金总额度达到166万元。与杭州的"创意中国（杭州）国际工业设计大赛"相比，宁波市发明创新大赛在赛事级别、规模、社会影响力和奖金额度方面都有一定差距。

南京、广州、济南、大连、厦门、深圳、成都、沈阳、武汉9个城市通过设立市政府专利奖，对优秀专利进行评选并择优表彰奖励。其中，南京、广州、济南、大连、厦门5个城市单独设立专利奖，而深圳、成都、沈阳3个城市则在本市科学技术奖中设立专利奖子奖项。武汉较特殊，先是单独设立了武汉市专利奖，之后取消，转而在武汉市科学技术奖下面另设武汉市专利金奖。

从这9个城市设立专利奖的时间来看，成都和济南最早，在2006年就已经设立；其次是深圳和南京，在2007年设立；武汉、广州在2010年设立；沈阳、厦门和大连则分别在2011年、2012年和2016年设立专利奖。因此，就对专利组织评选并择优表彰工作而言，宁波在副省级城市中曾经是走在前面的。

从这9个城市现行专利奖的奖金额度看，总金额最高的是深圳，达到750万元，其次是成都的475万元和广州的380万元。武汉和济南最低，均为100

万元。单项奖金最高的是深圳市专利奖（不分等级）和厦门市专利奖特等奖，奖金均为 30 万元。除了发放奖金，像南京和大连还规定，对于获奖项目的专利实施和二次开发在各类科技计划项目或知识产权项目申报、立项等方面给予优先支持。相比而言，宁波在总奖金和单项奖金上都较低。

从这 9 个城市现行专利奖的奖励对象来看，大多数专利奖都对专利的专利权人和发明人（设计人）进行奖励。个别城市，如广州和厦门，也对在专利实施方面有突出贡献的单位进行奖励；沈阳则对在专利创造、专利管理和专利服务等方面有突出工作业绩的人员进行奖励。而宁波主要以项目形式对优秀专利及其权利人、发明人（设计人）进行奖励。

四、存在问题

当前宁波市发明创新大赛在政策内容方面日趋完善，而且激励导向明确、奖励对象聚焦、激励效果显著。但同时，也存在以下问题。

一是奖励站位不够高。在副省级城市中，宁波是较早开展专利奖励和表彰工作的。但十多年过去了，仍停留在大赛层面，相较于深圳等城市设立的市级政府专利奖来说，奖励层次不够高；而相较于杭州的"创意中国（杭州）国际工业设计大赛"，宁波市发明创新大赛的级别、规模、影响力都逊色不少。此外，大赛至今没有管理办法等相关配套政策文件。

二是奖励力度不够大。同为副省级城市，深圳每年用于表彰专利奖的奖金达到 750 万元，其他大多数城市的专利奖励金额也都在 100 万元以上。虽然大赛的总奖金有所提升，但每年 81 万元的奖金额度仍然偏低，不利于提升大赛的影响力和激励引导作用。

三是奖励形式较单一。尽管对优秀专利进行物质奖励是当前大多数副省级城市的普遍做法，但相较于中国专利奖允许获奖专利的专利权人在其产品上标注奖项名称及获奖时间，和南京、大连对获奖专利的实施及二次开发在项目申报、立项等方面给予优先支持等做法，大赛激励形式还比较单一。仅仅依靠表彰、发放奖金或给予上级专利奖的申报名额，大赛激励效果与引导作用的持续性不强。

五、新形势、新任务

随着"保护知识产权就是保护创新，运用知识产权就是激励创新"成为社会共识，加强知识产权保护，促进知识产权"落地"，成为国家建设知识产权强国的重要任务。在《中共中央、国务院关于深化体制机制改革　加快实施创新驱动发展战略的若干意见》中明确强调要实施严格的知识产权保护制度，加强知识产权保护和运用，使知识产权制度成为激励创新的基本制度。国务院下发的《关于新形势下加快知识产权强国建设的若干意见》，明确提出要推进知识产权管理体制机制改革，实行严格的知识产权保护，加强重点产业知识产权海外布局和风险防控等重点举措。国家先后提出的"中国制造2025""互联网+""大众创业、万众创新"等重大战略，均做出了加强关键核心技术知识产权储备，构建产业化导向的专利组合和战略布局等一系列决策部署。

当前，宁波市知识产权工作已经进入加快建成国家知识产权示范强市、深入推进国家知识产权纠纷调解试点城市建设和知识产权区域布局试点工作的关键时期，加大知识产权保护力度，提升知识产权服务和运用能力显得日益紧迫。宁波市下一步要着力推进知识产权区域布局试点工程、知识产权助力小微企业发展工程、知识产权纠纷多元化解决机制建设工程和知识产权运营服务体系建设工程等重点工程，这对加强知识产权保护和运用提出了更高的要求。

六、政策建议

（一）建议设立宁波市专利奖

为增强获奖者的荣誉感，提升专利奖励的引导与激励作用，结合当前严格控制和规范评比达标表彰活动的要求，建议提请宁波市政府修订《宁波市科学技术奖励办法》，设立专利奖并提高奖金标准。由宁波市政府对获奖专利及其专利权人、发明人（设计人）进行表彰。

（二）建议设置专利组合奖

不管从国家还是从宁波市知识产权发展形势看，构建高质量、产业化导向的专利组合是今后加强知识产权保护与运用的重要举措。因此，建议在宁波市专利奖中设置专利组合奖，以高于现有金奖项目的标准进行表彰和奖励。专利组合奖的奖励对象应该包括一系列相关专利的专利集合，这个专利集合能为宁波市产业发展的关键核心技术提供有效的防御和保护。

（三）建议进一步丰富奖励形式

为充分发挥宁波市专利奖励的品牌价值，进一步提高奖励效果的持续性，促进获奖专利的实施与二次开发，建议对于获奖专利在一定范围内的项目申报与立项给予优先支持，允许获奖项目在相关产品中标注奖项名称及获奖时间。

科技调查统计

宁波市规模以上企业研发机构设立问题调查研究

　　企业是创新的主体，也是"科技争投"的主力军。企业设立研发机构，包括企业研究院、企业工程（技术）中心等，既是企业依靠科技创新赢得市场竞争优势的关键制度安排，也是区域创新体系的重要组成部分，在集聚创新资源，开发新技术、新产品，带动行业技术进步和产业转型升级方面具有重要作用。本次调查研究，着重分析宁波市在规模以上企业研发机构建设上的问题，以及与深圳市、广州市、苏州市等城市的差距，提出宁波市企业研发机构建设中的对策建议。

一、企业研发机构建设总体情况

　　从规模以上工业企业研发总体情况来看，宁波市具有一定优势，有 R&D 活动的规模以上工业企业数、占规模以上工业企业比重、设置企业研发机构数量均位列浙江省第一。2011—2016 年，宁波市 R&D 活动的规模以上企业从 2389 家增加到 3544 家，占规模以上工业企业总数比重从 36.05% 增长到 48.65%，远超全国 2016 年 23% 的平均水平，高于南京市的 39.9%、广州市的 37.3%、杭州市的 29.9%。规模以上工业企业研发投入占宁波市研发投入比重自 2012 年开始已连续 6 年超过 90%，企业研发活力得到充分释放，研发主体地位进一步凸显。但是，单从企业设立研发机构的情况看，仍具有以下几方面问题。

　　（一）纵向发展增速缓慢

　　2011—2016 年，宁波市规模以上企业研究与开发机构数从 1715 家增长到 2042 家，占比从 25.92% 增加到 28.03%，如图 1 所示，与《"中国制造 2025"

宁波实施纲要》中提出的到 2025 年宁波市规模以上工业企业研发机构覆盖率达到 60% 的目标仍相差甚远。

图1 2011—2016 年宁波市规模以上企业设置研发机构情况

（二）横向比较总量不足

与部分发达城市相比，从数量和占比（忽略政策差异）上也有较大差距，如图 2 所示，杭州、深圳、广州、南京、苏州、宁波 6 个城市中，宁波市规模以上企业设立研发机构数目虽然处于前列，但是与苏州的 4646 家仍有较大的差距，占比与南京的 54.38%、苏州的 48.32% 差距较大。据初步数据测算，2017 年广州市规模以上工业企业设置率达提升到 40% 以上，宁波仅提升到 34% 左右，在总量提升上还较为缓慢。

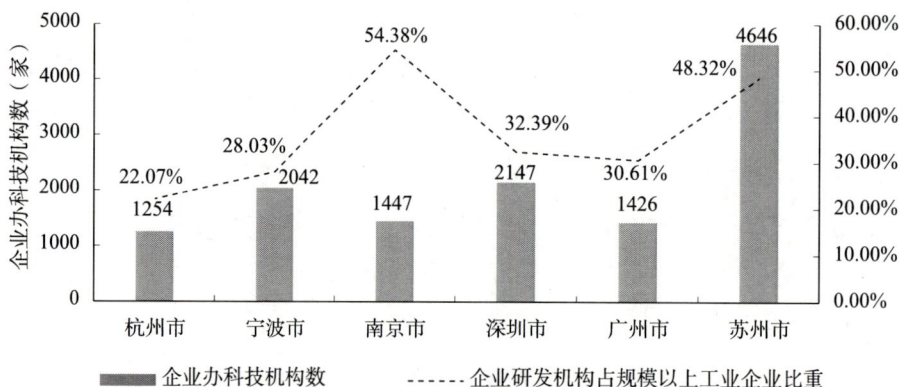

图2 2016 年 6 个主要城市规模以上企业设置研发机构情况

（三）机构设置比率不高

从宁波企业设立研发机构的发展来看，动力仍显不足。虽然宁波规模以上工业企业对于开展创新研发活动的主动性不断增长，但2011—2016年宁波市企业研发机构数占有R&D活动的规模以上工业企业的比例由71.79%降到57.62%，说明近一半有研发活动企业并未设立专门的企业研发机构。从全省各地市情况来看，如图3所示，宁波与嘉兴的90.0%、舟山的82.8%、杭州的71.5%、温州的70.5%差距明显，处于全省中等偏后的水平，进一步说明宁波企业设立研发机构仍存在较大增长空间。

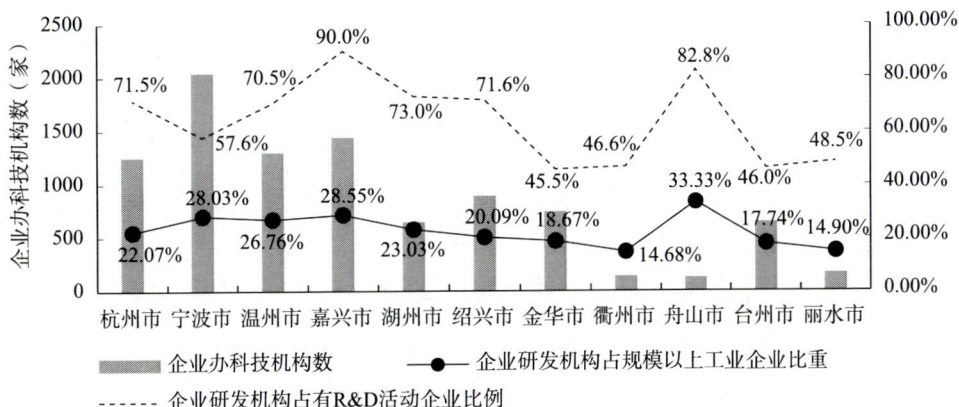

图3 2016年浙江省各市规模以上企业设置研发机构情况

（四）高端研发载体缺失

从质量上看，宁波拥有高等级的企业研发中心数量较少。2016年，宁波市省级以上企业技术中心仅有153家，远低于苏州的381家；国家级企业技术中心仅有17家，与深圳的24家、广州的23家仍有一定差距。此外，在企业国家重点实验室、国家级工程技术研究中心等高端创新载体建设数量上与其他城市相比也稍显不足。

从宁波市企业构成结构上看，建设研发机构的后劲不足。宁波规模以上企业中大中型企业占比14.6%，贡献了全部企业60%的研发经费支出，R&D投入200万元以下的企业有1670家；而深圳规模以上企业中大中型企业占到30%，贡献了90%以上的研发经费支出。相比可以看出，宁波企业研发规模普遍偏小，研发机构建设动能不足。

二、企业研发机构设置率偏低的原因分析

通过对宁波市企业研发机构设置比例偏低的情况进行调研分析，发现存在着产业高新化不足、企业内生动力不足、政府外部激励不足等几方面的原因。

（一）产业发展高新化不足，企业研发机构建设缺乏客观产业基础

从产业结构来看，传统产业仍占据主导地位，高新化和高新技术产业化不足。宁波市 60% 的规模以上工业企业属于石化、临港大工业等传统产业领域，附加值较低，且 2017 年高新技术产业产值、增加值均不到规模以上工业的一半，分别为 42.5%、40.9%，战略性新兴产业增加值占规模以上工业增加值的比重只有 26.7%，仅三个产业的增加值超过 100 亿元。反观深圳，先进制造业和高技术制造业增加值占规模以上工业增加值比重分别达到 71.0%、65.6%，新兴产业占 GDP 比重达到 40.9%。由此可见，宁波产业发展突破性创新潜力不足，企业设立研发机构动力也因此缺乏支撑。

从创新型企业数量和研发投入规模来看，2017 年宁波高新技术企业数为 1479 家，低于杭州的 2844 家，更远低于深圳的 11200 家。有研发活动的规模以上企业平均 R&D 支出仅 500 万元，只有深圳的 1/10，青岛的 1/6，规模和投入上缺乏像深圳华为、青岛海尔这类能占据科技和产业制高点、能带动产业链上下游协同发展的领军型创新企业。

（二）企业重视程度有待提升，企业研发机构建设缺乏内生动力

企业管理层对研发机构建设缺乏长远意识，导致地区技术开发和成果转化后劲不足。从技术合同交易额来看，宁波市技术交易额总量非常低，尤其是技术输出交易额，连续十年在副省级城市排名最末位，仅占杭州和广州的 22% 和 7%，本地原创性研究成果普遍较少。通过调研发现，宁波市企业普遍存在"追求短平快"和"小富即安"的心理，研发机构建设缺乏专门的资金配置和人力投入。一方面，大多企业未给研发机构配备专门的办公场所、仪器设备和专职管理人员，只在有研发需求时才临时组建一个研发团队，研发机构设置多流于形式。另一方面，研发人员薪资收入不高，平行比较差距较大，职业前景不明朗，导致科技人员认为进入研发中心就失去技能施展空间和职业发展机会，缺

乏进入研发机构的热情，研发机构人才流失严重。

（三）政策引导力度和针对性有待完善，企业研发机构建设缺乏外部激励

各地针对企业研发机构建设都出台了一系列引导措施，如广东省出台了《广东省企业研发机构"十二五"发展规划》、江苏省出台了《关于进一步加强企业研发机构建设的意见》，杭州市出台了《关于鼓励企业建立和引进研发机构的实施办法》等规划和政策。宁波虽然也出台了有关企业研发机构的认定、管理方案，但对于如何更好地引导企业研发机构建设没有专门的政策意见。

从认定标准来看，杭州、广州、深圳按照行业类型的不同，提出不低于限定性指标的最低标准，更具有行业针对性，宁波仅就企业规模对企业研发机构研发经费金额和销售占比做出要求，行业差异性体现不明显。

从补助政策来看，深圳对建设资助类企业技术中心采用事后补助、间接资助的方式，对国家工程（技术）研究中心、国家企业技术中心等国家重大创新载体予以最高3000万元支持，省、市工程实验室、工程中心、技术中心等予以最高1000万元支持。宁波对国家、省、市三级企业工程（技术）中心资助划分为500万元、100万元、40万元三档，市企业研究院根据认定年度前3年的研发经费总和，按比例给予最高为100万元的奖励。相比而言，宁波企业享受到的政策红利要相对偏弱。

三、推动企业设立研发机构的对策建议

（一）强化政策激励，增强企业研发机构建设动能

落实甬党〔2017〕3号文件中企业研发机构建设推进计划，支持研发机构建立研发准备金制度，对建有企业工程（技术）中心和获得各级体现企业创新能力称号的依据其年度研发投入给予一定支持。

推动企业研发机构建设与科技项目申报、科技企业培育、科技政策落实等工作挂钩，对建有研发机构的企业，在融资贷款、科研人员职称评定、资质认定等方面给予优先支持。

落实企业研发投入后补助，按照一定标准强化研发机构建设的等级考核评价，对年度考核优秀的予以一定奖励，对未建立研发机构或未达到建设要求的

企业不再予以支持，督促企业加紧建设高质量研发机构、提升研发效率。

（二）强化载体支撑，夯实企业研发机构建设保障

搭建高能级科创平台，通过大院名所与大中型企业的深度合作带动高质量企业研发平台建设，进一步深化产学研合作、整合创新资源，联合开展国家重大项目、尖端技术、成果转化等研发活动，加快技术成果的商业化、产业化。

创建市场化、开放式专业服务平台，整合利用现有的服务资源如宁波科技文献、大型仪器网、高端科学仪器设备等，运用互联网、大数据等新一代信息技术，重点发展研究开发、技术转移、检验检测认证、创业孵化、知识产权、科技咨询、科技金融、科学技术普及等专业科技服务和综合科技服务，形成覆盖科技创新全链条的科技服务体系，提升科技服务业对科技创新和产业发展的支撑能力，为企业设立研发机构提供优质高效服务。

（三）强化创新意识，引导企业研发机构作用发挥

支持龙头骨干企业研发机构围绕主营业务方向打造产业协同创新网络或联盟，鼓励有条件的企业研发机构独立运行，打造一批集成化研发服务集团；推动中小企业在细分行业领域精准布局，提升研发机构专业化能力水平。

强化企业研发机构人才支撑，鼓励企业采用兼职、技术合作、短期聘用等方式灵活引进国内外复合型人才。定期对企业研发机构人员进行培训，以保证科技队伍的质量。

（四）强化氛围营造，打造企业研发机构建设良好环境

加强宣传引导，宣传推广企业研发机构建设的政策措施、成功经验、先进典型。进一步规范市场竞争环境、提升产品技术标准，让企业真正通过创新研发机构产出成果获得收益。进一步加强对企业家的培养，提升企业研发意识。弘扬创新文化，把企业研发机构定位成为研发人员脱颖而出、施展才能、获得利益的高端平台，最大限度地激发科技人员创新创造活力。

宁波市高新技术企业结构及增量潜力分析

高新技术企业是引领经济高质量发展的主力军，高新技术企业数量的多寡、质量的高低可以直接反映一个地区的创新发展水平。抓牢高新技术企业的这一"牛鼻子"，不仅有利于区域研发投入、高新技术产业增加值、有效发明专利等各项科技指标的增长，更有利于经济创新转型发展。宁波市是制造业大市，但传统产业占比较高，在某种程度上影响了高新技术企业培育和发展，这是宁波市创新发展面临的最大现实。为准确把握宁波市高新技术企业培育路径，本文从宁波市存量高新技术企业结构、近年高新技术企业申请失效结构、存量非高新技术企业结构等维度分析宁波市高新技术企业培育结构性特征和主攻方向，为政府决策支持提供支撑。

一、宁波市高新技术企业培育结构性特征与难题

（一）从现有高新技术企业结构特征看，规模以上企业是宁波市现存高新技术企业的绝对主体

目前，宁波市存量高新技术企业中规模以上企业占比超过 80%（表 1）。同时，从 2016—2017 年新申报企业结构看，规模以上企业申请高新技术企业占比达 75% 以上。数据表明规模以上企业在申报高新技术企业积极性和成功率上均高于规模以下企业，经调研了解，一般认为规模以上企业财务做账规范，企业研发实力相对较强，在人员结构、研发占比、知识产权等几个硬性条件能够满足的前提下，大概率能够以较高分数通过专家评审。

表1 宁波市高新技术企业类型统计情况

类型	2015 年	2016 年	2017 年
有效高新技术企业数（家）	1212	1364	1479
其中：规模以上企业数（家）	981	1114	1221
规模以下企业数（家）	231	250	258

（二）从高新技术企业培育新增来源看，规模以上企业增长乏力、规模以下企业具有较大挖掘潜力

一是受产业结构影响，规模以上企业符合高新技术企业条件的存量有限。 目前宁波市 60% 的规模以上工业企业属于石化、临港大工业、服装纺织、电器制造等传统产业领域。这些企业很难在原有产业领域实现创新突破。统计数据表明，宁波市 70% 传统产业领域规模以上企业（约 3500 家）未开展技术创新或未形成技术创新成果，即大部分传统规模以上企业或因其所属领域导致高新技术产品占比要求不符合条件而不在高新技术企业认定范围内。经数据比对，宁波市尚未认定为高新技术企业的 6714 家规模以上企业中，符合领域要求且有 R&D 活动并拥有 1 件以上有效发明专利的有 519 家，仅占存量企业的 10% 不到（表2）。据调研了解，目前，受企业自身条件、需求影响，以及地方税务部门压力（个别企业为纳税大户），在宁波市规模以上企业中挖掘高新技术企业难度已经较大。

表2 新增高新技术企业来源——规模以上企业

阶段	企业类型及数量
近期重点培育对象	同时符合技术领域、研发经费支出额、发明专利三个条件的企业（519 家）
远期有潜力对象	研发投入超过 100 万元，但是没有发明专利的企业（1214 家）
	拥有 1 件以上有效发明专利，但研发投入低于 100 万元的企业（341 家），其中研发投入为 0 的有 247 家

二是从规模以下企业中培育高新技术企业具有较大的挖掘潜力。 目前，宁波市拥有非高新技术企业的创新型初创企业超过 1 万家，其中高新技术苗子企业有 1038 家。据数据比对，纳入科技部科技型中小企业培育的企业中，近 60%

以上已经具备较好的申请条件。随着科技创业、科技引才相关工作的持续推进，以及加计扣除、研发补助等普惠性政策的落实，科技型中小企业符合高新技术企业认定条件的比例将进一步增加（表3）。

表3　潜在增量企业区县分布情况

归属地	规模以下企业（家）	规模以上企业（家）	合计（家）
鄞州区	205	71	276
高新区	188	11	199
余姚市	93	88	181
慈溪市	86	85	171
宁海县	100	35	135
北仑区	72	46	118
镇海区	59	44	103
海曙区	55	37	92
象山县	57	17	74
奉化区	37	32	69
江北区	46	22	68
杭州湾	14	23	46
保税区	20	2	22
东钱湖	4	3	7
大榭岛	3	3	6
总计	1039	519	1558

（三）从高新技术企业重新认定情况看，多重因素导致企业自动放弃高新技术企业资格

高新技术企业3年有效期过后需要重新认定，稍有迟疑或不规范就容易导致被取消资格。2018年是高新技术企业认定政策实施的第10个年头，需要重新认定的企业也在逐年增加。如2017年宁波市有120家存量高新技术企业在重新认定过程中被取消资格，占当年新认定高新技术企业比例超过50%。究其原因，据调研了解，有一半以上企业因自身发展不景气、满足高新技术企业条件成本较高、政策优惠吸引力不大等因素而自动放弃高新技术企业资格。

经过梳理发现，2018 年宁波市需要重新认定的企业有 358 家，其中有 348 家纳入了监测调查，经比对有 95 家企业不符合条件，其中规模以上企业 72 家，规模以下企业 23 家。下一步应密切关注预警企业动向，在培育增量的同时确保存量不降低或少降低。

（四）从企业申请高新技术企业意愿看，政策吸引力不足是诸多企业观望的原因之一

据调研了解，企业申请高新技术企业的成本收益不匹配在一定程度上影响了企业的积极性。成本方面，在条件均符合的前提下企业每三年（重新认定）的认定成本在 15 ～ 20 万元，此外还需在财务、税务等方面满足审核要求，特别是科技型中小企业在财务做账、研发项目归集等方面相对不够规范，申报高新技术企业所需的中介费、专家费、财务审计费等前期投入对企业压力较大。

在收益方面，目前除荣誉性称号外，获评企业可享受企业所得税率从 25% 降至 15% 的减免优惠，这对于纳税额大的企业得益比较明显，而对大部分规模以下企业而言，仅税收优惠吸引力仍不够大。据了解，目前深圳、广州、杭州等城市均建立了高新技术企业培育库，企业入库出库均能享受到几十万元甚至上百万元的奖励，政策对企业吸引力较大。

综上所述，我们认为：产业结构带来高新技术企业不够多的影响，通过引导、培育更多高新技术企业可以不断优化当前产业结构。高新技术企业后备力量不足、政策吸引力不足是当前宁波市高新技术企业培育面临的直接难题。面向规模以上企业，从 2008 年启动申报国家高新技术企业至今，宁波市在科研实力比较突出的企业尤其是规模以上企业，大多数都已经被囊括其中，剩下的或因高技术产品占比不符合条件或因企业自身意愿不强等，需逐个做工作挖掘。面向量大面广的科技型中小企业，如何通过政策引导强化培育成为当前工作的关键。因此，从结构性特征和面临的困难来看，建议以科技型中小企业培育挖掘为主攻方向、积极引导规模以上企业通过多种形式转型升级，建立完善高新技术企业培育管理机制，不断提升高新技术企业数量与质量。

二、下一步对策建议

一是强化政策激励与引导。出台高新技术企业认定培育资助办法，制定高

新技术企业培育入库和出库奖补政策，覆盖企业的高新技术企业认定相关成本，提高企业申请积极性。全面落实相关普惠性政策，开展企业研发投入后补助、有效发明专利维持补助等工作，加大普惠性政策支持力度。

二是强化科技型中小企业培育。进一步完善面向科技型小微企业的"创业孵化、创新支撑、融资服务"的培育机制，形成市县、科财税联动的培育工作体系，推动面广量大的科技型小微企业向高成长、新模式与新业态转型，加速成长为行业有影响的高新技术企业。持续开展多种形式的科技招商、引才，综合运用重大科技专项实施、重大创新平台建设、高端人才引进等政策，吸引一批科技人才创业，培育高新技术企业后备梯队。

三是强化规模以上企业高新化培育。引导规模以上企业建立研发机构，结合中国（宁波）知识产权保护中心建设，开展规模以上工业企业研发投入、发明专利清零行动。支持传统领域规模以上企业升级，面向家电制造、汽车制造、装备制造等传统领域，发挥宁波工业互联网研究院、宁波智能制造产业研究院等创新资源，打造生态平台型企业；面向石油化工等临港大工业等领域，加大该领域国家级研究机构引进力度，带动产业跨越发展。强化企业内部挖掘，鼓励规模以上企业通过设立子公司、剥离传统业务等形式申请高新技术企业，促进传统企业高新化。如奥克斯集团旗下已经认定为高新技术企业的有 5 家，舜宇集团旗下有 7 家高新技术企业子公司。

四是强化高新技术企业培育管理与服务。强化数据管理与监测，建设完善科技型中小企业数据库、高新技术企业监测预警平台，为高新技术企业培育提供支撑。强化中介服务机构引进培育，支持科技服务中介机构对企业提供全方位辅导服务，帮助企业规范科研财务管理、完善研发辅助账设置，提高专业化服务水平。完善高新技术企业管理培育机制，加快建立高新技术企业认定后备企业库，加强政策宣讲与指导服务。

落实"六争攻坚"部署，推进专利指标倍增的对策建议

有效发明专利量是国际上普遍用来反映一个地区创新能力的重要指标。为高标准贯彻落实宁波市委、市政府"六争攻坚"决策部署，"科技争投"三年攻坚行动方案将有效发明专利量指标列入考核指标体系，并提出了三年翻番的目标，即到 2020 年宁波市有效发明专利量为 41500 件。这是推进专利提质增效的内在要求，也是应对城市竞争的迫切需要。本文从宁波市有效发明专利量指标发展现状出发，分析影响该指标的主要因素，通过数据回测与预测明确细化指标任务并提出下一步工作对策建议。

一、宁波市有效发明专利量指标现状

2017 年，宁波市有效发明专利量达 20731 件（每万人发明专利拥有量 25.9 件），近 6 年年均增长 26.3%（图 1），位列副省级城市第 9 位，为深圳的 19.4%、杭州的 47.3%、南京的 50.0%（图 2）。

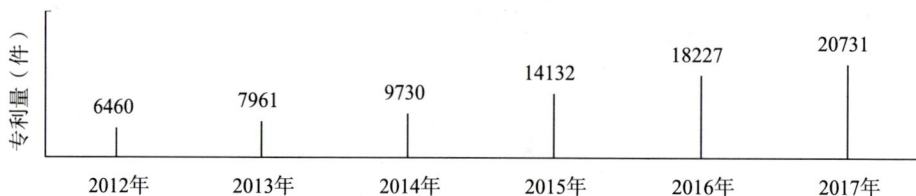

图 1　2012—2017 年宁波市有效发明专利量

（数据来源：国家知识产权局）

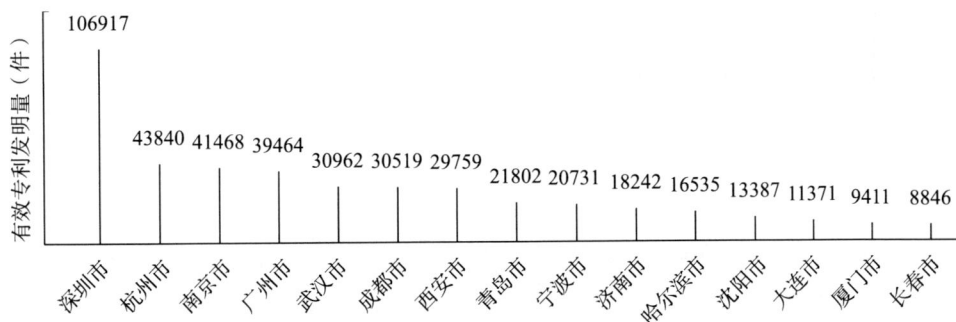

图 2　2017 年副省级城市有效发明专利量

（有效发明专利量数据来源于各城市知识产权局）

从区县（市）情况看，2017 年，鄞州区有效发明专利量以 5138 件位居区县（市）首位，慈溪市、江北区、余姚市、镇海区、北仑区有效发明专利量在 2000～3000 件范围内，宁海县、奉化区、象山县有效发明专利量不足 1000 件。各区县（市）有效发明专利量如图 3 所示。

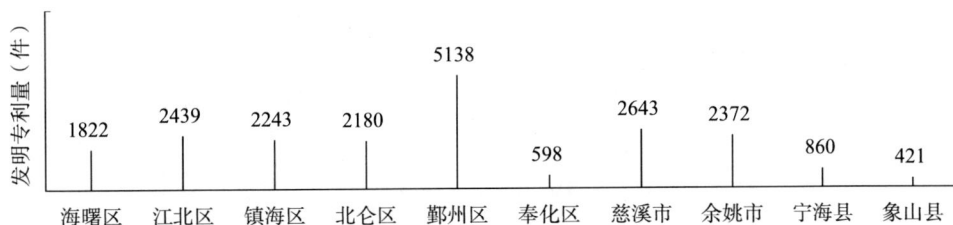

图 3　2017 年宁波市区县（市）有效发明专利量

（数据来源：国家知识产权局）

二、完成有效发明专利目标的影响因素及数据测算

（一）主要影响因素

有效发明专利量是指截至报告期末，经国内知识产权行政部门授权且在有效期内的发明专利件数，体现专利技术的运用情况、专利的价值和市场的控制力。该指标的测算取决于年度发明专利申请量、年度发明专利授权量、维持年限、发明专利有效率等四个主要指标，其中年度发明专利申请量、年度发明专利授权量与专利增量密切相关，维持年限、发明专利有效率与专利存量密切相关。

具体计算公式如下：

有效发明专利量＝前一报告期有效发明专利量＋本报告期发明专利授权量－本报告期失效发明专利量

发明专利有效率＝有效发明专利量／发明专利累计授权量

1. 年度发明专利申请量

发明专利申请数量与质量，决定专利是否获得授权、有多少专利获得授权以及专利是否能长期维持。与其他副省级城市相比，宁波年度发明专利申请量相对偏少，处于中下游位置。以 2017 年为例，宁波发明专利申请量为 18497件，位列副省级城市第 9 位，远低于深圳（60258 件）、成都（47033 件）。2017年副省级城市发明专利申请量如图 4 所示。

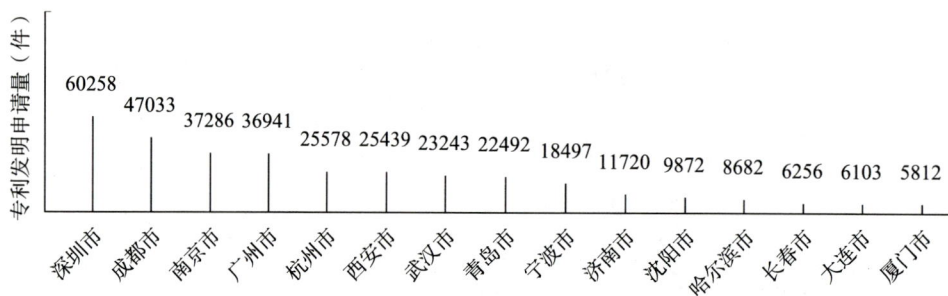

图 4　2017 年副省级城市发明专利申请量
（发明专利申请量数据来源于各城市知识产权局）

2. 年度发明专利授权量

年度发明专利授权主要来自近几年发明专利申请获得的授权。如 2017 年授权的发明专利（5382 件）中 50.4% 来自 2015 年申请的，29.9% 来自 2014 年申请的，11.3% 来自 2016 年申请的。因此，年度发明专利授权量主要考虑发明专利授权比率和发明专利授权时间两个因素。

其中，发明专利授权时间决定前几年发明专利申请对当年授权量的贡献。目前，宁波市 2009 年之前申请的发明专利基本已经授权。经数据回测，如表 1 所示，2006年以来，约九成的授权发明专利集中在 1～4 年间；其中，申请年限在 2～3 年获得授权的数量最多，约占 50%，申请年限在 3～4 年获得授权的数量约占 25%。数据回测表明，第 N 年的发明专利授权中 70% 以上来自第 $N-2$ 年、$N-3$ 年的发明专利申请。

表1　2006—2017 年宁波市发明专利获得授权的年限分布情况

年限	2006年	2007年	2008年	2009年	2010年	2011年	2012年	2013年	2014年	2015年	2016年	2017年
≤1年	0	0	0	0	0	0.1%	0.3%	0.5%	0.2%	0.6%	0.01%	0.1%
1～2年	6.5%	14.3%	7.9%	14.6%	22.1%	22.2%	22.9%	19.4%	18.3%	13.5%	12.8%	11.3%
2～3年	46.0%	44.7%	54.5%	44.3%	45.6%	44.1%	45.1%	56.9%	57.0%	54.7%	49.8%	50.4%
3～4年	36.0%	29.0%	26.1%	29.6%	22.5%	22.1%	22.1%	15.6%	19.5%	25.6%	27.9%	29.9%
>4年	11.5%	11.9%	11.5%	11.3%	9.8%	11.5%	9.6%	7.6%	5.0%	5.7%	9.5%	8.3%

年度发明专利授权比率是指该年申请的发明专利中获得授权的数量与该年发明专利申请量的比例。据数据回测，2016 年前宁波市发明专利授权比例在 55%～60% 区间变动（图5）。随着 2016 年以来随着专利审查标准加严，发明专利授权比例有所下降，在 50%～55% 区间内变动。以 2017 年发明专利授权量（5382 件）为例，2017 年发明专利授权比率约 52%，若发明专利授权比例上升 5 个百分点，年度发明专利授权量增长 700 件左右。

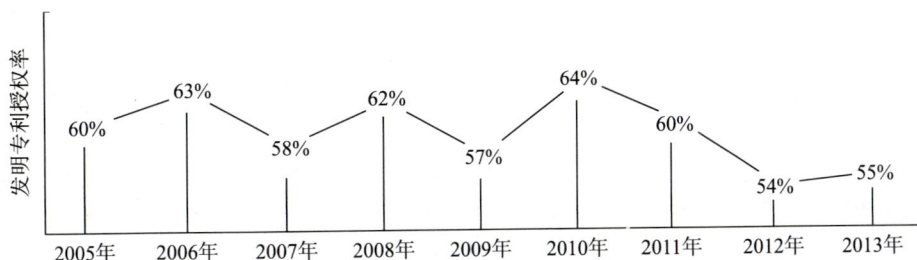

图5　2005—2013 年宁波市发明专利授权率

3. 发明专利维持年限

发明专利是否缴费维持决定有效发明量的多少。数据统计显示，2017 年宁波市有效发明专利维持年限主要集中在 3～8 年，占有效发明专利总量的 85.1%。宁波市有效发明专利 5 年以上维持率为 60.1%，低于深圳（86.3%）、大连（68.9%）、杭州（67.1%）等城市（图6）。

经测算，若宁波市发明专利维持 5 年以上的比例提高 10 个百分点，有效发明专利量将同比增长 12% 左右（以 2017 年有效发明专利为例，若有效发明专利 5 年以上维持率达 70%，宁波市有效发明专利将达 23000 件。）

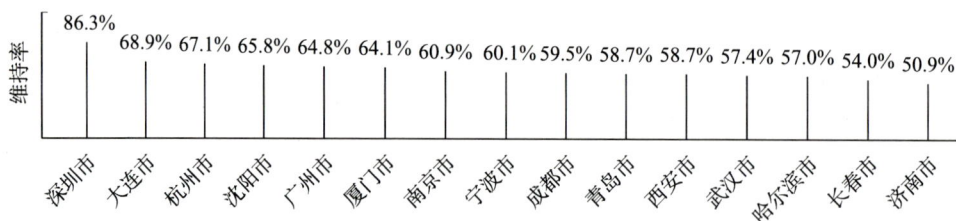

图6 2017年副省级城市有效发明专利五年以上维持状况
（数据来源：国家知识产权局）

4. 发明专利有效率

发明专利有效率是指有效发明专利与发明专利累计授权量的比例，与年度失效发明专利量密切相关。宁波市发明专利有效率（75%）偏低，低于深圳（85%）、厦门（85%）、广州（79%）等城市，这与这些城市出台有效发明专利资助政策存在一定关系。

根据有效发明专利维持情况，2016年及以前发明专利有效率在80%左右，而2017年发明专利有效率下跌至75%左右。以截至2017年发明专利累计授权量（近30000件）来看，有效率下跌5个百分点，有效发明专利量将下跌1500件左右。

（二）数据测算

采用顺推和倒推相结合的方法，通过假设发明专利授权比例等指标不变的情况，测算发明专利申请量、发明专利授权量、有效发明专利量情况。

1. 测算2018年、2019年发明专利授权量

为确保有效发明专利量指标完成，测算时发明专利授权比例不能定得太高，否则指标目标值难以实现。综合考虑国家知识产权局专利审查加严和完成翻番目标，在测算时2018—2020年发明专利授权比例采用51%。

在授权比例为51%时，经测算，2018年发明专利授权量将达6200件，其中2015年发明专利申请贡献1900件左右，2016年贡献3400件左右、2014年贡献380件左右、2017年贡献520件左右；2019年发明专利授权量将达7200件左右，其中2017年申请贡献3300件左右，2016年贡献2300件左右。若授权比采用55%，2018年发明专利授权量为7200件，2019年发明专利授权量为8200件。

2. 测算2020年发明专利授权量

假设2018—2020年，宁波市发明专利有效率经一系列政策举措后稳步提升，以 2018 年的 75%、2019 年的 77%、2020 年的 78% 为例，预计 2018 年有效发明专利量 25500 件、2019 年有效发明专利量 31400 件。

在 2020 年发明专利授权率为 51%、发明专利有效率为 78% 的前提下，经倒推分析，2020 年发明专利累计授权量至少为 54000 件左右（其中截至 2017 年发明专利累计授权量近 30000 件，2018 年、2019 年为测算的发明专利授权量，其余为 2020 年数量）。据此，2020 年发明专利授权量为 11500 件、失效专利量为 1500 件，30000 件专利处于维持状态方可实现有效发明专利量 41500 件目标。

3. 测算 2018 年、2019 年发明专利申请量

根据发明专利授权比例（51%）、授权年限分布，以及 2020 年发明授权专利来自 2018 年、2019 年发明申请专利比例分别约 50%、15%，测算得 2020 年发明授权专利来自 2018 年、2019 年申请的发明专利分别为 5600 件左右、1800 件左右。经推算，2018 年发明专利申请量需达到 39000 件，2019 年发明专利申请量需达到 60000 件。

运用以上方法，预测得 2018—2020 年发明专利相关指标数据见表 2。

表 2　2018—2020 年宁波市发明专利相关指标预测值

指标	2018 年	2019 年	2020 年
发明专利申请量（件）	39000	60000	—
发明专利授权量（件）	6200	7200	11500
有效发明专利量（件）	25500	31400	41500

三、下一步工作对策建议

经上述分析，我们认为在有效发明专利量指标中，国家知识产权局发明专利授权比等属于客观不可控因素；发明专利维持年限、发明专利有效率、发明专利申请量等属客观可控制因素。按上述测算结果，为确保考核指标完成，建议从政策支持、持续培育、加大引进力度等三方面入手，提高发明专利申请质量、提升发明专利有效率。

（一）加大统筹协调与政策支持力度

一是建立专利与人才、产业（项目）、科技创新等联动推进的工作机制。将

专利工作与区域研究院所布局、人才引进、重大产业（项目）发展等统筹规划，增强知识产权工作的协调性，形成部门联动、协同推进机制。积极争取国家知识产权局将人才引进专利、项目引进专利等专利所有权变动后的发明专利数纳入有效发明专利量核算。在市级层面将发明专利属地转移作为人才引进、项目引进政策支持的必要指标，提高有效发明专利数。将万人发明专利拥有量纳入党政领导考核和市科技进步目标考核，建立季度指标完成情况通报制度，强化专利质量导向，使考核指标更具合理性。建议将万人发明专利拥有量指标纳入宁波高质量发展评价指标体系，形成以创新为导向的统计评价体系和方法。

二是强化对有效发明专利资助。目前，上海市、深圳市、青岛市、济南市等地均出台了支持有效发明专利的政策，如深圳对国内发明专利授权后维持年限达 7 年及以上的，给予每件年费奖励 2000 元；上海市对发明专利授权后第二年、第三年的年费，按实际缴纳金额的 80% 资助；青岛市对发明专利维持年限满 5 年、10 年、15 年的，给予 1600 元、6000 元、13000 元资助。借鉴其他地方经验，实施有效发明专利补助，在专利资助中增加对有效发明专利的补助，对不同维持年限的发明专利，根据年费给予不同额度的资助力度，减少因费用不足放弃专利权，促进宁波市发明专利拥有量稳步增长。

（二）加大专利培育与专项工作力度

一是实施高价值专利培育计划。研究制定高价值专利组合培育政策，大力培育知识产权密集型企业，形成一批高价值专利和行业标准，推动企业向价值链、产业链中高端延伸。探索科研机构、高等院校、重点企业等参与的产学研协同高价值专利培育新模式，将高价值专利培育与"创新 2025"重大专项、主要科技计划项目实施相结合，从源头上提升专利申请质量。

二是实施规模以上企业发明专利清零计划。开展规模以上企业发明专利清零行动，继续深入实施发明专利增量提质工程，建立发明专利清零行动服务队伍，鼓励区县（市）知识产权管理部门联合知识产权服务机构深入企业开展发明专利挖潜、提质服务，帮助企业进行核心技术和关键技术研发，构筑核心专利保护网。将发明专利增量提质工程与高新技术企业培育相结合，确保宁波市拥有有效发明专利企业达到 6000 家以上。

（三）加大引进和宣传力度

一是积极推进知识产权运营保护，吸引一批高质量专利。发挥建设知识产权运营服务体系机遇，充分挖掘企业专利布局需求，充分发挥高校院所技术攻关能力，充分发挥运营机构专利挖掘对接水平，充分发挥公共服务平台精准服务职能，以知识产权运营为抓手吸引一批有效发明专利在宁波实现权属变更、落地转化。加快中国（宁波）知识产权保护中心建设，提高发明专利快速申请质量、提升快速授权率，吸引一批市外企业、机构、人才在宁波落户、申请专利。

二是加强知识产权宣传引导，营造自主创新良好氛围。开展专利运营优秀典型案例重点宣传报道，利用甬派客户端、官方微信、微博等新媒体进行即时推送。挖掘中小微企业运用知识产权的成功案例，在当地主要报刊设置知识产权专栏，介绍知识产权布局、知识产权运用、知识产权保护等内容。在产业园区开展专利运营与布局讲座等活动，对专利运营与布局的技巧、方法、难点等进行培训，多维度实现专利价值。

宁波市科技进步目标责任制考核评价分析

近年来，浙江省委、省政府深入实施创新驱动发展战略，高度重视开展科技创新考核评价工作，把它作为推进区域科技创新的重要抓手，已连续组织开展 20 年党政领导科技进步目标责任制考核评价工作，考核指标体系也经过了多次的完善和调整。近几年，宁波市党政考核评价位次下滑趋势明显，为更好地完成浙江省委、省政府组织的党政领导科技进步目标责任制考核评价工作，本文从考核评价指标体系入手，深入分析宁波考核位次相对较低的原因，并提出有参考性的建议。

一、浙江省党政领导科技进步考核基本情况

（一）历史沿革

1996 年 4 月，浙江省委办公厅、省政府办公厅联合下发了《关于实行市县党政领导科技进步目标责任制的通知》，明确由省委组织部、省科委牵头组织实施。1998 年 9 月，浙江省政府把实行科技进步目标责任制考核列入《浙江省科技进步条例》之中，并经省人大通过，自此科技进步目标责任考核制成为浙江省一项法定工作。2012 年，浙江省委办公厅、省政府办公厅印发《关于坚持和完善市县党政领导科技进步目标责任制考核评价工作的通知》，进一步明确实施科技进步目标责任制考核的总体要求、目标导向和内容方式。2013 年浙江省委十三届三次全会后，将"八倍增、两提高"科技服务专项行动完成情况纳入考核内容。2016 年 11 月，浙江省委、省政府对考核评价指标体系进行了新一轮的修订，将"一转四创"行动完成情况纳入考核内容。

（二）考核指标及测算方法

市县党政领导科技进步目标责任制考核评价采用基础性能力评价、年度基本考核与创新性工作评价相结合的评分方法。

一是基础性能力评价。基础性能力评价指标由 5 项一级指标、34 项三级定量指标组成，既分规模指标和水平指标，又设增长性指标。评价总分 600 分。采用加权综合评价方法形成评价得分，增量指标和总量指标的考核权重为 7：3。2016 年考核指标体系在原有基础上新增了高新技术产业投资、技术交易总额、创新券使用额等指标。

二是年度基本考核。总分 400 分。以《浙江省人民政府关于印发加快推进"一转四创"建设"互联网＋"世界科技创新高地行动计划的通知》（浙政发〔2016〕24 号）等省政府有关文件确定的科技创新主要预期指标为依据，逐年设定年度基本考核指标的目标值，每个考核指标确定标准分。根据目标实现度进行赋分，完成目标即得满分，未完成目标按比例扣分。

三是创新性工作评价。创新性工作实行纪实评价，主要评价各设区市在推进科技进步方面得到国家和浙江省委、省政府充分肯定的特色亮点，对于与推进科技进步、实施创新驱动发展战略密切相关的下列工作，可获得创新性工作加分：（1）被党中央、国务院通报表彰或者中央领导批示肯定的工作每项加 10 分；（2）被党中央、国务院发文试点、示范或者推广的工作每项加 10 分；（3）被国家部委发文试点、示范或者推广的工作每项加 5 分；（4）被浙江省委、省政府通报表彰的工作每项加 5 分；（5）被浙江省委、省政府发文试点、示范或者推广的工作每项加 5 分。创新性工作计分从严控制，同一项工作符合多项加分条件的，按单项最高加分计算。

（三）浙江省 11 个地市考核基本情况

从浙江省考核评价结果（表 1）来看，杭州、湖州位次总体靠前，且相对稳定。湖州市虽然各类总量指标排名均排在全省中后位置，但指标增速稳定，2016 年指标体系调整对其影响并不明显。宁波、温州评价位次处于下滑态势。宁波在 2014 年开始排名下降，尤其是 2016 年指标调整后，排名下降非常明显，分别处于倒数第一、第二。嘉兴、绍兴排名稳定居中。在 2012 年的考核指标体系下，嘉兴和绍兴排名分别在第6位、第8位，2016年指标体系调整后，这两个地区排名提升非常明显，分别跃居到第2、第3位。其他城市，衢州、舟山、台州、丽水排名相对落后，始终处于中后位置。

表1　2010—2016年度浙江省各设区市考核评价结果汇总表

地区	2012年位次	2013年位次	2014年位次	2015年位次	2016年位次
杭州市	1	5	3	3	1
宁波市	2	1	10	6	11
温州市	5	4	4	1	10
嘉兴市	6	7	5	5	2
湖州市	4	2	2	2	4
绍兴市	8	3	6	7	3
金华市	7	8	1	4	9
衢州市	9	6	9	9	6
舟山市	10	9	8	10	5
台州市	11	10	11	8	7
丽水市	3	11	7	11	8

二、宁波市党政领导科技进步考核情况分析

（一）"十二五"以来宁波市科技进步考核基本特征

一是考核评价位次呈锯齿下行态势。 2012—2016年，宁波市考核评价排名由全省第2下跌到最末位。其中，2014年降幅最明显，从全省第1位降至第10位；其次是2016年，从第6位降至最末位（图1）。

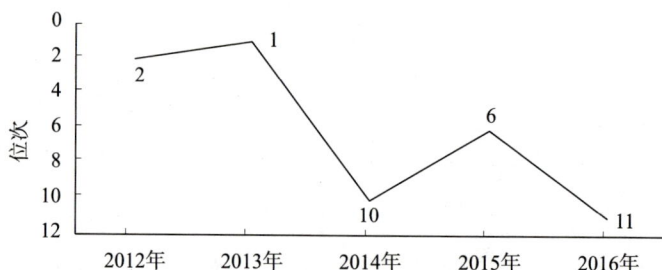

图1　2012—2016年宁波市考核评价位次变化图

二是规模指标领先，水平指标较弱，增速指标滞后。规模指标中，除环境质量、品牌创建、创新券使用额外，其他近九成指标绝对值都保持在全省前三位，其中，设置研发机构企业数、企业 R&D 活动人员、开展 R&D 活动的企业数等 3 个指标连续 5 年稳居全省第 1。水平指标中，开展 R&D 企业所占比重指标稳居第 1，高出杭州 20 个百分点左右，每万名就业人员中 R&D 人员、企业研发机构设置率、农业劳动生产率、人均财政性教育经费支出、人均科普活动经费等近 10 项水平指标保持全省第 2 的位置。而增速指标基本呈现全面落后的局面（表 2）。

表 2　2012—2016 年宁波市三类考核指标排名情况

规模指标	位次	水平指标	位次	增速位次	增速排名变化趋势
R&D 活动人员数	稳居第 2	每万名就业人员中 R&D 人员	1～2 位	6～11 位	
R&D 经费支出	稳居第 2	R&D 投入强度	保持第 4	4～11 位	2016 年下降明显
本级财政科技拨款	稳居第 2	占本级财政经常性支出比重	4、5 位	4～11 位	2015 年降幅较大
科研机构仪器设备原值	稳居第 2	人均科研机构仪器设备原值	3～8 位	4～11 位	增速快慢交替
设置研发机构企业数	稳居第 1	企业研发机构设置率	1～3 位	3～11 位	2014 年开始下行
企业 R&D 活动人员数	稳居第 1	企业 R&D 人员占企业从业人员比重	2～5 位	5～11 位	2014 年开始下行
开展 R&D 活动企业数	稳居第 1	开展 R&D 企业所占比重	稳居第 1	4～11 位	2014 年开始下行
企业 R&D 经费支出	稳居第 2	企业 R&D 经费支出占主营业务收入比重	5～8 位	3～11 位	2016 年下降明显
高新技术企业数	1～2 位	高新技术企业占规模以上企业比重	2～5 位	2～11 位	2014 年开始下行
科技型中小微企业数	1～3 位	每千家企业中科技型中小微企业数	1～6 位	1～11 位	

续表

规模指标	位次	水平指标	位次	增速位次	增速排名变化趋势
专利授权指数	稳居第2	万人专利授权指数	1～3位	4～11位	2014年开始下行
工业新产品产值	稳居第2	工业新产品产值率	7、8位	4～8位	
农业增加值	1～2位	农业劳动生产率	稳居第2	10～3位	排名稳步上升
战略性新兴产业增加值	稳居第2	战新增加值占GDP比重	5～7位	2～11位	上升趋势
高新技术产业增加值	稳居第2	高新增加值占规模以上工业增加值比重	5～8位	3～11位	2014年开始下行
高新技术产品出口总额	1～2位	高新技术产品出口占出口总额比重	稳居第3	5～10位	
财政性教育经费支出	稳居第2	人均财政性教育经费支出	1～2位	6～10位	2015年开始下行
财政科普活动经费拨款	2～3位	人均科普活动经费拨款	1～2位	3～11位	2016年下降明显
品牌创建水平	9～11位				
环境质量综合评分	6～9位				
信息化发展指数	2～3位				
统计结果		每千个国家标准中为主或参与制修订指数	稳居第2	3～10位	

三是2016年新增指标考核位次基本靠后。2016年考核指标体系中新增了高新技术产业投资、技术交易、创新券使用、科技服务业等相关指标，从2016年考核评价结果来看，这几项指标增速均处于非常靠后的位置，创新券使用和技术交易指标增速处在第11位，科技服务业、高新技术产业投资指标增速分别处在第9、第10位（表3）。

表3　宁波2016年新增考核指标排名情况

序号	二级指标	三级指标	变化情况综合评价位次
1	科技服务业情况	科技服务业营业收入、科技服务业营业收入占规模以上服务业比重	9
2	创新券使用情况	创新券使用额、创新券使用额占财政科技拨款比重	11
3	技术交易情况	技术交易总额、技术交易总额相当于GDP比重	11
4	高新技术产业投资情况	高新技术产业投资、高新技术产业投资占固定资产投资比重	10

（二）宁波与杭州考核对比分析

宁波市与杭州市均为浙江省科技创新基础较好的区域，但近年来宁波市与杭州市考核评价差距较大，如图2所示，科技进步考核评价呈现出相悖的发展趋势。

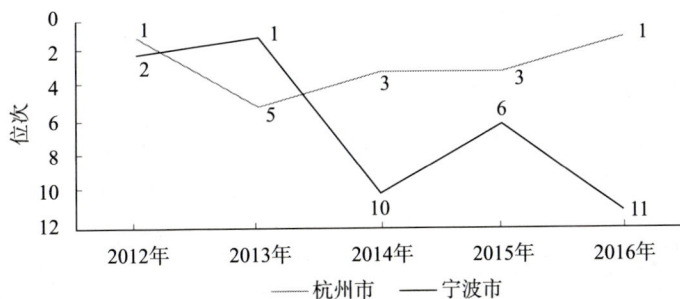

图2　2012—2016年宁波市、杭州市考核评价位次比较

为进一步分析其中的原因，我们找出2012年以来科技进步考核指标中两城位次相差较大的指标，宁波市较杭州在研发经费支出、高新技术企业、高新技术产业增加值以及科技服务业规模等考核指标上有较大差距。其中研发经费支出、高新技术企业数和高新技术产业增加值等三项指标，杭州在规模、水平和增速上都保持较好发展态势，如2016年杭州研发经费支出居全省第1、同比增速居第3、占GDP比例居第1、同比增速居第7；2016年杭州高新技术产业

增加值居全省第 1、同比增速居第 2、占规模以上工业增加值比例和增速均位列第 3。宁波市则表现为增长不够强劲，如宁波市研发经费支出、高新技术产业增加值规模均居全省第 2 位，但同比增速及水平列全省末几位。此外，在新增指标上，杭州科技服务业排名以绝对优势位居全省第 1，宁波综合排名第 9。2016年，杭州市科技服务业营业收入达到 4921.7 亿元，是宁波的 10 倍，且增速高达 33%，科技服务业营业收入占规模以上服务业比重高达 74.13%，高出宁波47.5 个百分点。

总体看，宁波市相较于杭州的差距表现为科技创新指标增长不够强劲，其背后有深层次原因，表现为两地经济结构的差别。以高新技术企业分布领域为例，杭州约 70% 高新技术企业分布于电子信息、新材料、高技术服务等战略新兴产业，传统产业领域高新技术企业仅占 30%。❶ 而宁波市高新技术企业中，仅有约 50% 属分布在战略新兴产业领域，装备制造等传统产业领域占比超过40%。以"十二五"以来区域专利申请分布领域为例，宁波市战略性新兴产业、高技术产业发明专利申请量分别为 15281 件、9779 件，占宁波市发明专利申请量的 21%、14%；杭州市战略性新兴产业、高技术产业发明专利申请量分别为27225 件、29015 件，占宁波市发明专利申请量的 36%、38%。

综上所述，我们认为，在以传统产业为主导的经济结构中，宁波市科技创新指标发展受传统产业自身发展规律影响（发展到一定阶段趋于稳定，除非产业颠覆性突破，不然不会始终按某一个增长率发展）。对比杭州，宁波市主要指标增长不够强劲根源在于产业结构总体偏重、产业创新转型升级力度不够以及新兴产业培育较慢。

（三）近年来宁波市考核位次相对较低的原因分析

1. 从表面看，指标增长不够强劲、指标体系调整影响宁波市考核位次

2012 年以后、2016 年考核指标调整前，宁波市科技创新主要指标增速已经呈逐步放缓趋势，由于各项指标基数大，增速普遍放缓，在以增量指标占考核权重 70% 的考核体系中，指标增长不够强劲明显拖累了考核评价总分。

2016 年考核指标调整后，新增高新技术产业投资、技术交易额占 GDP 比

---

❶ 数据来源：2013 年杭州市科技信息研究院调研报告《杭州市高新技术企业发展现状研究》。

例、科技服务业占规模以上服务业比例、创新券使用额占财政科技拨款比重等指标，宁波市均不占优势；同时调整降低了有 R&D 活动企业数占企业比重等宁波市具有绝对优势的指标分值（表4）。据测算，由指标调整导致的考核失分在50分左右，按原指标体系测算，宁波市 2016 年排名在第 7 位左右。

表 4　宁波市科技创新基础能力指标调整

三级指标	调整方式	标准分值	备注
高新技术产业投资占固定资产投资比重	新增	30	新增指标宁波均不占优势
技术交易总额相当于地区生产总值比重	新增	30	
科技企业孵化器与众创空间创建水平	新增	10	
创新券使用额占财政科技拨款比重	新增	10	
科技服务业营业收入占规模以上服务业营业收入比重	新增	20	
企业 R&D 人员占企业就业人员的比重	调整标准分值	由 10 分提高到 20 分	
有 R&D 活动企业数占企业比重	调整标准分值	由 15 分降低到 10 分	绝对优势指标，每年排省第一，分值降低
企业 R&D 经费支出相当于主营业务收入比重	调整标准分值	由 10 分提高到 20 分	
万人专利授权指数	调整标准分值	由 25 分提高到 30 分	

2. 从数据背后看，科技创新发展阶段性特征及宁波市经济转型升级相对较慢成为影响宁波市考核位次的关键因素

一是经济结构偏重，传统产业科技创新阶段性特征导致其创新投入、产出长期趋于稳定状态。宁波市临港工业经济特色显明，传统产业占比较高，是宁波市科技创新贡献的重要力量。传统优势产业创新有明显的规模性、稳定性特征，发展到一定阶段就趋于稳定，除非有产业改革、重大技术突破等因素，很难会有爆发性增长。

二是经济发展增量不突出制约了主要科技创新指标增长。按产业发展规律，新兴产业的创新投入和产业要远远大于传统产业，甚至可呈现爆发增长态势。从与杭州的对比我们可以看出，近年来，宁波市在战略新兴企业培育及其创新产出（发明专利申请）上相对滞后，侧面反映出宁波市产业创新转型升级力度不够、新兴产业培育较慢，经济发展增量远远落后于省内城市。

三、下一步工作建议

党政领导科技进步目标责任制考核是衡量区域创新发展的重要手段，是推动区域创新驱动发展、科技进步的重要抓手。下一步，要深入贯彻落实党的十九大精神和中共中央、宁波市委经济工作会议精神，以落实党政领导科技进步目标责任制考核为抓手，坚持问题导向，重点在高端创新资源引进培育、新经济增长点培育发展、创新型企业培育发展等方面加大工作力度，加快转变发展方式、优化经济结构、转换增长动力，让创新成为引领宁波发展的第一动力，努力为建立现代化经济体系、推动高质量发展、加快建设"名城名都"做出更大贡献。

一是加大高端科技创新资源引进力度，增强区域科技创新实力。进一步提高引进工作规格，建议由市委市政府主要领导牵头负责大院、大所、大校、大企的引进工作，争取"十三五"期间引进多家国内外知名高校、大院大所在宁波设立主要研发基地，引进1～2家"世界500强""中国500强"中的创新独角兽企业在宁波设立总部或核心研发机构。开展引进高端创新资源总体布局、引进重点及发展对策研究，从构建一流区域创新体系的高度，开展引进资源的顶层布局设计。学习武汉等地引进大院、名企的经验，制定拟引进创新资源名录，有计划、有层次地逐步推进。

二是加大创新型企业培育力度，激发区域创新发展活力。加快优化创新创业生态，探索专业化众创空间、孵化器和创新型产业集群协同发展的机制，实现从团队孵化到企业孵化再到产业孵化的全链条一体化服务，加快建立研发投入普惠支持机制。加快培育高新技术企业，建立高新技术企业培育辅导团队，帮助企业建立研发台账等机制，推进一批科技型企业，特别是科技服务业企业升级高新技术企业，推进规模以上工业企业创新活动"全覆盖"。支持企业做强做大做优。支持企业联合高校院所申报国家级重大科技专项、建设国家级创新创业载体；鼓励、支持企业借助"一带一路"和宁波开放优势，通过股权收购、技术合作、技术购买等模式，嵌入国际创新网络。

三是加大科技创新研发攻关力度，强化区域新经济增长动力。实施"科技创新 2025"重大专项，攻克一批制约行业发展的关键核心技术，加速形成一批战略性、创新性产品，形成若干个特色技术链条，努力培育新经济增长点。将重大专项实施与科技招商、引智相结合，坚持需求招商、平台招商，面向全球发布重大专项技术需求，吸引一批人才、项目在宁波市落户。抢抓国家"16+1"经贸合作示范区建设机遇，推进宁波"一带一路"建设综合试验区，谋划启动国际科技合作专项计划，重点支持领军企业建设海外研发中心，按照"国外孵化＋国内加速"一体化建设的思路，开展科技招商，吸引集聚国际一流的人才、技术、项目等创新资源。

宁波市加大 R&D 经费投入的调研报告

一、基本情况

近年来，宁波市 R&D 经费投入规模持续增长，从 2012 年的 134.5 亿元增长到 2017 年的 241.9 亿元，年均增长 12.5%，R&D 经费投入强度（R&D 经费支出占 GDP 的比重）从 2.04% 提高到 2.46%，均居副省级城市第 9 位，与深圳、杭州等先进城市相比，无论是投入规模还是投入强度，差距较大（图 1）。从 R&D 活动主体看，2017 年企业 R&D 经费投入 230 亿元，占比 95.1%，高校、研究院所 R&D 经费投入合计 11.9 亿元，占比 4.9%。

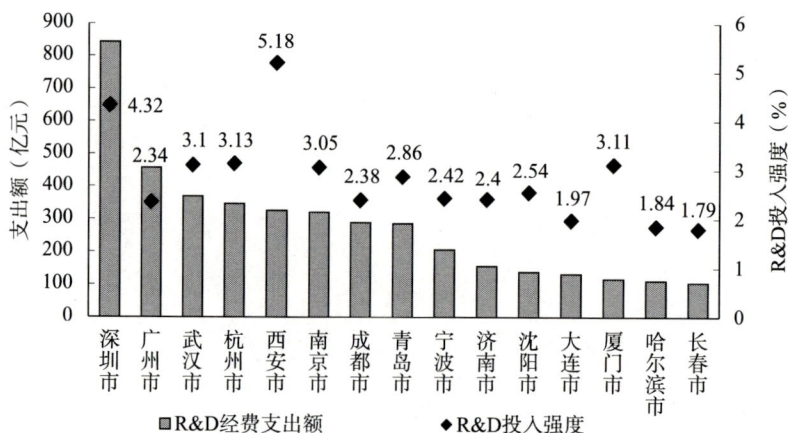

图 1　15 个副省级城市 2016 年 R&D 经费支出额及投入强度

二、问题与原因

一是产业结构层次不高，高技术产业研发投入偏低。目前，宁波市传统产业与高技术产业研发投入之比约为 8∶2，而深圳为 1∶9，杭州为 5∶5。受传统产业发展较为成熟、技术创新难度较大等创新特性影响，传统产业领域企业大规模投入创新的积极性不高，宁波市传统产业领域仅 1/3 规模以上企业开展研发活动，且 60% 以上企业研发投入规模在 300 万元以内，加之近 70% 的传统产业研发投入强度已高于全国平均水平，普遍呈现出"天花板现象"。高技术产业研发投入规模较小，2016 年高技术产业研发投入仅 28.75 亿元，占宁波市规模以上工业企业 R&D 经费投入的 15.6%。

二是研发投入大户不多，企业研发投入结构失衡。2017 年，宁波市有研发投入企业 3770 家，其中高新技术企业 1177 家，平均每家企业研发投入仅 600 万元，远低于深圳的 4000 万元、杭州的 1200 万元。企业研发投入中 3/4 以上来自中小型企业，研发投入超过 5000 万元的企业 61 家，合计投入 77.86 亿元，超过 10 亿元的企业仅吉利汽车 1 家（10.73 亿元 ❶），缺乏像华为（600 亿元）、阿里巴巴（200 亿元）、海尔（60 亿元）、海康威视（32 亿元）等研发投入大户，镇海炼化、台塑石化、宁波电力、宁波卷烟、上海大众等 GDP 大户的研发投入贡献几乎为零。此外，宁波市规模以下企业占比超过一半，但 R&D 统计范围为规模以上工业企业、重点建筑业和服务业企业，宁波市有上万家科技型中小企业无法纳入 R&D 统计口径。

三是科教资源较为薄弱，高校院所研发投入贡献不足。宁波市高校、科研院所研发投入占比仅 5% 左右，R&D 经费支出处于副省级城市末尾（表 1）。宁波市现有高校、科研院所，包括引进建设的知名院校，主要以应用型、成果转化为主，研发投入较少。此外，兵科院宁波分院等部分引进机构由于未在宁波市设立独立法人，其研发投入无法统计至宁波市。

---

❶ 括号内为 2016 年数据，下同。

表1　2016年部分城市高校、科研机构研发投入对比

城市	R&D经费支出（亿元）	高校、科研机构R&D 经费支出（亿元）	高校、科研 机构占比（%）
宁波	**206.81**	**11.29**	**5.46%**
杭州	346.36	57.21	16.52%
武汉	369.00	72.01	19.51%
南京	320.34	101.89	31.81%
广州	456.46	159.87	35.02%
成都	289.07	149.59	51.75%

三、下一步举措

一是坚持需求导向，以研发投入为前提引进建设创新平台。围绕产业转型发展需求，在招商引资时，设置一定的研发投入条件，优先支持研发投入大的创新平台引进建设。加强与知名高校、科研机构对接合作，加快引进一批高水平创新平台与载体，大力推进北京航空航天大学宁波创新研究院、宁波工业互联网研究院、中科院宁波材料所杭州湾研究院、机械科学研究总院南方中心等高能级大院大所建设，支持和推动浙江大学宁波"五位一体"校区、中国科学院大学宁波材料工程学院等建设以及宁波大学向研究型、"双一流"大学发展，布局建设甬江实验室和一批技术创新中心、产业创新服务综合体。

二是坚持重点发力，以高强度研发投入培育一批研发大户。加快实施"科技创新2025"重大专项，集中100亿元以上研发资金投入重点产业领域，以关键核心技术突破培育若干个研发投入10亿元以上的创新型领军企业，壮大新能源汽车、人工智能、生命健康、集成电路等新兴产业。支持吉利汽车研究院、万华高性能材料研究院、中石化新材料研究院、浙江大学机器人研究院等产业技术研究院建设，培育一批高水平、高投入的企业研究院。

三是坚持扩面提质，以普惠性支持撬动企业加大研发投入。加快建设一批专业化众创空间、科技企业孵化器，推广应用科技创新券，推进"双创"深入发展，培育量大面广的创新型初创企业。推进规模以上企业"三清零"，培育发展科技型中小企业、高新技术苗子企业，推动"小升规""规转股""股上市"，努力实现高新技术企业"三年倍增"。实施"亩均效益"行动，提升科技资源配置效率，落实企业研发费用加计抵扣、高新技术企业所得税优惠等税收政策，全面实施企业研发后补助，激励企业加大研发投入。

科技与产业

关于宁波市发展工业互联网产业的对策建议

当前，随着以互联网为代表的新一代信息技术的快速发展，互联网正从人与人连接的时代进入到万物互联的新时代，从信息互联向价值互联转变。工业互联网是建设现代化产业体系的重要支撑，是建设制造强国和网络强国的扣合点，是经济实现高质量发展的重要举措，也是全球新一轮产业竞争的制高点。工业互联网平台为中国制造业提供了绝佳的"弯道超车"的历史机遇，已上升为我国"制造强国"的国家战略，并逐渐覆盖到各个领域。宁波作为首个"中国制造2025"试点示范城市，应抢抓工业互联网与制造业深度融合的机遇，推动制造业数字化、网络化、智能化升级，支撑宁波经济高质量发展。

一、工业互联网相关概念解析

工业互联网是工业4.0及工业物联网的升级概念，是全球工业系统与高级计算、分析、传感技术及互联网的高度融合，是链接工业全系统、全产业链、全价值链，支撑工业智能化发展的关键基础设施，是新一代信息技术与制造业深度融合所形成的新兴业态和应用模式，是互联网从消费领域向生产领域拓展，从虚拟经济向实体经济拓展的核心载体。工业互联网相较于消费互联网，在连接对象、通信标准、传输要求、关键平台、技术效应等多个方面有所区别，如表1所示。

表 1 工业互联网与消费互联网的差异

差异点	消费互联网		工业互联网
	桌面互联网	移动互联网	
连接对象	PC、笔记本电脑	手机、Pad、智能穿戴等	设备、产品、系统、人等
通信标准	统一标准协议，开放网络		多种协议、标准并存，封闭网络
传输要求	尽力而为		实时、可靠、安全
关键平台	Windows、Unix、Mac OS	iOS、Android	—
技术效应	提高交易效率		提高生产效率
政府监管	鼓励创新、加强监管		支持鼓励发展为主
主力军	互联网企业		制造企业
资金支持	轻资产，投资回收期短；需求洞察＋流量＋资本，存量资源依赖少；线上到线下		重资产，回收期长；继承与创新；存量依赖
App 数量	上千万个应用软件	600 万个以上	预计达到百万级
窗口期	浏览、搜索、电子商务	移动 OS、即时通信	2014 年至今
时代机遇	美国主导，我国跟随式发展	从跟跑到并跑	大有可为的战略机遇期

如果说消费互联网重构了商业交易模式，那么工业互联网则直接促进了生产力水平的提升。根据表 1 所列，工业互联网在连接对象上更加广泛，对传输要求也更加严格，但目前还缺乏统一标准和关键性平台。随着 5G 技术、物联网传感技术的发展，满足传输要求的通信问题将会很快解决，集成度高的工业互联网平台将成为众多企业的着力方向。

工业互联网应用的主力军是制造型企业，其核心目标是提高生产效率，现阶段我国制造业处于低端向高端发展。向智能制造转型的关键时期，工业互联网是制造型企业竞争的焦点，而制造业庞杂的行业分类将会为工业互联网平台创新提供多个赛道，容纳大量的企业进行竞争、融合，因而工业互联网目前正处于大有可为的战略机遇期。

工业大数据是工业互联网的核心，工业大数据广泛存在于从自然资源到原材料再到消费品的各个工业环节，从来源对象角度而言，主要来自工业软件系统、机器设备、生产原料和运行过程。通过工业大数据的分析、应用，解决企业的五大核心问题（安全、环保、节能、质量、效益），实现提质增效的目的，其关键在于五项关键技术，即 5T（PT：工艺技术，ET：设备技术，OT：运营技术，AT：自动化技术，IT：信息技术）。只有这 5T 融合发展，才能让工业大数据真正发挥作用。

有别于消费互联网产生的大数据，工业大数据的多媒体属性更弱，实时性更强，在数据的关联性和潜在价值上更具挖掘意义。与大数据分析类似，建模与优化也是工业大数据的核心内容，需要智力密集投入。未来，既熟悉制造业生产环节又掌握大数据分析技术的复合人才，将成为核心战略资源。

二、宁波工业互联网产业发展现状

近年来，宁波认真贯彻国务院《关于深化"互联网＋先进制造业"发展工业互联网的指导意见》，发布了《宁波市工业物联网三年攻坚行动计划（2017—2019）》，将宁波柯力等 4 家企业列入工业物联网行业龙头骨干企业培育名单，柯力称重物联网系统应用试点项目、基于物联网的碱性电池无人化车间等 46 个项目被认定为 2017 年首批宁波市工业物联网应用试点项目。截至 2017 年年底，宁波市拥有约 180 余家工业物联网企业，涉及传感器及仪器仪表、自动控制装置及设备制造、软件及系统集成服务等三大行业，列入统计的 94 家企业产业规模达到 221.6 亿元，同比增长 17.28%。

（一）部分传感器和仪表企业居国内领先地位

截至 2017 年年底，宁波已有各类传感器及仪器仪表企业 30 多家，涉及压力、电流、光电、速度、位移、温度等领域。其中，宁波柯力传感科技股份有限公司专业研制生产称重传感器、称重仪表、压力传感器等产品，连续 6 年在中国轻工业产品衡器行业中排名第 2、在称重传感器国内市场占有率第 1。中车时代是传感器铁道行业标准的制定者，传感器产品在国内轨道交通装备领域市场约占 30% 的份额。宁波水表、宁波三星电气、浙江蓝宝石等企业分别在水表、电表、燃气表等仪表生产行业居全国领先水平。

（二）控制装置及设备制造快速发展

汽车零部件、纺织服装、注塑机等宁波传统行业优势企业，通过大力发展智能化控制装置和设备制造，取得了良好成效。其中，均胜电子研发并制造了汽车安全控制系统、智能驾驶控制系统、新能源汽车动力控制系统。舜宇智能研发的以数据驱动为核心的智能工厂整体解决方案等，已成为物联网技术应用在智能制造领域的典型产品和案例。麦博韦尔开发的新型智能手持终端产品、赛特威尔开发的各类安防传感设备、微能物联研发的各类物联网数据采集与控制装置也已形成一定规模。

（三）工业行业集成服务能力不断增强

宁波围绕生产过程及产品智能化，大力发展嵌入式软件等产品和服务，一批工业行业软件企业的技术水平和企业规模稳步提升。宁波市从事工业物联网系统集成、软件开发的企业达到 102 家，其中具备系统集成三级资质的 26 家，二级资质的 4 家。浙江中之杰、浙江文谷等多家软件与信息服务业企业列入市智能制造工程服务公司、云服务公司，行业集成能力得到快速提升。宁波弘讯科技开发了面向塑料机械的 iNet 塑机网络管理软件系统，已经在海尔集团、上海通用和一汽大众的主要供应商中得到应用。

（四）工业互联网技术应用水平持续提高

一是有效提升生产过程和产品的智能化水平。通过应用物联网技术，提升了生产过程和产品的智能化水平，提高了生产效率和产品附加值。其中，得力集团、公牛电器、爱柯迪等企业运用物联网技术，有效提高了生产、仓储、物流等环节的自动化、智能化水平。

二是推动发展个性化定制服务。积极应用物联网技术，成功实现了用户需求和生产过程中的信息交互，在发展个性化定制方面取得显著成效。如宁波慈溪利用物联网技术打造的个性化定制云平台被工信部列为智能制造试点示范项目。

三是推动企业向服务型制造转变。相关企业已建立数据采集、传输、处理等完整的物联网系统，能够实现生产设备的远程状态监测、故障报警、维修指导等服务，服务型收入呈快速增长趋势。如海天集团搭建的海天塑机云平台，围绕注塑机产品的全生命周期，为注塑工厂提供灵活可变的智能解决方案，已有来自宁波、杭州、温州、台州、绍兴等地数十家企业的几百台注塑机接入海天注塑云平台。

三、进一步发展宁波工业互联网的对策建议

宁波作为制造业大市、"中国制造2025"首个试点示范城市，具有丰富的工业互联网应用场景和最佳的政策环境，发达的外向经济和开放氛围也为工业互联网的发展提供推力。可以说宁波具备成为工业互联网崛起之地的基础，若能抓住工业互联网这个大有可为的战略机遇期，实现制造业转型升级，推动城市和产业的跨越式发展，可与杭州的消费互联网共同成为浙江互联网领域的"双子星"。虽有基础，但宁波发展工业互联网仍存掣肘，主要体现在相关人才紧缺、互联网产业规模较小等方面。为助推宁波更好发展工业互联网，提出以下建议。

一是强化顶层设计。摸清工业互联网产业国内外发展格局，掌握工业互联网的前沿动态信息、领域内企业的聚集分布情况，找准宁波在国内外格局中的定位，制定宁波工业互联网发展规划及路径。在工业互联网企业发展扶持、制造企业上线工业互联网平台补助、政府购买相关服务等多个方面给予政策配套与资金支持。建立政府扶持的行业工业互联网服务平台，配置云计算能力和行业所需的工业软件，建立技术团队辅导企业使用云平台，并为企业提供工业互联网解决方案。

二是形成竞争特色。工业互联网是集硬件、软件、数据科学等为一体的新兴产业，宁波在硬件、软件领域不具优势，可效仿阿里以数据引人才，以工业数据为核心吸引力，聚集工业数据科学人才，形成工业大数据产业。同时，吸引杭州的消费互联网软件产业转向宁波工业互联网发展，以制造业工业互联网升级需求为导向，与深圳硬件产业深入融合，最终形成以工业大数据、制造业应用场景为核心竞争特色，与其他软硬件优势城市协同发展的格局。

　　三是实施筑巢引凤。推进"科技创新 2025"重大专项工业互联网领域的相关项目或课题的实施工作，以项目实施带动产业企业发展。针对宁波市制造业转型升级的实际需求，从应用场景出发，培育扶持该领域的工业互联网初创型企业。对有较大预期市场规模的工业互联网应用产业领域，在相关园区内建立形成研发、应用聚合的公共服务平台。引导行业内领军型企业或具有共性需求的制造业企业与政府一同出资，设立工业互联网产业投资基金。

　　四是加快汇聚人才。强化高端项目和顶尖人才的引进，充分发挥宁波工业互联网研究院、航天云网 INDICS 平台等现有工业互联网平台的人才吸引和集聚效应，形成工业互联网人才发展的创新生态；鼓励高校设置工业互联网相关专业或相关课程，培养和储备工业物联网基础人才；引导支持大中型制造企业设置工业互联网相关岗位，形成涵盖基础研究、平台开发、实际应用等较为完整的工业互联网人才体系。

日本汽车新时代发展战略对宁波市的启示

日本经济产业省分别在 2018 年 4 月和 7 月召开了两次汽车新时代战略会议，并于 8 月底发布了汽车新时代战略会议中期报告，该报告分析了日本汽车政策和行业形势，制定了长期的全球目标及其基本政策和行动计划，本文对其内容进行剖析研究，并结合宁波产业实际，为宁波新能源汽车发展提供对策建议。

一、日本电动汽车产业发展现状

汽车工业是日本经济和就业的支柱，据 JAMA 发布的《日本の自動車工業 2017》中统计，日本汽车工业年产量约 920 万辆，其中出口约 460 万辆，实现就业约 530 万人，出口额约 15 万亿日元，设备投资约 1.5 万亿日元（图 1）。

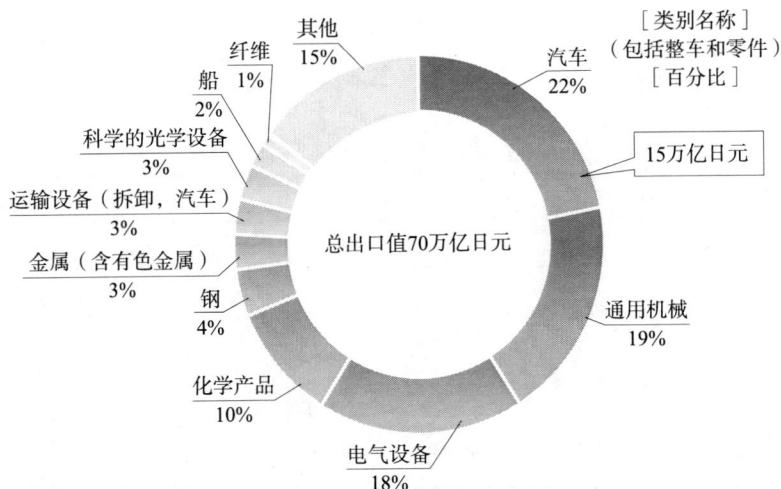

图1　日本主要产品出口占比（2016 年）
（资料来源：日本财政部贸易统计）

　　日本很早就开发销售兼顾优异环保性能和顾客需求的汽车，重视电动车制度环境和基础设施建设，目前是世界上电动化发展最快的国家之一，新车销售量三成为电动汽车（表1），在电池等电动化相关的学术水平、技术能力、产业和人才实力等方面都是世界第一。

表1　2017年世界主要国家电动汽车状况

国家	销量（万辆）	电动车率（%）
日本	513	31.6
美国	1722	4
德国	372	3
法国	255	4.8
中国	2794	3
泰国	85	2.7

　　电动汽车（xEV）主要分为纯电动汽车（BEV）、插电式混合动力汽车（PHEV）、混合动力汽车（HEV）、燃料电池汽车（FCEV）（表2），它们的核心技术（电池、电机、逆变器）是通用的，都比普通汽车更环保，但是存在价格高、续航里程短、依赖基础设施等问题。哪种电动汽车（xEV）适合引入以及什么时间和引入规模，在很大程度上取决于该地区的具体情况，例如经济增长阶段和能源供需限制。为了推动日本电动汽车在全球市场的销售，日本凭借具有多样化电动汽车（xEV）技术的优势，可以根据地区实际情况做出精准的应对措施。

表2　电动汽车的种类

相同要素	供电模式	中文	英文	简称
电池 马达 逆变器	充电	纯电动汽车	Battery Electric Vehicle	BEV
	发动机＋充电	即插电式混合动力汽车	Plug in Hybrid Electric Vehicle	PHEV
	发动机＋充电	混合动力汽车	Hybrid Electric Vehicle	HEV
	燃料电池＋氢气罐	燃料电池电动汽车	Fuel Cell Electric Vehicle	FCEV

　　日本在提高汽车环保性能方面，具有世界领先的技术能力和经验。为了完

成 2050 年温室效应减排目标，不仅要削减日本国内的排放，还要通过提高日本车的环保性能，在 2050 年之前实现全球销售的日本汽车达到最高水平的环保性能，将每辆汽车、每公里的温室效应气体排放量与 2010 年相比减少 8 成左右（轿车减少 9 成左右），并实现乘用车的电动车辆（xEV）普及率 100%。为了实现这个目标，日本将加快战略响应，创新电池技术，进行相关配套制度的改革。通过每辆车减少 8 成左右的温室效应气体（轿车减少 9 成左右），创新汽车使用方式（出行即服务（MaaS）、车联网、自动行驶等），制造电、氢、燃料的过程中的温室效应气体零排放三方面努力相结合，最终实现"从燃料开采到车辆驾驶零排放"（Well-to-Wheel Zero Emission）的目标（图 2）。

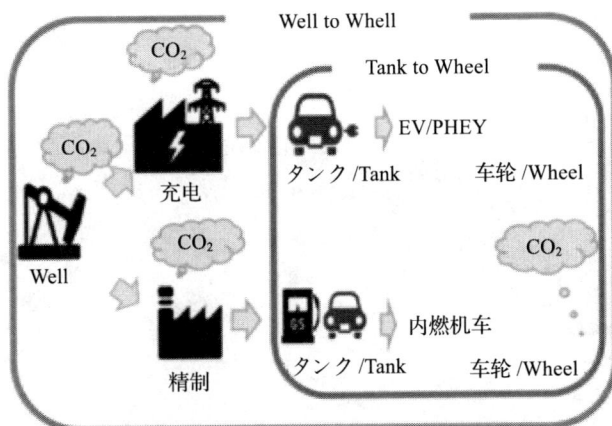

图 2 "Well-to-Wheel"概念图

二、日本汽车新时代发展战略及研发动向

为了达成以上目标，日本经济产业省制定了以下三项基本政策：（1）不拘泥于自主开发，更广泛地协调各领域，促进"开放"式创新；（2）不局限于日本国内，以解决"全球化"为目标进行国际协调；（3）不限定于单个项目，而是通过建立"社会系统"来普及电动汽车。在接下来的五年实施以下具体举措。

（一）开放式创新和部署推广

日本将通过政产学研合作和跨越企业壁垒的开放式创新，实现普通电池、燃料电池、功率半导体、电机、逆变器和材料轻量化等电动化关键部件实用化和规模化，最大限度地提高内燃机效率并实现商用化，开发和普及生物燃料和替代燃料。利用模型库建设开放式开发基地，利用 AI 完善高级开发基础，完善企业间和产学合作培养人才，改善供应商的经营环境。

1. 促进下一代电动化技术

普通电池、燃料电池、功率半导体、马达、逆变器等都是车辆电动化的核心技术，特别是电池，它是第四次产业革命的核心技术，在汽车和能源系统方面非常重要，目前全球主要经济体都制定了电池技术的能量密度发展目标（图 3）。

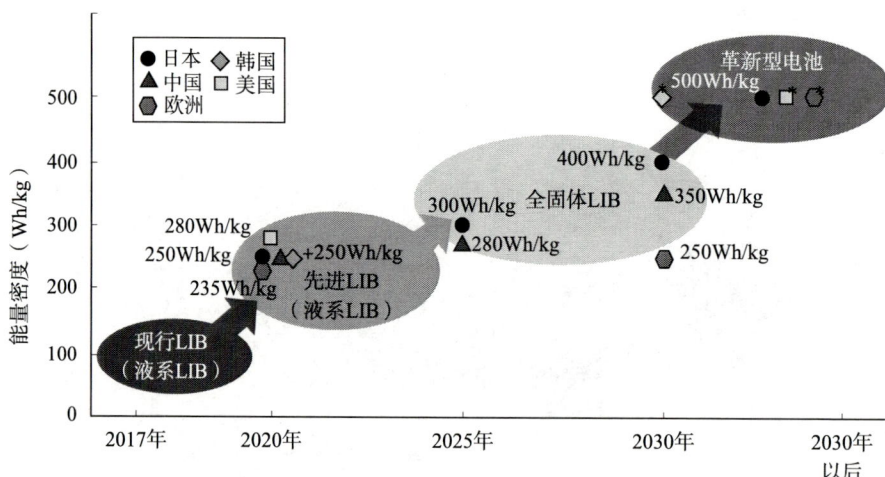

图 3 各国电池技术发展目标
（资料来源：由日本经济产业省根据公开信息创建）

日本到 2022 年可实现全固体电池的第一代堆叠化电池的量产和新一代电池的高能量密度化，相比现行锂离子电池（LIB），实现量产产品的价格为现有锂电池的 1/3、能量密度为现有的 3 倍、充电时间为现有的 1/3。推动以产学为中心的 RISING2（面向创新的下一代电池的研究），到 2030 年建立能量密度为 500Wh/kg 的创新型可充电电池。为了实现面向商用车的高耐久 PEFC 电池组（固体高分子型燃料电池）的研究开发，2025 年前将 FCEV 电池组价格降低到 1/4。2018 年制定电池、燃料电池、功率半导体、电机、变频器、材料轻量化等电动化相关的新一代技术开发路线图，确定国家应特别加快开发的领域。

2. 促进内燃机脱碳化

进一步提高内燃机技术，2030 年前后实现热效率为 60% 的发动机实用化（现在普通发动机的热效率为 30%～40%）。进一步开发新一代生物燃料，特别是成本低、环保性能高（相比汽油 GHG 削减 55% 以上）的国产新一代生物乙醇，并在 2020 年度以后普及。

3. 构筑开放式开发基地，培养人才，优化供应链环境

面向自动行驶时代，在开发方面，以"基础模型研究会"为中心，2020 年构筑可应用于下一代汽车的、基于模型的开发通用基础设施和应用体制。充分利用 AI 技术，在设计风险检查、引擎调整等需要大量工时的开发过程应用 AI 技术来提高效率和精密程度，以便将行业资源转移到高附加值工作，并到 2020 年构建汽车行业和 AI 行业的产学合作体制。通过 AICE 的工作来推进产学合作和大学间合作，推进人才培养，到 2020 年将汽车内燃机研究协会（AICE）的大学参与项目数从 10 所扩大到 20 所左右。在 2019 年成立以地域为基础的"供应商支援队"，以强化供应链上供应商的竞争力。利用 AICE 合作领域的基础和应用研究成果吸引供应商，鼓励他们参与 AICE 提高技术实力。

（二）国际协调解决全球环境问题

只靠制造环保性能高的汽车，无法真正改善环境。生产的汽车需要被世界消费者接受并实现普及化，为此在世界各国适当地完善制度环境、基础设施十分重要。

1. 全球宣传"Well-to-Wheel Zero Emission"方针

根据未来的油耗标准提高汽车公司的平均燃油效率。明确通过"Well-to-Wheel"推进二氧化碳减排的方针，根据基础能源计划推进电力供应脱碳化。为了减少整个运输部门的二氧化碳排放量，加强世界范围的宣传工作并协调国际制度环境。

2. 强化电动化政策的国际协调

2018 年完善并公布世界各国电动化政策的基础数据情况分析，在此基础上加强与 IEA、OECD、ERIA 等国际机构的合作，为每个国家的电气化政策协调奠定基础。2018 年秋天在日本举办的世界最大的电动车研讨会 EVS31 上，首次设立汽车电气化政策制定者参加的政策圆桌会议，协调制定最适合 BEV 普及的下一代国际充电规格和商用车、两轮车的充电规格标准国际化。推动与印度和东盟等国家的电动化政策协调，根据对方国家的需求进行充电基础设施和电动车利用的示范支持。

3. 全球供应链的电动化应对支援

在 2019 年建立一个人力资源开发的支撑体系来满足日本汽车制造商、供应商的海外公司电动汽车和零部件生产。对于未来人才需求量大的人工智能和软件人才，制定技能标准，促进海外人才和日本本土企业人才培养。

（三）建立社会系统

建立一个社会系统，推动电动汽车环保技术的投资和利用，减少温室气体排放。

1. 构建电池社会系统

制造电池钴不可或缺，而刚果等国家普遍存在钴等矿物资源。为了汽车制造商矿产资源的长期稳定采购，2018 年，日本经济产业省及相关公司制定了一项联合采购、储存钴和其他资源的计划。政府还考虑为产业链上游提供资源外交和资金支持，推动建立筛选争端矿物和禁止童工采矿的国际性框架，促进公共和私营部门电池所需资源的稳定采购。

2018 年，日本制定了电动车的锂离子电池残存性能的评价方法指南，确定国家必须加速的锂离子电池回收利用技术发展要点，制定废旧电池联合回收计划的草案，对必要的电池规格进行研究，创建可重复使用的电池市场，并在 2019 年进行技术试点。

2. 促进下一代商用车辆利用系统的开发

根据商用车（公共汽车、卡车）的多种用途（近距离配送、路线公共汽车、长距离公共汽车、长距离卡车），最大限度地应用电动化（BEV、PHEV、HEV、FCEV）和 LNG 等环保技术，确定相关技术试点以及每个试点扩大推广的问题，2018 年进行总结，形成路线图。

3. 加速面向分布式能源社会的 BEV、PHEV、FCEV 普及和基础设施建设

预计汽车制造商在 21 世纪 20 年代前半期将推出 BEV、PHEV、FCEV，为激活初期需求，日本政府将提供购买补贴和基础设施支持。2018 年制定提高充电网络服务水平的政策，包括更换充电基础设施、根据需求支持升级增设等政策。研究如何结合电力和充电服务，解决高容量快速充电和利用充电数据的问题。2018 年采用政府与企业合作方式开始行驶中非接触充电的基础性研究，对下一代氢气填充协议的普及关键技术进行基础研究和开发。推动两轮车辆的可更换 BEV 电池组的标准化和通用化，并降低开发电池和基础设施的成本并普及化。2018 年开始试点应用将 BEV、PHEV 中蓄电的电力返回电力系统使用的 V2G 技术（电动汽车 V2G 技术是指电动汽车给电网送电的技术，其核心思想就是利用大量电动汽车的储能源作为电网和可再生能源的缓冲）。

三、宁波汽车产业发展现状

宁波作为首个"中国制造 2025"试点城市，正着力推进汽车电子、智能家电、生物制药、新材料应用等高科技产业。近年来，宁波汽车产业通过设置全球研发或设计中心与国内外产学研合作，以及通过以合资或并购的方式获得技术或市场份额等方式，已跃升为宁波市第一大产业，成为中国重要的汽车制造基地之一。

（一）注重研发载体建设，形成一定的研发基础和规模

据初步统计，目前宁波市共有宁波圣龙汽车动力系统股份有限公司、宁波双林汽车部件股份有限公司、宁波拓普集团股份有限公司等 6 家公司拥有省级企业研究院，宁波继峰汽车零部件股份有限公司、浙江吉润汽车有限公司、宁波高发汽车控制系统股份有限公司等 34 家公司建有省级高新技术企业研究开发中心，宁波远景汽车零部件有限公司、宁波井上华翔汽车零部件有限公司、宁波沃特汽车部件有限公司等 101 家公司建有市级企业工程技术中心。

（二）采取开放式创新模式，广泛利用国内外研发资源

宁波市的汽车企业积极利用国内高校、研究机构和第三方协会等资源，开展产学研合作。如圣龙集团与清华大学苏州汽研院建有联合研发中心，同时还与同济大学、吉林大学、重庆理工大学、中国汽车工程学会、中国汽车工程研究院等高校和机构进行研发合作。方正汽车模具与华中科技大学建立院士工作

站，与上海交通大学建立联合技术中心等。考比锐特汽车从创立之初就与吉林大学机械工程学院和汽车工程学院建立了紧密的研发合作联系。企业间合作一般发生在上下游企业之间，如圣龙集团与宁波浙大联科科技有限公司、湖北精川智能装备股份有限公司、东睦新材料集团股份有限公司等企业建立了技术合作关系。

（三）积极开展全球并购，实现技术升级和市场拓展

均胜电子是通过跨国并购实现技术跨越的典型案例。2011 年至今，均胜电子先后收购了汽车电子公司德国 PREH 公司、德国机器人公司 IMA、德国 QUIN 公司、汽车安全系统全球供应商美国 KSS 公司以及智能车联网领域的德国 TS 公司，实现了全球化和转型升级的战略目标。圣龙集团同样通过合资和收购的模式实现了跨越式发展，2009 年在美国成立 SLW 公司并成功收购美国博格华纳油泵事业部，2010 年并购德尔福成立卓越圣龙工业技术有限公司，2012 年与印度 PCL 公司合资成立宁波圣龙浦洛西凸轮轴有限公司。其他企业如双林汽车、方正汽车模具为了获得国内外技术或者进入国际市场，也均进行过并购，取得了较好的效果。

（四）面对下一代汽车发展趋势，提前开展技术布局

如圣龙集团聚焦于新能源汽车的轮毂电机项目上，委托清华大学苏州汽车研究院开发的轮毂电机电控集成系统相关技术是新能源汽车动力系统领域内的核心技术，将为公司在 2019 年进入新能源汽车动力系统领域的发展奠定良好的基础，提高公司在汽车动力系统领域的综合竞争力和影响力。浙江中车电车有限公司 2017 年计划投入研发成本共 4000 万元，重点研发项目包括电动客车无人驾驶系统及其应用技术、甲醇制氢燃料电池与超级电容组合式新能源客车。宁波旭升公司主营新能源汽车核心系统的精密机械加工零部件，已成为"特斯拉中国"的核心供应商，公司于 2017 年在 A 股首发上市，募集资金投向轻量化及环保型铝镁合金汽车零部件制造、新能源汽车配件装配生产线、铝压铸民用件生产技改、铝镁合金产品及精密压铸模具研发中心建设 4 个项目。

四、宁波发展下一代汽车产业的启示

新能源汽车已成为全球汽车产业发展的大趋势，美国、欧盟都在强推新能源汽车。目前中国、美国、欧盟的产业政策和车企车型投放已经聚焦于 BEV/

PHEV/FCV（纯电动汽车／插电式混合动力汽车／燃料电池汽车）路线，在 HEV（混合动力、普混）上具有极大优势的日本也不得不跟随全球潮流走 BEV/PHEV 路线。面对汽车产业升级换代的变化趋势，对宁波"既是危，也是机"。虽然目前大多数企业已经面向未来，围绕新能源汽车以及智能汽车等产品开展布局，但诸如新能源汽车电源、电池、电控、电机等关键零部件和核心技术，以及面向智能汽车的传感器、雷达等关键零部件技术依然掌握在外国企业手中。对此，宁波要从多方面应对产业变化的挑战。

（一）完善创新体系，增强创新发展动力

完善以企业为主体、以市场为导向、产学研用相结合的协同创新体系，推动基础共性技术和关键核心技术研发深入推进。推动普通电池、燃料电池、功率半导体、电机、逆变器和材料轻量化电动汽车等核心零部件制造业创新中心建设和共享，发挥中科院宁波材料所和宁波大学等单位的现有研究优势，开展汽车材料轻量化和新能源电池以及新型燃料等前沿技术研究。集中产业资源，协同攻关，打通前沿技术和共性技术研发供给，转移扩散和首次商业化链条。充分发挥企业主体作用，加强能力建设，加大研发投入，结合宁波市"科技创新 2025"中的新能源汽车专项，布局基础前瞻性和共性关键技术研究，加强与高校、科研院所的协同创新。不断提升技术标准、测试评价等产业支撑平台建设，形成促进产业发展的系统化服务能力。

（二）突破重点领域，提升创新发展能力

重视在新能源汽车整车和关键零部件等核心领域的创新，提升整车综合性能，推动动力电池性能提升和成本下降。瞄准发展急需，支持重点企业加速新技术在电子控制系统、整车集成等方面的工程化应用，加快产品升级换代步伐。加大燃料电池、全固体电池和创新型电池等新体系电池关键核心技术的研发资源配置，加快推进高速电机、分布式驱动和智能控制、感知决策等前沿技术攻关，夯实关键零部件配套水平。研究设立有关产业升级专项，加速新技术在动力电池、整车集成等方面的工程化应用。

（三）健全政策体系，完善创新发展环境

适时调整和完善新能源汽车补贴政策，推进充电基础设施建设，及时引入后续非财政的支持政策。完善新能源汽车和充电基础设施监管信息平台，实现对车辆、充电设施等运行状态的实时监控，提高新能源汽车安全运行水平。促进充电基础设施互联互通，强化大功率蓄电池的回收利用，努力实现充电桩与用户、充电桩与运营商、用户与运营商之间信息共享，为用户提供充电便利，解决找桩难、充电难的问题。

（四）加强人才联合培养，促进紧缺人才集聚

通过宁波市的人才"引育用留"全链条政策体系，积极吸引新能源汽车行业相关的核心技术人才。通过赞助、设定汽车行业开放的人才培育条件等，与国内外专业型大学、科研机构和汽车企业加强人才联合培养，加大新能源、节能、无人驾驶、AI软件人才等领域紧缺人才的培育，以及促进此类人才在宁波的研发机构集聚。发扬企业家精神，将企业家在创新人才培育和利用中的作用充分发挥出来。

（五）鼓励企业整合资源，提升海外发展能力

鼓励相关企业通过与国内外整车企业加强沟通和合作，适应市场最新、最全面的需求，提高汽车零部件与汽车本身的吻合程度。抓住特斯拉建设上海超级工厂给电动汽车零部件企业带来的契机，引导相关企业以设立上海分支机构或者加大相关产品研发投入等形式，促进产品升级换代，加快融入电动汽车产业链。同时，在目前美国对中国发起贸易战的背景下，加强相关企业相关国际贸易政策普及和规则理解，在合法的前提下灵活运用。另外政府要通过引导企业调整全球战略布局，考虑在美或与美签署自贸协定的地区投资建厂和研发基地，实现产品本地化生产，减轻贸易保护的影响。

（六）保障必需的矿产资源稳定供应机制

中国和欧盟将成为全球两个最大的电动汽车市场，市场对于钴、铜、锂等金属矿产资源的需求可能还将大幅提升。因此政府要扶持相关资源开采和回收企业，鼓励企业积极"走出去"，进行海外矿产资源并购，出台相关政策扶持绿色环保再利用产业发展等，加大科技研发投入寻求相关金属资源替代品并运用于生产，以及推出矿产资源稳定供应的长效机制，保障宁波汽车零部件产业的可持续发展。

宁波市注塑机行业知识产权区域布局研究

注塑机又名注射成型机或注射机，是将热塑性或热固性塑料利用塑料成型模具制成各种形状的塑料制品的主要成型设备。注射成型是通过注塑机和模具来实现的，注塑机能加热塑料，对熔融塑料施加高压，使其射出而充满模具型腔。

一、研究背景

塑料机械行业主要为塑料工业提供专业设备的研发、设计及生产，在制造业中占据非常重要的地位。我国塑料机械产业起始于 20 世纪 50 年代末，从 1958 年上海塑料机械厂生产第一台塑料机械开始，经过 60 多年的发展，尤其是改革开放以来的快速发展，取得了长足的进步。中国注塑机企业主要分布在东南沿海、珠江三角洲一带，其中宁波地区发展势头最猛，现已成为中国最大的注塑机生产基地，有"中国塑机之都"的美誉，年生产量占国内注塑机年总产量的 1/2 以上，占世界总量的 1/3。从出口方面看，宁波注塑机的出口量占据了全国出口总量的 67.2%。

宁波注塑机产业有以下特点：产业集中度高、产品规格齐全、配套产业齐全、专业化程度高。但是，宁波注塑机产业和国内其他地方的同行业一样，与德国、日本、意大利等工业发达国家相比，还有一定差距，存在科技含量低、结构类同、处于产业链中低端、附加值低等问题，主要表现在产品能耗高、控制水平低、性能不稳定等方面。绝大多数厂家还是以仿制产品为主，创新能力偏弱，对关键技术和核心技术的掌握不足，后续发展乏力，迫切需要通过加强知识产权运用来提升产品层次与品质、助推企业转型升级。因此，开展知识产权区域布局研究有利于企业深入挖掘知识产权信息，增强企业专利布局意识和布局能力，提升企业知识产权竞争力，提高企业知识产权风险防范能力。

目前，专利布局主要指专利的地域布局和专利的技术布局（图1）。专利地域布局解决的是企业是否在一国或地区申请专利，申请何种类型的专利以及申请多少专利等问题。通常，专利申请的地域是以目标区域当前市场的结构和需求、未来市场发展潜力以及企业总体战略发展规划为标准。专利技术布局是以专利系统中的核心专利为中心，通过系统优化，构建更大的、法律赋予的排他权组合来降低外部专利拥有者可能构筑的障碍，使竞争对手无法利用专利回避进入市场，进而有效阻击竞争对手，占领该技术领域，同时还可以增加交易砝码，以更优惠的条件获得外部技术。

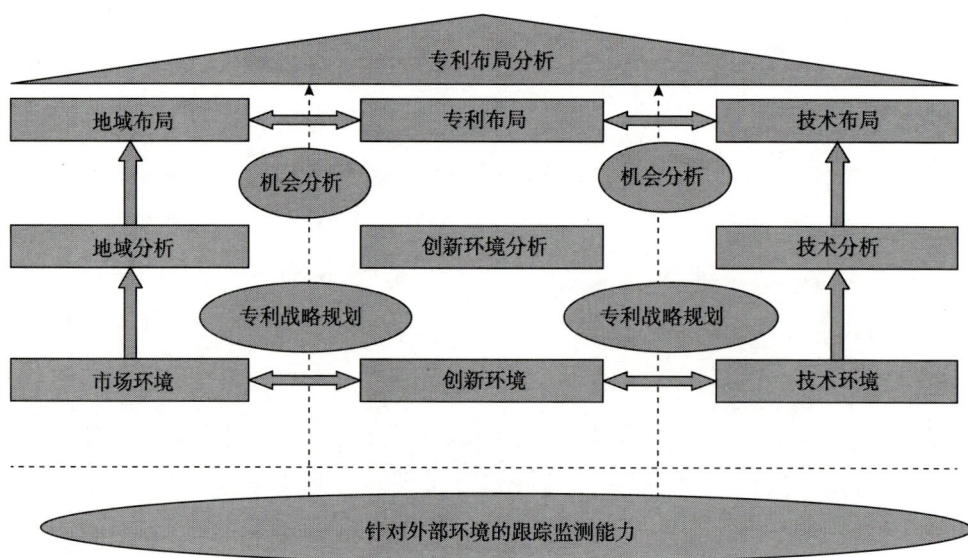

图1 专利布局的组成

二、研究方法

鉴于上述目的，本课题从全球、国内和宁波三个层面进行了专利分析，研究过程中采用了以下方法和路径。

首先，采用专家座谈、企业走访等方法对注塑机产业开展调研，并参考各类科技文献，查阅行业报告，了解注塑机产业的发展趋势、现有技术、产业分布概况以及相关重要技术点，确定注塑机行业的上下游产业链各环节和技术分解表。

其次，基于文本挖掘，采用定量、定性相结合的方法，根据前述获得的注塑机行业国内外专利清单，利用 Innovation、Innography 等专业分析系统，通过文本聚类，绘制专利地图、专利引证关系图等可视化图表，以竞争战略分析和专利信息分析相结合，从专利布局、关键技术、专利竞争力、重要申请人、专利强度等多个角度，深度挖掘专利文献中隐藏的有价值的科技情报，发现相应技术领域的专利密集区、稀疏区和空白区，从而了解全球、全国以及宁波市相关领域的上下游专利布局，并通过高强度专利、专利引证等指标，厘清注塑机产业总体技术演进态势，发现宁波该产业关键技术存在的不足和技术空白点。

三、研究内容

（一）注塑机产业全球专利态势分析

1. 注塑机技术原创国的专利申请趋势

注塑机专利申请国以日本、中国、德国、美国为主。日本早期申请专利较多，1998—2000 年进入快速发展期，2000 年至今专利申请总体呈现下滑趋势。中国早年注塑机的专利申请较少，起步较晚，在 2010 年后申请量逐年递增，并且呈现持续的增长势头，在 2014 年申请量增长趋势放缓，2015 年又恢复增长。德国注塑机专利的申请量较为平稳，1998 年的申请量与 2015 年的申请量对比差距并不明显。美国注塑机专利申请量 2000—2005 年每年都有浮动，2006—2009 年注塑机专利申请量呈现持续下滑趋势，2009 年之后注塑机专利申请量又恢复缓慢增长（图 2、图 3）。预计未来一段时间内该行业的专利申请量仍然保持增长趋势。

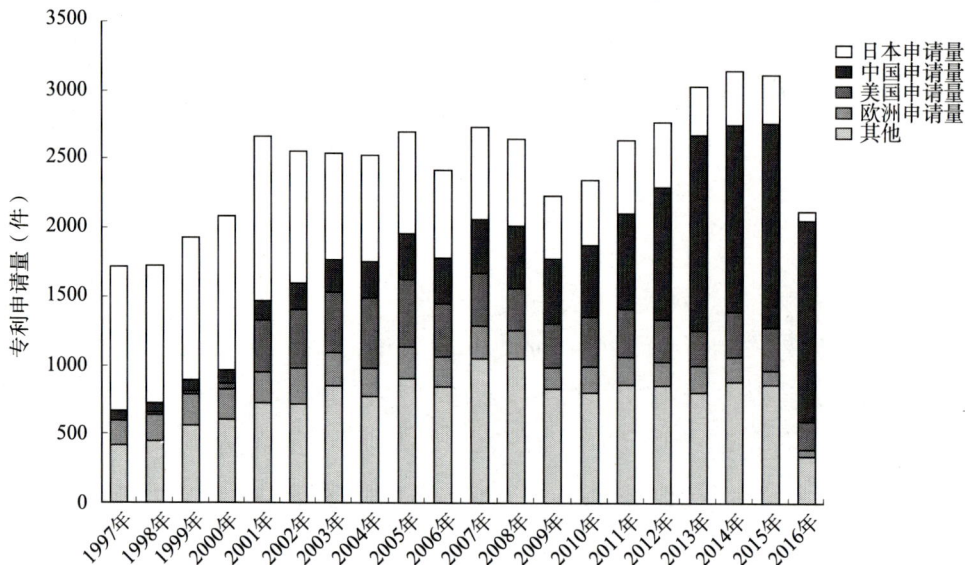

图2 注塑机相关专利全球申请趋势分析

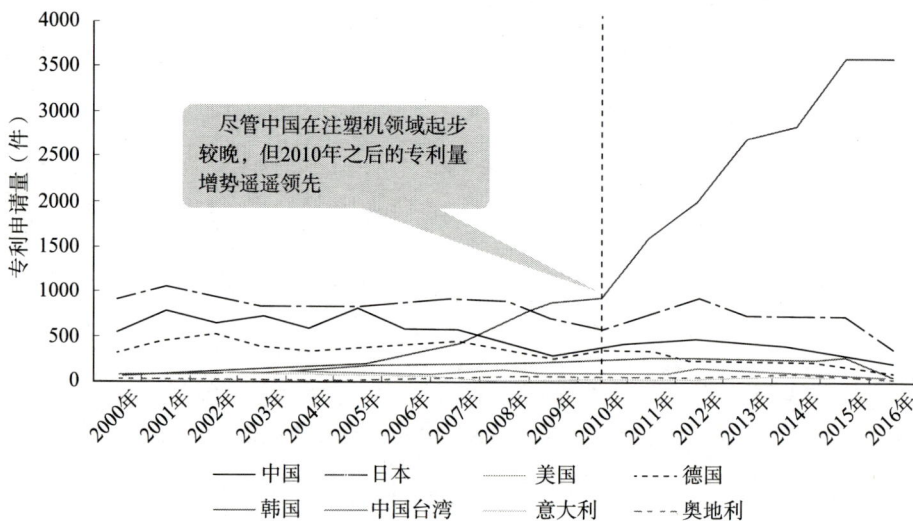

尽管中国在注塑机领域起步较晚,但2010年之后的专利量增势遥遥领先

图3 注塑机技术原创国(地区)的专利申请趋势

2. 注塑机专利发明人的地域分布

注塑机专利发明人主要集中于日本、德国、美国及中国,这四个国家占据了68%,注塑机产品研究领域分布较为集中(图4)。日本在注塑机专利发明人中以37.7%位居第1,从主要发明人国家分布可以看出日本在注塑机领域强大的研发实力。

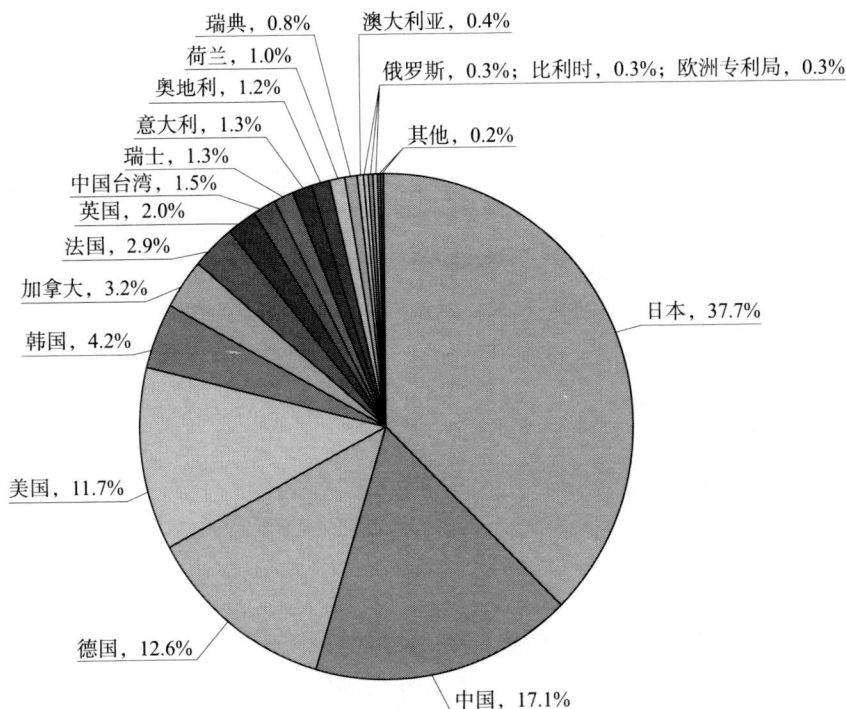

图 4　发明人地域分析

3. 注塑机专利的关键技术类别

注塑机专利的技术点主要集中在分类号 B 部，其次为 H 部（图 5）。B 部的包括作业、运输；H 部的包括电学。在分类号 B 部中，B29 为塑料的加工，一般处于塑性状态物质的加工；B65 为运输、包装、贮存和搬运薄的或细丝状材料。其中，B29C45（注射成型，即迫使所需成型材料容量通过注口进入闭合的模型；所用的设备）又占据了 78.8%。

4. 重点国家专利质量分布

美国的注塑机专利质量仍然占据了第 1 位，其次为德国。美国在各个强度的专利拥有量比较平均。中国的专利数量虽多，但多数是强度为 0 ～ 30 的专利，高质量专利较少。日本的专利强度主要集中于 0 ～ 50，专利质量略高于中国。德国专利强度分布与日本相似，主要集中于 0 ～ 50，虽专利数量较少，但是 50 ～ 100 的高强度专利的拥有量在总专利数量中的占比高于日本与中国（图 6）。总结得出，中国虽然拥有大量专利，但是专利质量低于其他国家，仍需加强研发，提高研发水平。

% Patents per IP Class（Top 20）by Group

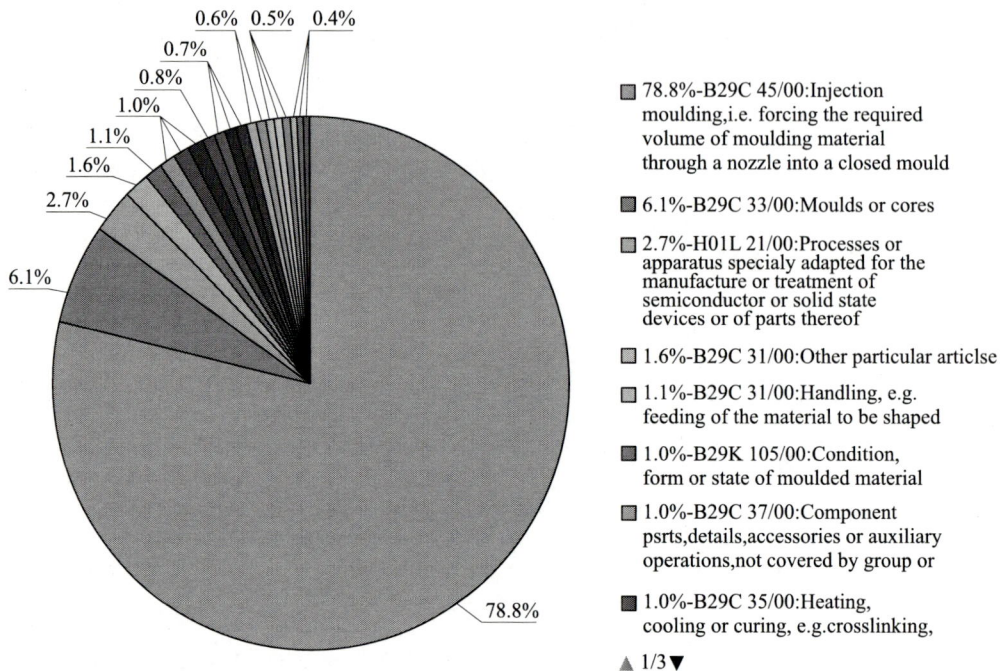

78.8%-B29C 45/00:Injection moulding,i.e. forcing the required volume of moulding material through a nozzle into a closed mould

6.1%-B29C 33/00:Moulds or cores

2.7%-H01L 21/00:Processes or apparatus specialy adapted for the manufacture or treatment of semiconductor or solid state devices or of parts thereof

1.6%-B29C 31/00:Other particular articlse

1.1%-B29C 31/00:Handling, e.g. feeding of the material to be shaped

1.0%-B29K 105/00:Condition, form or state of moulded material

1.0%-B29C 37/00:Component psrts,details,accessories or auxiliary operations,not covered by group or

1.0%-B29C 35/00:Heating, cooling or curing, e.g.crosslinking,

▲ 1/3 ▼

图 5　全球注塑机专利 IPC 分类

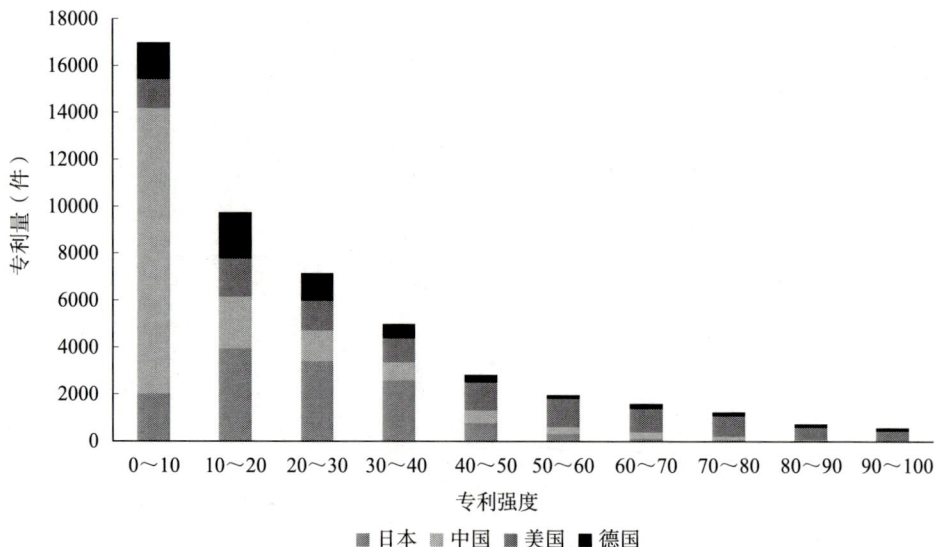

图 6　重点国家专利强度分布

5. 全球重要申请人专利

全球注塑机领域重要申请人主要有住友、赫斯基、发那科、克劳斯玛菲（Krauss-Maffei）、耐驰特（Nestal）等。克劳斯玛菲和耐驰特垄断了附加值较高、精密的医学医疗料件。克劳斯玛菲公司医疗瓶盖生产系统，主要性能特征是洁净和高产率。日精树脂在同行业中达到扫描时间 100 微秒的超高速控制，从而实现了高精度、稳定成型。日本东洋金属研发的新型精密合模全电动注塑机，使模具形成全面均等锁模力，减小了对模具精度的影响。日本东芝研发的全电动注塑机，把动态响应时间只有 15 毫秒、加速度高达 6.8g 的最高端交流伺服电机运用到注射驱动上，达到最高微注射成型。日本住友研发的超薄化、低应力提高导光板光学特性注塑机，提高压缩工序的精密定位。ARBURG 公司研发的厚壁光学透镜注塑机，实现高效生产后壁光学透镜。Husky 公司研发了全球首款可大量使用及再生 PET 瓶坯粉碎料的注塑系统，在线熔料过滤可防止出现可能影响瓶体质量的黑斑和其他污染物。

6. 注塑机技术发展路线图

注塑机专利最早出现在 1937 年，1930—1950 年注塑机的发展处于起步阶段，研究主要集中在注塑成型方法以及装置，1950—1970 年注塑机的研究继续摸索，主要是机械式注塑机，合成树脂的注射研究。1970—1980 年注塑机的发展进入了半电动阶段，包括注塑机的监控、注塑机的控制程序以及柱塞式注塑机，并且注塑的产品不仅仅局限于塑料，出现了镜片、发泡体的注塑成型。1980—1990 年注塑机的研究进一步发展，出现了针对大型注塑产品的立式注塑机、注塑模具、注塑机的液压控制的研究，并且注塑的产品更为广泛，可以注塑合金类产品。1990—2000 年互联网的发展带动了各个产业，出现了注塑机互联网远程控制系统、注塑机的访问系统、全电动注塑机等，并可对半固态金属注射成型。2000—2010 年注塑成型的产品进入要求更高的医药行业，对于塑料瓶的注射成型并不局限于单个瓶子，出现了工艺要求更为复杂的层叠瓶的注射成型，以及瓶体弯曲部分可控制成型。2010 年至今，注塑机可注射液体硅胶，并且出现了电动注塑机主、子调节系统，NISSEI 公司开始研究极限压力下的高品质注射，这是未来的一个研究重点。注塑机的技术发展路线如图 7 所示。

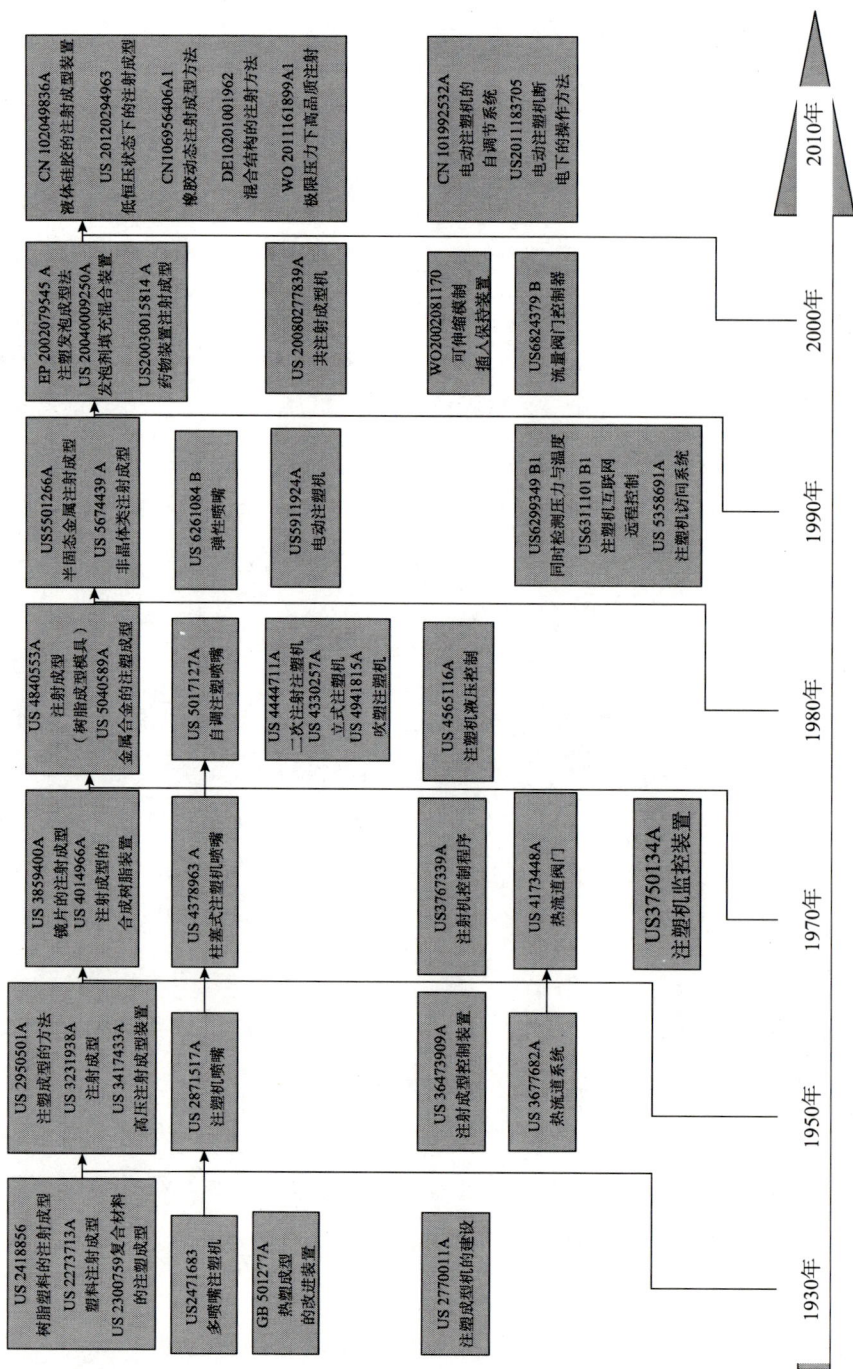

图 7 注塑机的技术发展路线

综上所述,注塑机领域在经过多年的发展后,当前技术已进入平稳发展期,通过全球的竞争力分析可知,注塑机大部分的核心技术掌握在各大跨国公司手中,它们已经在各主要应用地区申请了大量的相关专利,技术壁垒较为明显。

(二)注塑机领域中国专利态势分析

1. 注塑机中国专利申请趋势

随着国际社会对注塑机行业的关注,中国政府加大了对注塑机的重视程度。注塑机在中国专利申请量随着时间变化的发展趋势如图 8 所示。随着制造业和塑料产业的不断探索,专利年度申请量一路攀升,尤其在 2009 年之后进入快速发展期,高速增长的态势持续至 2013 年,2013 年进入调整期,由于先进装备制造业的崛起,对注塑机的需求增大,带动了注塑机技术在中国的发展,也促使各生产企业不断加大在中国的专利布局。

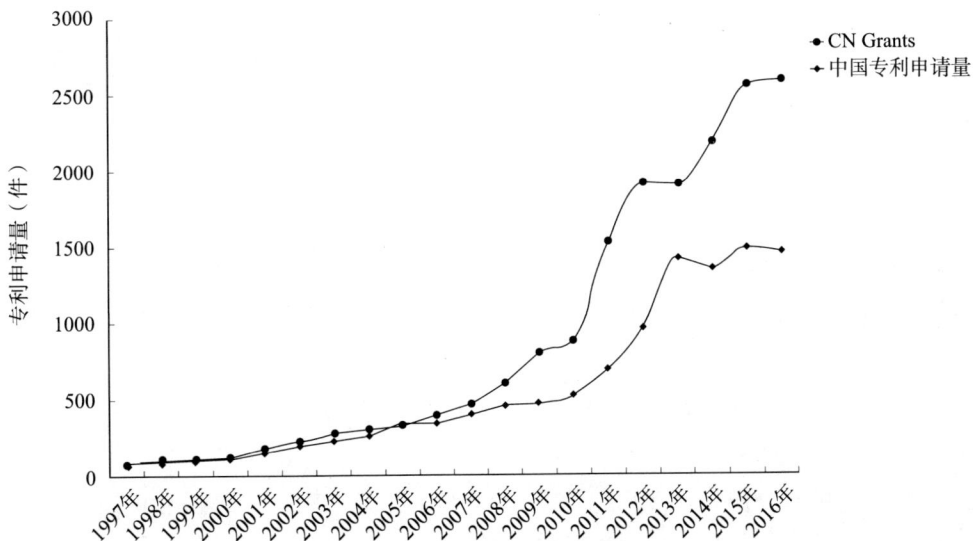

图 8　注塑机中国专利申请趋势

2. 注塑机领域中国竞争态势

将检索得到注塑机相关专利进行专利权人(Organization)分析,并利用 Innography 的竞争力分析功能对全球研究注塑机相关技术的专利权人进行竞争力分析,得到如图 9 所示的气泡图,由图可以看出:中国专利中注塑机相关技术领域较强的专利权人还是以住友重工、赫斯基、发那科等国际龙头企业为主，国内较强的申请人涉及北京工业大学、宁波海天塑机、华南理工大学等。从竞争力差距上分析，鸿海精密工业股份有限公司气泡较大，同时处于气泡图的右上方，说明对注塑机已经申请了大量核心专利，在该领域拥有较大的竞争优势。同时图中显示出较强竞争力（气泡靠右）的公司还有住友重工、赫尔基、发那科等。虽然在经济实力上与鸿海精密工业股份有限公司还有一定的差距，但在专利质量上比鸿海精密工业股份有限公司高，是该领域的主要竞争者。

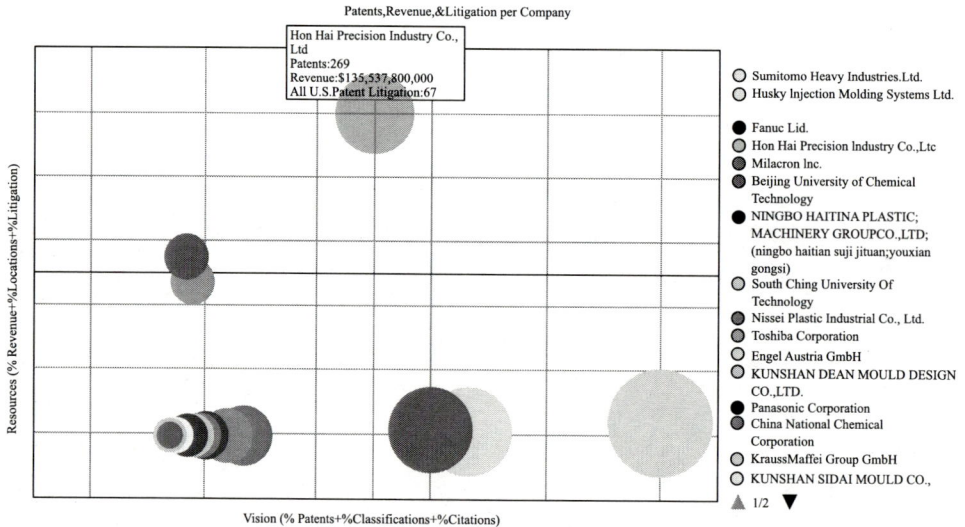

Patents,Revenue,&Litigation per Company

Hon Hai Precision Industry Co., Ltd
Patents:269
Revenue:$135,537,800,000
All U.S.Patent Litigation:67

○ Sumitomo Heavy Industries.Ltd.
○ Husky Injection Molding Systems Ltd.
● Fanuc Lid.
● Hon Hai Precision Industry Co.,Ltc
● Milacron Inc.
● Beijing University of Chemical Technology
● NINGBO HAITINA PLASTIC; MACHINERY GROUPCO.,LTD; (ningbo haitian suji jituan;youxian gongsi)
○ South Ching University Of Technology
● Nissei Plastic Industrial Co., Ltd.
● Toshiba Corporation
○ Engel Austria GmbH
○ KUNSHAN DEAN MOULD DESIGN CO.,LTD.
● Panasonic Corporation
● China National Chemical Corporation
○ KraussMaffei Group GmbH
○ KUNSHAN SIDAI MOULD CO.,

Resources (% Revenue+%Locations+%Litigation)

Vision (% Patents+%Classifications+%Citations)

▲ 1/2 ▼

图 9　注塑机中国专利竞争态势分析

3. 申请人地域分布

从注塑机专利申请在中国各省、直辖市分布量来看，浙江省在申请量中位居第一，其次为广东省、江苏省（图 10）。长三角地区，特别是浙江省已经成为名副其实的世界级塑料机械生产基地。

（三）宁波市注塑机专利态势分析

1. 注塑机领域宁波专利申请趋势

在注塑机产业中，与全球申请态势相比，宁波市在申请趋势上起步较晚。2011 年、2012 年专利申请量快速上升，2013 年申请量增长速度又呈现短暂下降，2014 年专利申请量又持续增长，专利申请数均维持在较高水平（图 11）。

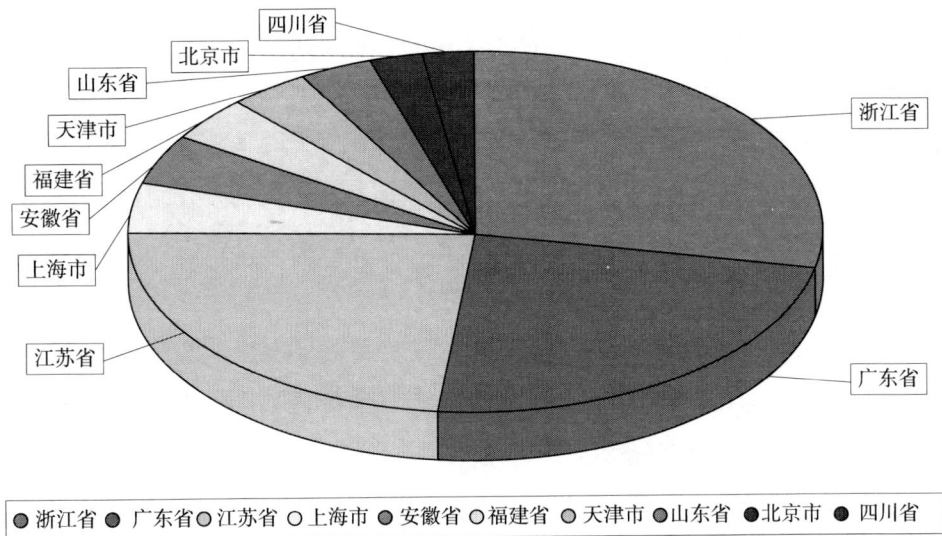

图 10　申请人省、直辖市分布量分析

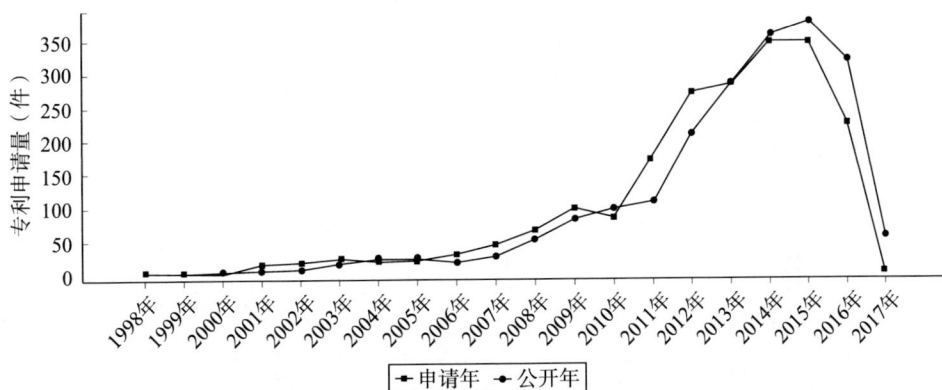

图 11　宁波市注塑机产业专利申请年、公开年趋势分析

2. 注塑机关键专利主题聚类

根据检索获得的宁波市注塑机产业专利，用 Innography 专利分析系统进行聚类分析，提取关键词，宁波市注塑机产业的关键词主要是注塑机整机、注塑机油缸、各部位的螺丝杆等。

3. 注塑机专利宁波申请人构成

在宁波市的注塑机专利申请人中，海天塑机集团有限公司在专利申请量排名中占据了第一位，是宁波市注塑机产业的领头羊。宁波长飞亚塑料机械制造有限公司是海天国际控股有限公司旗下子公司，侧重于开发塑料加工行业所需的新技术。宁波双马机械工业有限公司产品主要特点是锁模力大、开模行程长、装模容量大、顶出行程长、造型新、耗电省等性能，宁波华美达机械制造有限公司致力于高效节能型注塑机的开发生产，宁波海太工贸有限公司致力于拉杆伸缩伺服节能二板精密注塑机，宁波巴斯顿机械科技有限公司是英国 BESTON 国际集团有限公司创立的，致力于新型工艺技术于实际注塑生产中的改善，及专业特殊射出成型机之研发与制造应用，宁波市海达塑料机械有限公司是专业制造 HD、HDX、HDH 系列化全自动塑料注射成型机的生产厂家。

4. 宁波市各区县专利布局

从宁波市各区县专利分布情况来看，大部分的专利分布在北仑区、鄞州区、宁海县和余姚市（图 12）。其中北仑区注塑机产业专利主要集中于大型二板式注塑机、瓶坯注塑机、注塑机的温度控制；宁海县注塑机申请企业以模具产业为主，侧重于注塑机中注塑模具的脱模、顶出等的研究，但申请的大都是中小型企业，人均申请较少，不具备规模。余姚市塑料城的发展拉动了本地注塑机企业的研发，共有 30 多家企业申请了注塑机相关专利。

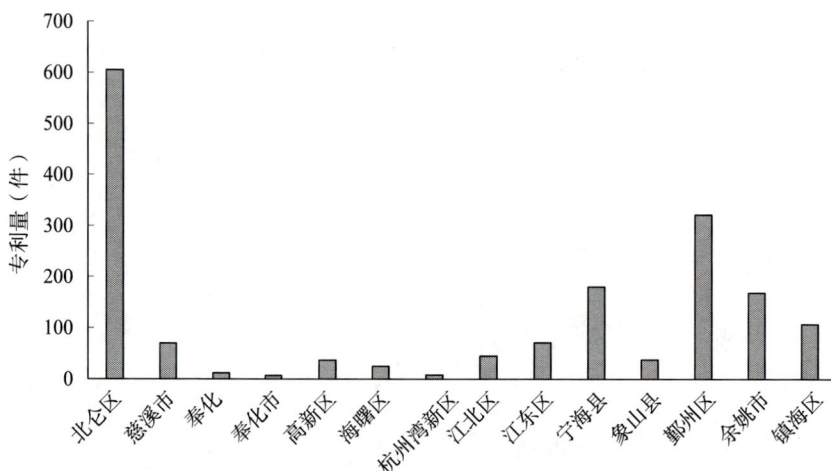

图 12　宁波市注塑机产业专利分布

（四）宁波市注塑机产业专利布局对策建议

通过对全球、国内和宁波市三个层面的注塑机产业专利分析，并结合宁波市注塑机产业情况分析，现对宁波市注塑机产业专利布局提出以下几点对策建议。

一是宁波注塑机企业应时刻关注国际上龙头企业的相关专利信息以及核心专利技术，学习和借鉴他们的技术和经验来不断提升自身的技术实力，同时可以避免走弯路和一些不必要的专利纠纷，让自身的发展道路更快、更稳健。对于海天塑机集团有限公司这类属于第一梯队的企业，应采取适度引导方式，使得其在保持目前优势的同时，能够提前对注塑机产品的未来进行专利布局；而对宁波双马机械工业有限公司、宁波华美达机械制造有限公司等这类第二发展梯队的企业，应当加大对其的支持力度，引领更多中小企业进行合理研发，获取更多的自主知识产权。

二是注塑机产业的许多国内外公司储备了大量专利，尤其是国外企业，拥有大量核心专利，注塑机产业面临的知识产权风险是不难预见的。而中国作为全球最重要的市场之一，其中潜在的专利风险很大，大量外源性风险导致从事该领域的企业发展受困。因此，对于目前该领域中已经有所累积的优势企业，需要有效利用知识产权，通过交叉许可等方式减小存在的风险。

三是宁波市注塑机企业的发展理念需要从仿制转为自主创新。随着塑胶制品多样化市场需求越来越大，注塑机设备的升级换代也越来越快，绿色创新的个性化、差异化、功能化、专用化的注塑机将成为主流，宁波市注塑机企业应积极重视电动—液压相结合的复合式注塑机研发。在注塑机功能化方面，企业应重视高端市场，例如精密医疗、光学透镜等应用领域。在汽车零配件产品方面，可以重视 PC 汽车玻璃注塑成型加工领域。在包装注塑机方面，应重视高速薄壁注塑机、PET 再生成型注塑机、多结构多形式瓶坯工艺开发。在日常生活塑料制品方面，可关注多色多物料注塑机的研究。注射－膨胀注塑机是目前最高端的注塑技术，宁波市尚无企业涉足该领域，是个技术空白点，相关企业可以关注。

　　四是宁波市各县市区应该充分利用辖区内的科教资源实现产学研有效结合，如宁海县注塑机企业可以充分利用浙江工商职业技术学院在宁海设立的产学研基地，加快推进注塑机模具的研发。余姚市注塑机产业可以依托中国科学院协同创新体（宁波·余姚），以智能制造领域为突破点，深化"政产学研用"合作，建立起对应配套的技术、产品、设备的研发支撑体系，填补技术空心化，推动当地企业转型升级、协同创新。

宁波市压铸模行业知识产权区域布局研究

压铸模对于衡量国家和地区制造业水平和科技水平，重塑制造业竞争优势，加快工业转型升级具有重要的意义，是推进产业转型升级，实现创新驱动发展的重要抓手。目前，国内外文献大都是从技术角度、应用现状及发展前景等方面对压铸模相关技术进行研究。专利一向是新兴技术应用的风向标，企业在新产品投放市场之前，往往都会先申请专利以寻求垄断保护，考察当前其他企业申请专利的情况，就能够得出未来数年内，哪些应用将是市场的热点，哪些技术才是企业应当关注的重点。

一、研究方法

本报告以压铸模行业专利专题数据库为基础，从专利优先权国和申请国、申请趋势、技术领域、专利申请人、文本聚类、专利图景、专利地图、专利质量、行业专利风险、全球领导厂商等角度，对全球、国内及宁波市压铸模行业产业链进行专利信息分析，揭示宁波市压铸模行业技术的热点及发展态势，为宁波市压铸模产业发展及知识产权战略布局提供参考依据，以更好地支撑宁波市压铸模行业的长期发展。

二、专利数据概况

本报告从国家知识产权局全领域专利数据库和 Derwent Innovation、Innography 等国内外专利数据库中进行中外专利数据的检索，获取压铸模相关专利摘要信息，并按分类进行整理归类，截至 2017 年 7 月 20 日，形成详细的全球压铸模领域专利共计 42 572 件，中国专利 8197 件，宁波市专利 918 件。

三、专利分析

（一）全球专利情况

全球专利数据来自 Derwent Innovation 和 Innography 专利检索及分析系统，截至 2017 年 7 月 20 日共获得专利 42 572 件，其中有效专利占比 30.2%，失效专利占比 53.5%（图 1）。

日本申请人在压铸模领域拥有显著的专利数量优势，拥有优先权专利 18565 件，占比达到 43.6%，专利数量超过了后面的中国、德国和美国三国数量总和（图 2）。前四位的

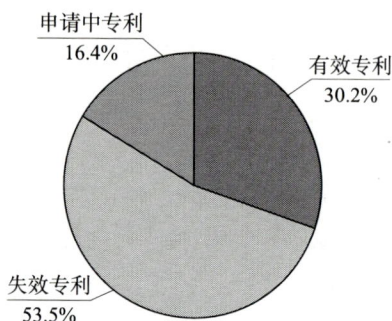

图 1　全球压铸模专利法律状态分布

申请量合计占专利申请总量的 79.8%。日本申请人拥有的 18565 件专利中布局在国内的占了 81.6%，其余布局在美国、中国和欧洲等国家和地区，这反映了日本申请人对海外市场保护的重视。

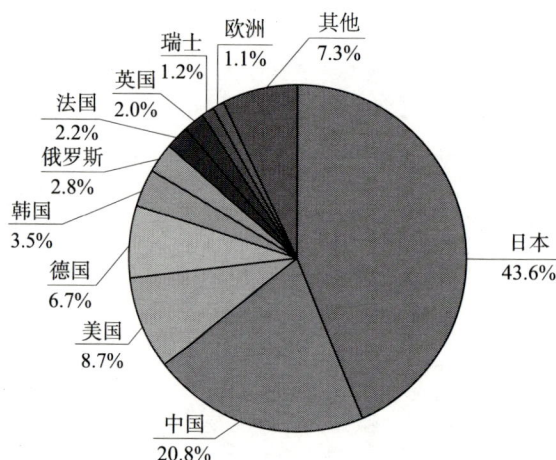

图 2　全球压铸模专利优先权国分布

全球压铸模专利的增长分成三个阶段，1970—1987 年申请量从 190 件增

长到 1062 件，1988—2009 年申请量维持稳定，2010 年开始专利申请量呈现高速增长态势（图3）。B22D-0017/22 相关专利占 IPC 号前 10 位总数的 38.22%，B22D-0017/20 拥有全部专利数的 10.73%，B22D-0017/00 拥有全部专利数的 10.29%，B22C-0009/06 拥有全部专利数的 9.63%，B22D-0018/04 拥有全部专利数的 8.63%。

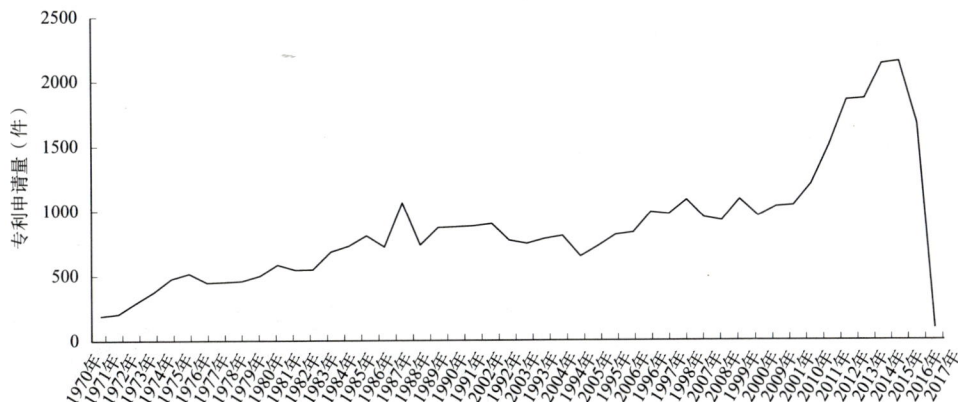

图3　全球压铸模专利申请趋势

压铸模行业中日本公司占据绝对优势地位，前十位申请人中有8家日本公司，其中前三位的 TOYOTA、HONDA 和 UBE 总量合计超过前十位的一半。文本聚类显示行业专利主要关键词有压铸机器（CASTING MACHINE）、熔融金属（MOLTEN METAL）、低压铸造（LOWER PRESSURE CASTING）、滑块（SLIDING BLOCK）等。专利地图的左上角是红点集中的区域，大部分为中国专利，主要涉及固夹、滑块、推杆、模芯等压铸模结构的改进。我国压铸模产业虽然专利数量仅次于日本，排在第 2 位，但专利的整体质量偏低，专利强度基本都在 10 以内，在高强度专利上远远落后于日本和美国（图4）。诉讼专利筛选获得 6 件涉案专利，案件总数 8 件。在高强度专利方面，日本的本田技研（Honda Motor Co., Ltd.）、东芝公司（Toshiba Corporation）、丰田汽车公司（Toyota Motor Corporation）三家公司的专利产出质量最高。

（二）国内专利情况

国内专利数据来自知识产权出版社的专利检索系统，共获专利 8197 件，发明专利3586件、实用新型3861件、外观专利750件（图5）。有效专利占比67.3%，失效专利占比29.6%（图6）。

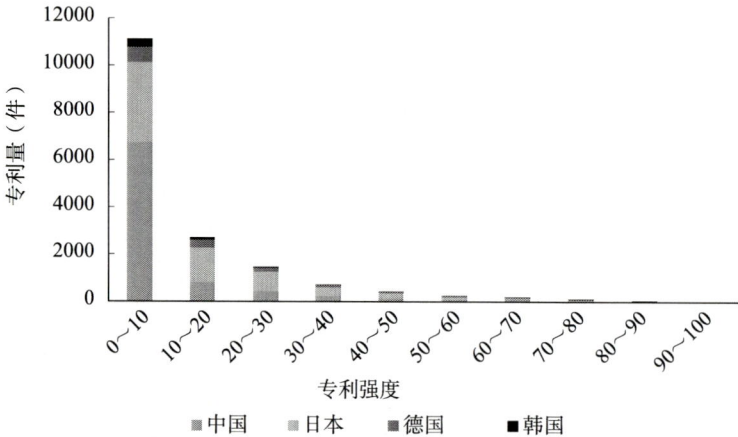

图4　重点国家专利强度分布图

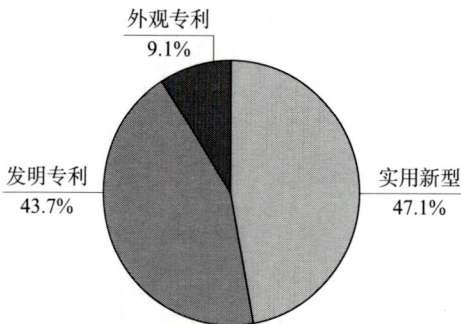

图5　国内压铸模专利类型

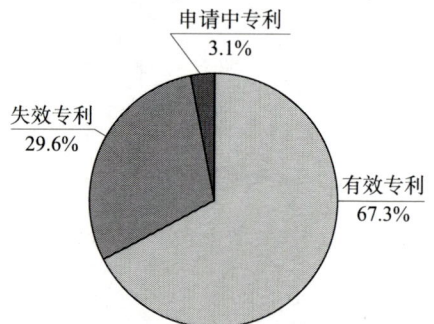

图6　国内压铸模专利法律状态分布

　　我国的压铸模起步较晚，在2005年以前发展较慢，年申请量不足100件，进入2007年之后压铸模技术专利申请量迅速增加（图7）。中国压铸模申请人主要集中在江苏省、浙江省、广东省、重庆市、上海市等地区，这与压铸模产业的发展趋势相吻合。压铸模申请量排名前10位的申请人涉及8家企业、1所大学和1名个人申请人，其中3家宁波公司、2家重庆公司。压铸模相关的技术分支主要是B22D17/22（压铸模）、08-05（其他工具和器具）、B22D18/04

（压力铸造或真空铸造）、B22D17/20（压铸相关零件）等。根据中国地区专利在全球压铸模专利地图分布，相关专利主要涉及滑块、推杆、模芯等压铸模结构的研究。

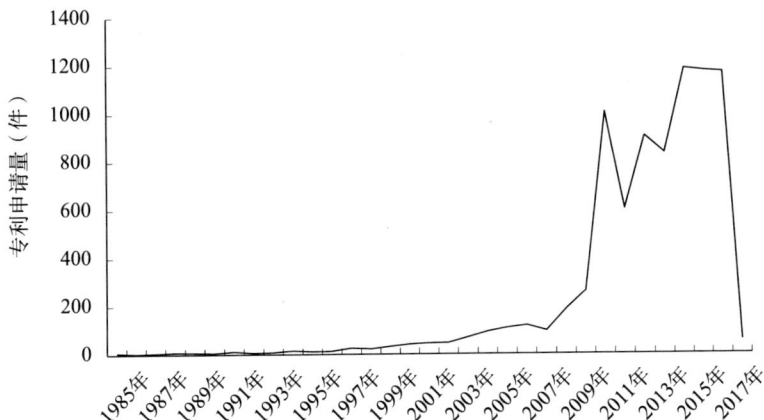

图 7 国内压铸模专利申请趋势

（三）宁波市专利情况

宁波市涉及的压铸模专利共计 918 件。其中实用新型专利数量最多，共663 件，占比 72.2%，而发明专利 253 件，占比 27.6%。宁波市的压铸模专利首次申请是在 1992 年，自 2004 年开始专利数量迅速增长，呈现整体上升趋势。根据 IPC 分类，宁波压铸模 IPC 排名前几位的分别是 B22D17/22（压铸模）、B22D18/04（低压铸造）、B22D17/20（压力铸造相关零件）、B22D17/26（压力铸造的相关锁定装置）、B22D17/24（压力铸造中定位和固定型芯和镶嵌件的附件）等（图 8）。宁波压铸模专利总体还是以企业申请为主，申请量按申请人类型可分为个人、工矿企业、大专院校和科研单位（图 9）。在宁波市主要申请人中，浙江华朔科技股份有限公司、宁波臻至机械模具有限公司、宁波君灵模具技术有限公司、宁波环亚机械制造有限公司四家公司的专利申请中的发明专利数量位居前列（图 10）。宁波地区相关专利主要涉及模芯、滑块、定模座板等压铸模结构的研究。

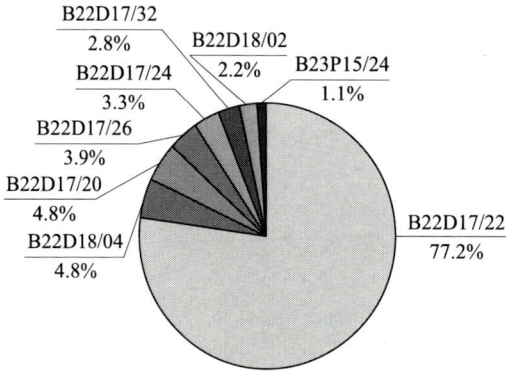

图 8 宁波市压铸模专利 IPC 构成

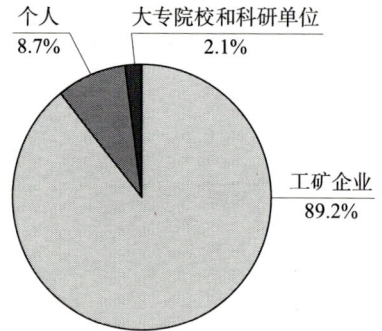

图 9 宁波市压铸模专利申请人类型

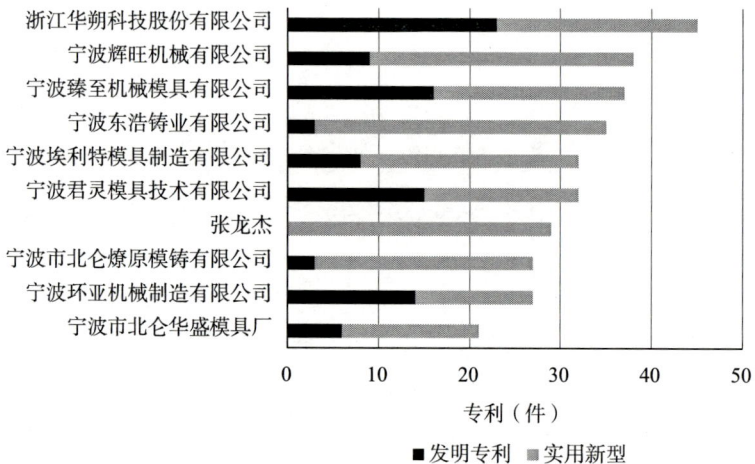

图 10 宁波压铸模专利申请量前十位排名

四、主要结论

专利信息分析结果显示，自 1970 年以来，全球压铸模产业的专利申请量有较为明显的增长趋势，近十年来更进入高速发展时期，基本上呈现逐年上升的趋势。日本、中国、德国和美国的专利申请总和占全球专利总量近八成。其中日本排在首位。前五位申请人包括 TOYOTA、HONDA、UBE、TOSHIBA 和 TOSHIBA，它们均为日本企业，说明日本在压铸模产业是研发和创新能力最强的国家。技术领域分析的结果表明，全球压铸模行业近年来在朝着提高设备控制精确度和检测设备性能、加强压铸设备网络化、改进人机交互效果等方向发展。

虽然中国在压铸模产业的专利申请从 20 世纪 90 年代才开始出现，但是近年来中国专利申请量明显上升。从研究的重点看，国内专利申请集中在滑块、推杆、模芯等压铸模结构领域；从专利的类型来看，实用新型专利最多，所占比例达到 47.1%。同时国内申请人研发实力普遍不强，综合实力最强的中信戴卡股份有限公司的全球排名仅在 19 位，其他申请人发明专利和外观专利的申请量都不超过 60 件。

宁波市的压铸模产业是从 2004 年开始重视专利申请的，专利申请的趋势基本和国内整体一致，主要侧重于模芯、滑块、定模座板等压铸模结构的研究。从国内城市的发明专利和实用新型数量的排名来看，宁波在国内排在首位，但是专利以实用新型为主，发明专利比重远低于全国平均水平，并且几乎没有在国外市场申请专利，需要加强海外的专利布局。从申请人排名情况看，宁波辉旺机械有限公司在宁波市企业中专利数量最多，但是从全国来看仅排在第七位。

综上所述，专利的技术点分析结果表明，宁波市压铸模产业的研究开发重点和国内的整体情况基本一致，而与海外相比，宁波市压铸模产业侧重于研究压铸模结构的改进，在压铸模产业的信息化和智能化方面有待加强。

五、产业专利布局建议

从总体上看，精细化、自动化、信息化、一体化、网络化及智能化是压铸模产业未来的发展方向，政府和企业要加大在这些方面的资金投入和技术攻关。结合上述专利技术领域、专利地图的分析结果和已有文献资料情况，提出以下产业布局对策建议。

要加快大型、复杂、精密压铸模及压铸工艺技术的开发制造，推广模具快速、精密加工技术，改进模具材料，开发新的钢种，研究模温自动控制技术与装置，延长模具寿命的分析研究及措施，改进模具的表面处理技术等。

其中在压铸模材料方面，国产模具钢虽然在低端模具钢市场凭借价格优势站稳脚跟，但在高端模具钢市场依然依赖国外优质进口模具钢，这就很大程度上限制了国产压铸模具钢的发展。大截面、长寿命成为当前压铸模具钢的发展趋势，因此加 Ni 钢 SDYZ 将是一个重要的突破口。正如新钢种 THERMODURE 40 K SUPERCLEAN，高热稳定性、高韧性也是压铸模具钢的要求之一。Co 是抑制二次碳化物粗化的元素，在 4Cr5Mo2V 类中添加合金元素 Co 可以提高材料的热稳定性，配合 4Cr5Mo2V 类的高韧性，得到高热稳定性、高韧性的压铸模具钢材料，也是具有研究价值的一个方向。

在生产工艺优化方面，压铸模具钢重点研究材料的纯净度、晶粒度、组织形貌和淬回火态冲击韧性等方面性能的提升。高韧性、高等向性是压铸模具钢未来发展的一大关键，不仅与之前的冶炼、锻造工艺和预备热处理息息相关，还要根据模块制定合理的淬回火工艺，以及模具成型之后的表面渗氮、表面涂层等表面处理技术。

在脱模剂方面，要提高脱模性能和乳化效果，改进油水分离情况，降低对容器的污染。

知识产权管理

知识产权保护中心专利快速审查机制
建设的思考与建议

在创新驱动发展战略深入实施的时代背景下，知识产权作为激励和保障创新的基本制度，其作用正日益凸显。2017年，宁波市获批设立中国（宁波）知识产权保护中心，面向汽车及零部件产业开展快速审查与确权、快速维权与保护协作、专利导航等知识产权快速协同保护工作。快速审查与确权作为一种新的专利审查快速通道，将在激发企业创新积极性、提升区域产业竞争力中发挥重要作用。本文通过对国内外快速审查机制的分析研究，探讨了保护中心快速审查机制建设面临的挑战，并对宁波市知识产权保护中心的快速审查机制建设提出了建议。

一、国内外专利加快审查机制发展概况

（一）国外专利加快审查机制概况

国外专利一般的审查流程和审查周期基本与我国类似，一件发明专利从申请到授权，一般需要 20～30 个月的时间。但过长的审查周期会导致专利权人丧失对技术的先占性，失去抢占市场的先机，进而影响权利人申请专利的积极性。因此，为帮助申请人尽快获得专利权，许多国家的专利审查机构都建立了专利加快审查机制。

欧洲专利局自1996年开始实施专利加快审查的 PACE 项目。通过该机制，申请人可以在合适的阶段（如对于审查而言，先前发现的问题必须已得到解决）请求加快专利检索程序或专利审查程序。对于 PACE 检索申请，欧洲专利局将会自收到申请之日6个月内发布欧洲检索报告；对于 PACE 审查申请，欧洲专利局将在收到申请3个月内发送首次审查意见书，在收到申请人答复后3个月

内，发出下一份审查意见通知书。为了对所有申请者公平，欧洲专利局要求对多个或所有待审申请提出 PACE 请求的申请者做出选择并合理限制请求数量，只提交最紧迫的申请。

美国《专利审查程序手册》（1998 年修订版）中已有关于加快审查程序的规定，对于满足条件的专利申请可优先或加快审查。美国专利商标局于 2006 年 8 月对具体程序和要求进行了修改，开始实施新加速审查程序。新程序对审查时间做出了明确规定，通过新加速审查程序申请的专利，可以在 12 个月内完成审查并做出是否授权的最终决定，审查周期可缩短 25% ~ 75%。

日本是较早开始建立专利加快审查机制的国家。日本在 1986 年初就设立了加快审查和审理制度，之后随着日本经济以及国情的发展，专利加快审查的制度也经历了数次变更。2005 年，日本设立"加快审查推进本部"来提高专利审查效率，具体策略包括扩招审查员、升级计算机系统、设置审查质量监管室、扩大检索外包量等。2008 年，日本开始设立比加快程度更高的"超级加快审查"，其主要针对已提交申请但未收到审查意见通知书等反馈，并且是正在实施或有 2 年内实施计划的涉外专利申请。

韩国也有专门的加快审查程序，其在韩国《专利法》第 61 条做出了规定。加快程序也列出了一些优先审查领域，如国防工业、绿色技术、电子交易等。此外，韩国还规定了快速审查制度，该制度覆盖了所有技术领域的发明，但申请人必须附上韩国知识产权局指定机构做出的现有技术检索报告。

从各国专利加快审查程序可以看出，各国均建立了各自的加快审查制度，并对专利加快审查的申请范围、申请条件等做出了详细的规定。这些加快条件的限制实际上也是为了促进有限的快速审查资源合理分配到更具竞争力的优势产业和先进技术，如日本的"超级加快审查"针对正在实施或有实施计划的涉外专利申请，韩国则规定了相关技术领域范围。这一方面可以使相关技术领域的专利申请进程加快，另一方面也可以使具有较高价值的专利获得快速保护。

（二）我国专利加快审查制度的发展历程

我国专利加快审查制度起步相对较晚，国家知识产权局于 2012 年 6 月 19 日出台了《发明专利申请优先审查管理办法》，并于 2012 年 8 月 1 日起正式实施。

《发明专利申请优先审查管理办法》对一些具有重要经济和社会影响的战略新兴产业和绿色环保技术领域的发明专利申请建立了一条专利审查快速通道。《发明专利申请优先审查管理办法》规定，国家知识产权局根据申请人的请求对符合条件的发明专利申请予以优先审查，自优先审查请求获得同意之日起一年内结案，审查周期较一般通道缩短了近一半。

同时，国家知识产权局也开始试点与地区优势产业相结合的快速审查制度。2012年底，国家知识产权局下发了《关于开展知识产权快速维权试点工作的通知》，开始在产业集聚区建立知识产权快速维权中心，并设立外观设计专利快速审查通道，将外观设计的审查周期缩短至10个工作日。

随着创新驱动发展战略的深入实施和知识产权战略的持续推进，新形势对专利快速审查也提出了新的要求。2016年11月，国家知识产权局印发《关于开展知识产权快速协同保护工作的通知》，开始设立重点产业知识产权保护中心，同时开展快速审查工作。保护中心把快速审查的专利类型扩展到了发明、实用新型和外观设计三类，并使发明专利授权周期由原来的平均22个月缩短为3～6个月，实用新型授权周期将由原来的7～8个月缩短到1个月，外观专利授权周期将缩短到7～10个工作日，复审请求和无效宣告请求的审批时间也大幅缩短。

2017年6月，国家知识产权局在原办法基础上进行了进一步完善，发布了《专利优先审查管理办法》。《专利优先审查管理办法》将优先审查的专利申请对象扩展到了发明、实用新型和外观设计三类，并调整增加了智能制造、大数据、云计算等新兴领域，以及"涉及各省级和设区的市级人民政府重点鼓励的产业"。《专利优先审查管理办法》规定对实用新型和外观设计专利申请的优先审查在2个月内结案。

从我国专利加快审查制度的变迁可以看出，加快审查制度的发展也顺应时代和社会经济的发展，知识产权保护中心的设立，实际上也是在"大众创新，万众创业"的时代背景下，对专利加快审查机制的进一步拓展和创新。

二、宁波知识产权保护中心专利快速审查机制建设面临的挑战

目前，全国已批复设立知识产权保护中心19家，其中，长沙、浦东、常州

等首批知识产权保护中心已挂牌运行。宁波市作为即将进行验收并试运行的知识产权保护中心，在各地保护中心均未形成成熟模式和经验的情况下，也面临一些挑战。

（一）如何推进对区域优势产业发展的支撑和护航

宁波市汽车及零部件产业是近年来快速成长起来的一个产业，在2016年跃居宁波市第一大行业。但同时宁波市汽车及零部件产业多为装饰件、橡胶件、金属件等配件产品，整体上仍存在核心技术缺失、产品附加值低等问题。

与产业高度结合是知识产权保护中心的最大特色，其对提升区域优势产业竞争力，助推产业高端化、品牌化和国际化发展具有重要使命。宁波知识产权保护中心如何开展汽车零部件产业快速预审与确权、快速维权工作，以提升专利质量、优化专利布局为导向，聚焦产业关键技术创新，形成高价值的专利及组合，将是保护中心在建设和运行过程中不断探索和优化的问题。

（二）如何强化企业的高质量、高价值专利导向

据统计，宁波市共有汽车及零部件生产企业4400余家，其中销售额过亿元的有100多家。多数龙头企业成立了企业研发中心或工程技术中心，具备较强的自主开发能力。但大部分中小企业仍以加工为主，对专利、商标等知识产权的运用能力有待提高。

知识产权保护中心快速审查与确权作为"快速协同保护"的一环，是面向区域优势产业设立的专利审查快速通道，势必要求其专利具有较高的质量。知识产权保护中心的快速审查通道也应利用资源优势，快速保护企业的高价值专利，促进产业高质量发展。一方面，知识产权保护中心要甄选出高价值、高质量的专利进入快速审查通道，以对专利权利人的技术形成快速保护；另一方面，知识产权保护中心也要利用这种资源优势来引导和激励企业注重对技术研发的重视和对高价值专利的培育，以高价值专利带动高质量产业。

（三）如何确保快速审查通道的保密安全性

知识产权保护中心的专利快速审查通道可以使专利审查周期大幅度缩短，加快对专利技术的保护。但需要注意的是知识产权保护中心对专利的审查为预先审查，是国家知识产权局受理专利申请前的前置性审查，因此在申请人正式

将申请提交国家知识产权局前，该专利并未获得专利申请号，也就是该专利仍处于未得到法律保护的状态。

在实行"先申请原则"的专利制度下，申请日不仅是判断专利新颖性的日期标准，同时也决定了专利的优先权，只有保证知识产权保护中心快速审查的高效性和安全性，才能让专利申请快速完成预审，及时向国家知识产权局正式提交申请，从而让专利权人的合法权益得到有效保护。

三、宁波知识产权保护中心快速审查机制建设的对策建议

知识产权保护中心的建立将显著提高区域知识产权保护效果，激发创新动力，推动优势产业集聚发展，促进区域经济发展提质增效。宁波知识产权保护中心的成功批复，对当前宁波市深入实施"六争攻坚，三年攀高"决策部署具有重要意义，宁波市应抓住机遇，充分发挥知识产权保护中心的优势，为创新创业主体提供一个有力的支撑载体和保护平台。

（一）加强与产业有效互动，形成技术创新的有力支撑

紧密围绕区域产业布局，充分发挥知识产权保护中心各项职能，以快速审查与确权为加速通道，以快速维权、协同保护为保护手段，以专利导航为研发导向，以专利运营为转化途径，推进形成高价值专利组合的专利，提升产业核心竞争力。深入产业开展调查研究，洞悉产业核心技术领域以及技术研发趋势，及时向国家知识产权局申请调整快速审查受理的IPC分类号，有效保护高速更新迭代的新技术。加大知识产权保护中心快速审查业务的宣传力度，开展快速审查业务培训，积极引导汽车零部件企业运用快速审查通道。在知识产权保护中心发展成熟后，积极争取将业务受理范围向新材料、智能制造等优势产业领域拓展，进一步发挥知识产权保护中心在保障区域产业技术创新方面的作用。

（二）完善备案企业管理机制，强化高价值、高质量专利导向

首先，知识产权保护中心要建立完备的申请主体备案制度，在进行登记备案时对企业进行科学评价，如对其有效专利拥有量、近年来申请量以及专利申请记录是否良好等因素进行考察，确认其具备进入快速审查通道的资质。其次，不断完善企业备案进入与退出机制，对符合条件的企业不断补充，对多次出现

低质量专利申请的企业进行清退，并限制其在一定期限内再次申请进入。最后，知识产权保护中心通过不断提高快速审查质量，确保高水平的实质审查通过率，可以向国家知识产权局申请提高快速审查的限额，让更多企业的高质量专利通过快速审查通道获得快速授权。

（三）建立科学规范审查程序，确保快速审查通道的高效和安全

建立高效、严谨、规范的审查程序是确保快速审查通道高效性的重要保证。通过建立标准的审查流程，对专利申请的技术领域分类、文件材料完整性以及申请的形式缺陷、明显实质性缺陷等事项逐一核查，确保后续审查通道的顺畅。对于明显存在新颖性、单一性等问题的，以及存在低质量、非正常专利可能的，应对其快速审查请求不予准许，并建议其通过普通途径向国家知识产权局提出申请，确保经过知识产权保护中心预审的专利在实质审查阶段的审查通过率。

此外，知识产权保护中心要建立严格的保密制度，通过制定保密规章制度，开展上岗前和定期保密培训教育，完善相关涉密的流程、系统和信息载体等的各项保密措施，对正式提交国家知识产权局前的专利申请进行严格保密。

（四）加强审查人员业务能力培养，提升专利快速预审水平

高度重视预审人员的能力培养和提升，确保专利审查的效率和质量。积极组织预审人员参加国家知识产权局、专利审查协作中心面向审查员开展的能力提高培训，提高审查人员的专利审查实务能力。不断提高预审人员的专业技术修养，邀请行业协会、龙头企业、科研院所等企事业单位开展专业技术讲座，帮助审查人员更新专业技术知识。组织对外交流学习，加强与各专利审查协作中心的交流学习，特别是与知识产权保护中心对口专利审查协作中心审查人员的交流，统一预审员和实审员之间的技术站位和审查标准。定期与其他保护中心开展交流活动，学习借鉴有效先进经验。

关于提升中国（宁波）知识产权保护中心
能力建设的建议

当前，全球科技创新进入空前密集活跃的时期，新一轮科技革命和产业变革正在重构全球创新版图、重塑全球经济结构。2018 年 4 月美国制裁中兴，暴露了我国在原创性和前沿核心技术领域的软肋。中美贸易战表面上是贸易之争，实质是以知识产权为核心的科技实力之争。特朗普政府提出对中国加征关税领域不是中低端制造行业，而是战略性新兴的高技术行业，包括航空、新能源汽车、新材料等，对应的正是"中国制造 2025"中计划主要发展的高科技产业。

推动高质量发展，是新时代以习近平同志为核心的党中央做出的重大战略决策。宁波是国家首批沿海开放城市之一，是"一带一路"重要节点城市，全国首个"中国制造 2025"试点示范城市，经济发展有着良好的基础和条件，但产业发展仍面临着宏观环境复杂、竞争加剧、资源环境约束趋紧等挑战，许多主导产业包括新材料、汽车制造、智能装备、信息软件等都面临激烈的国际竞争，如果不能在科技创新和自主知识产权方面确立并行、领跑地位，极有可能被淘汰。

中国（宁波）知识产权保护中心（以下简称"保护中心"）以汽车及零部件产业为突破口，为创新主体开通快速审查、快速确权、快速维权的"快车道"。如何提升保护中心服务能力，充分发挥知识产权在新一轮科技革命中的作用，筑牢实体经济发展根基，助力宁波市走在高质量发展的前列，是当前值得研究的重要议题。

一、宁波知识产权发展现状

近年来，在宁波市委、市政府的高度重视和坚强领导下，大幅增加高质量科技供给，加快实现产业链再造和价值链提升，初步探索出以知识产权为核心资源引领制造业创新发展、民营经济转型发展的新机制，相继获批国家自主创新示范区、国家创新型试点城市、国家知识产权示范城市、国家首批知识产权区域布局试点地区、国家知识产权运营服务体系建设重点城市等一批国家试点示范建设。为实施创新驱动发展，宁波市上下齐心，多方联动，扎实推进各项知识产权建设工作。

近5年，宁波市主要知识产权指标快速增长，实现了五个翻番，区域创新实力从副省级城市末位向中上游跃升。2013—2017年，宁波市在知识产权创造上实现了"质"与"量"的双重跃升，发明专利申请量、授权量占比分别从11.8%、3.8%提升至29.8%、14.5%，每万人发明专利拥有量从10.4件提高至25.9件，31件专利荣获中国专利优秀奖，知识产权质押融资额从2013年的几千万元提高至2017年近12亿元。

通过加强知识产权服务、增强知识产权运用效益，宁波市涌现出江丰电子、美康生物等一批知识产权密集度高、国际竞争力强、能引领产业发展的知识产权密集型企业。截至2017年底，宁波市累计培育58家国家级知识产权示范、优势企业，128家省级专利示范企业，191家市级专利示范企业。同时，在模具、家电、汽车及零部件等优势领域形成了一批拥有自主知识产权名牌产品，以高价值专利为支撑的知识产权密集型产业，如新材料、新能源汽车、新一代信息技术等产业产值年均增幅超过15%。

在知识产权保护方面，宁波市成立了省内首家国字号知识产权维权援助中心，宁波市知识产权局处理专利纠纷案件呈几何级增长，从2013年的71件提高到2017年的1547件。为加速纠纷调解，宁波市知识产权局联合宁波市中级人民法院、宁波市市场监管局、宁波海关等11家市级部门，设立了宁波知识产权综合运用与保护第三方平台，多部门协同推进知识产权保护机制初步建立。目前，经第三方平台调解的知识产权纠纷，70%以上可在一个月内结案。知识产权发挥技术供给和制度供给的双重魅力，正支撑引领宁波市高质量发展。

二、主要短板和问题

（一）专利审查周期较长，一定程度上影响企业创新积极性

根据我国现行审查制度，发明专利审查周期一般是 22 个月，实用新型专利为 7 ~ 14 个月，外观设计专利为 6 个月，难以满足宁波市企业快速增长的申请需求，尤其是一些行业技术发展迅速、更新换代快，产品生命周期短，在一定程度上影响了相关企业产品的上市与销售，打击了自主创新的积极性。2018 年 6 月，李克强总理召开国务院会议，提出了五年内发明专利审查周期压减 1/3，其中高价值专利审查周期压减一半等目标。

（二）企业知识产权竞争力相对偏弱，对产业创新发展的引领作用还不够显著

宁波市企业自主创新能力还不强，缺乏领军型知识产权强企。数据显示，2017 年，宁波市发明专利授权量和申请量在全国副省级城市排名中均为第 9 位，与深圳、南京、杭州等城市差距明显。高价值专利虽在一些重点产业、战略性产业上发挥引领带动作用，但依然偏少，且未进行全球化布局，在国际贸易竞争中知识产权短板明显。多数企业没有形成完善的专利组合，对企业保持竞争优势、巩固市场地位没有起到真正的保护效果。

（三）企业维权时间长、成本高，涉外知识产权纠纷压力较大

专利侵权易发多发，维权仍面临举证难、成本高、赔偿低等问题。在行政执法层面，目前法律赋予专利行政执法的措施偏弱，对打造严格保护的知识产权环境作用有限。随着国际竞争、区域竞争的加剧，宁波市作为外贸出口大市，涉外知识产权纠纷呈加快上升趋势，个别案件影响力较大，影响国内部分产业发展，如宁波企业与日立金属钕铁硼专利纠纷案，自 2013 年起至今仍在处理之中，经历了美国"337"调查、美国专利无效宣告再审查、中国专利权垄断诉讼等多个环节，影响到国内 200 多家企业钕铁硼出口，严重制约了稀土永磁产业的发展。

三、提高知识产权保护中心服务能力的对策建议

保护中心的设立是宁波市积极融入国家战略，承接国家职能委托，获得国

家政策制度资源优势倾斜的重要机遇。要高起点谋划、高标准打造，充分发挥保护中心"高效、便捷、低成本"的优势，全力支撑宁波市形成现代化产业集群、提升区域发展竞争力，助力宁波市走在高质量发展前列。

（一）充分利用保护中心"快速通道"优势，大幅度缩短专利授权确权时间，"高效率"助力企业抢占市场制高点

通过保护中心的"快速通道"，将发明专利审查时间由原来的 22 个月左右缩短到 3 ～ 6 个月，实用新型专利审查时间由原来的 7 ～ 14 个月缩短为 1 个月，外观设计专利审查时间缩短为 5 ～ 7 个工作日，助力企业快速形成核心竞争力，抢占市场制高点，吸引高端人才、项目、优势企业落户宁波市。

以汽车及零部件产业发展为突破口，充分利用保护中心与国家层面建立的通道、机制和资源，争取逐步将领域扩展到新材料、智能装备等其他产业，着力打造全产业、全类别、全链条的国家级知识产权功能性平台。

（二）充分利用保护中心审查资源优势，严格把控专利质量，"高质量"提升产业 / 企业创新实力

结合保护中心实际工作需要，根据国家知识产权局相关工作要求，建立预审服务质量管理机制，设立质检工作组，明确预审服务质量标准和操作流程，以预审员互检、质检组抽检等方式加强预审服务质量管理，建立质量奖惩机制，将质量管理制度化、规范化、常态化，杜绝非正常、超出接收区域或领域范围、预审后仍存在明显缺陷的专利申请。

加强国内外专利布局引导，与宁波市"科技创新 2025"重大专项相结合，形成若干规模较大、布局合理、对产业发展和国际竞争力具有支撑保障作用的高价值专利；与重大产业、重大建设项目联动，制定产业知识产权导向目录，推动布局支撑主导产业发展，加强知识产权资源、创新资源、产业资源的空间匹配，加快推动产业向中高端迈进；与产业招商、人才引进等相结合，提高产业整体创新实力。

（三）充分挖掘保护中心多维业务优势，积极推动智能预审系统建设，"高标准"加强数据安全措施

以提升审查质量效率为出发点，建立完全自主可控和安全可靠的智能预审

系统，在横向上覆盖发明、实用新型和外观设计多种专利类型，在纵向上贯穿申请、受理、复审、无效等预审流程业务环节，内涵上实现智能检索、图形识别、申请质量控制、申请周期精细化等核心功能，全方位、根本性地提高审查质量和效率，让社会公众更有获得感。

严格依据《中华人民共和国保守国家秘密法》《知识产权工作国家秘密范围的规定》等法律法规，制定保护中心保密制度，加强数据安全措施，加强人员保密意识，强化责任担当，确保数据信息安全。

（四）充分发挥保护中心协同保护优势，全力推动快速维权工作，"低成本"加快知识产权纠纷解决

建立健全专利执法委托办案机制，大力简化办案程序，建立快速维权通道，假冒专利案件和外观设计侵权案件一般在 10 日办结，发明及实用新型侵权案件一般在 1 个月内办结，确保办案质量，提升办案效率，维护当事人权益。

进一步发挥宁波市知识产权综合运用与保护第三方平台优势，有序推进与各类社会调解及仲裁机构的合作，构建科学、系统、完整的多元纠纷解决体系。发挥数据资源优势，将相关运行经验、成果及侵权案件信息进行大数据分析，探索新常态下知识产权保护的新模式、新机制。

（五）充分运用保护中心平台服务优势，健全海外知识产权援助机制，"全方位"提升企业应对知识产权国际纠纷能力

针对涉外纠纷多发领域，实质性启动新材料、智能装备、新一代信息技术等重点产业知识产权分析预警机制建设，发布美国、日韩、欧盟等相关国家和地区知识产权制度环境等信息，加强知识产权海外预警服务。

通过公共服务平台发布行业专利预警和分析报告、保护指南，定期对知识产权风险进行警示、主动防范和制定应急预案，与行业协会联手建立重点企业联系制度等措施，提升企业解决涉外纠纷及"337"调查应对能力，帮助企业从被动应对纠纷转变为主动防御海外知识产权风险。

中美贸易战中的知识产权保护问题及
宁波市的应对策略

一、中美贸易战引发的思考

2018 年 3 月份以来，中美贸易战持续升级，成为世界瞩目的焦点。中美贸易战实质上是高科技产业之争，是以知识产权为核心的科技实力之争。4 月中旬，美国政府宣布未来 7 年将禁止美国公司与中兴通讯开展任何业务往来，旨在遏制中国关键科技创新领域发展潜力，在长期对立中消耗中国国力。"中兴事件"暴露出我国在关键核心技术和设备上受制于人的问题，也折射出在新一轮科技革命和产业变革背景下，知识产权正日益取代资源、资本等要素，成为国家重要的战略资源。而美国正是全球知识产权贸易的最大受益国。从 2016 年全球知识产权贸易数据看，美国的知识产权出口额占到全球总额的 45%，同期中国占比不足千分之五；从国际产业分工格局看，美国更是凭借超前的知识布局和强大的创新能力，牢牢把握知识技术密集型产业的价值链高端环节，拥有绝对话语权，赚取了高额收益。

贸易战从来就没有赢家，对贸易大市宁波而言，美国是宁波市当前最大的贸易伙伴，中美贸易战开打，对宁波市的影响不可谓不大。针对特朗普政府对"中国制造 2025"中计划发展的高科技产业加征关税，作为"中国制造 2025"首个试点示范城市，宁波市最好的应对方式就是更加坚定不移地推动"中国制造 2025"，以知识产权立市、以创新立市，推进高技术产业发展，全面提升关键核心技术领域的创新能力。

二、宁波市的知识产权发展现状

重视知识产权就是重视转型创新，保护知识产权就是保护自主创新，用好知识产权就是激励创新。宁波市早在 2001 年就提出实施专利战略，经过十余年的探索和实践，知识产权工作得到了全面提升。尤其是"十二五"以来，宁波市知识产权创造、运用、管理、保护、服务等综合能力显著增强，相继获批国家知识产权示范城市、国家首批知识产权区域布局试点（地区）、国家知识产权纠纷调解试点城市、国家知识产权运营服务体系建设重点城市、中国（宁波）知识产权保护中心等一批国家级示范建设，知识产权推动产业转型升级和跨越发展的支撑作用日益突出。

目前，宁波市在发挥港口优势，推动"一带一路"进口贸易快速发展的同时，积极构建以知识产权为核心的资源配置模式，营造知识产权严保护、优服务的良好氛围，大力推动传统制造产业向高新"智造"转型与升级。实施发明专利增量提质工程，提升企业主体创新能力；强化关键核心技术突破，带动知识产权密集型产业发展；面向全球整合创新资源，着力培育高价值专利及组合；以深层次知识产权服务推进宁波市科技成果转移转化；以知识产权严保护支撑宁波市创新创业生态打造，取得了丰硕的成果。2017 年，宁波市全年专利申请量超过 6 万件、发明专利授权量达 5382 件；每万人发明专利拥有量超过 25 件，远远超过全国、全省平均水平。知识产权（专利）质押融资超过 12 亿元。宁波市各类专利案件立案 1547 起，结案 1544 起，结案率 99.8%；宁波知识产权综合运用与保护第三方平台成功调解纠纷 1070 起，调解成功率达 69.3%。在新能源汽车、智能制造、石墨烯、高性能诊疗设备、高端金属材料等高科技产业领域，通过突破一批关键核心技术，掌握了一批自主知识产权，推动了一批产业知识产权创造能力迅速提升。

三、在国际贸易争端下宁波市知识产权保护面临的问题

（一）企业知识产权核心竞争力不足

在宁波市创新活跃度不断提高的同时，也存在创新链融合度低、高端要素

集聚度低、集群效应不显著等问题。企业自主创新能力还不强，缺少拥有自主知识产权的核心技术，研发路线仍以跟踪模仿为主，在一些产品出口过程中容易受到专利壁垒的限制。高价值专利数量偏少，全球化布局程度低，在国际贸易竞争中知识产权短板明显。

（二）知识产权保护生态不够健全

随着经济全球化水平的加速和企业知识产权意识的不断增强，专利侵权纠纷也呈易发多发趋势，但维权仍面临举证难、成本高、赔偿低等问题。在行政执法层面，目前法律赋予专利行政执法的措施偏弱，对打造严格保护的知识产权环境作用有限。在执法人员配备上，面对日益增长的知识产权纠纷案件数量，目前宁波市知识产权执法人员偏少，跟不上日益增长的纠纷解决需求。

（三）海外知识产权维权服务体系还不完善

随着国际竞争、区域竞争的加剧，通过知识产权侵权诉讼设置贸易壁垒、打压竞争对手、索取不正当利益的恶意维权增多，企业遭遇专利诉讼风险不断增大。企业在面临海外专利纠纷时，缺乏经验、策略以及财力的支持，应诉积极性不强。宁波针对"一带一路"发展新需求的保护模式仍需完善，海外知识产权维权服务体系的建设有待加强。

（四）知识产权高端人才引入有待加强

随着经济创新转型发展进入攻坚期，城市发展对知识产权人才的需求更加迫切。在海外知识产权纠纷风险不断增大的趋势下，宁波市亟须吸引一批精通国际法律和海外知识产权制度的知识产权高层次人才。目前，宁波市针对知识产权紧缺人才和高层次人才引进培育还未纳入"泛3315"政策支持，有待进一步加大政策引才力度。

四、宁波市面对国际知识产权纠纷的对策建议

（一）构建严格的知识产权保护环境

不断加强知识产权保护力度，统筹进出口双向监管，加强多部门执法协作，开展"清风""龙腾"等知识产权保护专项行动，依法对国内和国外企业的知识产权给予同等保护。结合"一带一路"综合试验区和中国（宁波）跨境电商综

合试验区建设，引入国际仲裁机构，建立国际贸易争端解决有效机制，营造国际化、市场化、法制化营商环境。

（二）完善海外知识产权预警体系

支持行业协会、专业机构跟踪发布重点产业知识产权信息和竞争动态，发布海外知识产权预警。建立海外知识产权信息服务平台，发布相关国家和地区的知识产权制度、海外知识产权服务机构名录、海外维权案例等信息。通过定期举办座谈会、培训班、行业性知识产权沙龙等形式，积极构建同行业交流和探讨知识产权问题的平台，提高企业知识产权预警意识，降低知识产权风险。

（三）建立国际知识产权纠纷应对机制

充分发挥涉外知识产权联盟、行业协会等组织的作用，建立以企业和行业协会为主的海外知识产权纠纷应诉机制，积极组织知识产权专家、律师事务所等社会力量，形成知识产权保护合力，增强企业应诉能力。加强知识产权保护国际规则和制度的宣传、培训和交流，建立相关国际知识产权诉讼、"337"调查等案例库，增强企业海外维权意识，提高海外知识产权诉讼应诉积极性。

（四）鼓励企业加强知识产权布局

深化创新驱动发展战略，不断提高企业研发投入，提高自主创新水平，形成企业的核心竞争力。鼓励企业制定适应自身发展的专利战略，围绕关键技术积极开展外围配套研发并申请专利，形成高价值专利组合。通过行业协会、联盟、专业机构等组织指引企业进行海外知识产权布局，为企业进军海外市场提供专利申请策略、专利无效宣告、专利侵权判定咨询等综合服务。积极鼓励企业通过《专利合作条约》（PCT）申请专利，加快和加强核心知识产权的海外布局。

（五）加强知识产权高端人才引育

制定和优化相关政策，加大力度吸引和培育知识产权高端人才和服务机构。通过设立宁波市知识产权运营基金，选取优势服务机构进行重点培育。增强宁波知识产权学院的高端人才培育能力，积极引进优质师资力量，与上海同济大学国际知识产权学院等高校合作开设相关专业，加快培养知识产权国际化高端专业人才。

宁波市对接上海市打造具有国际先进水平的知识产权保护新高地的对策研究

搞好沪甬合作，历来是宁波市加快区域发展必须回答的重要命题。在新征程上，上海市提出进一步扩大开放，打造新一轮全面开放新高地，为宁波市接轨上海市，接轨知识产权高质量发展指明了方向、提供了遵循。当前，宁波市知识产权"严保护、大保护、快保护、同保护"格局初步形成，当务之急，是深层次推进与上海市的合作对接，全面提高宁波市知识产权发展质量，打造具有国际先进水平的知识产权保护高地。

一、对接上海打造知识产权保护新高地的重大机遇

十八大以来，总书记对长三角一体化发展做出重要指示，明确了"上海进一步发挥龙头带动作用，苏浙皖各扬所长"的推进路线。随着"一带一路"、长三角城市群、大湾区经济等政策的深入实施，宁波市接轨上海市，打造知识产权保护新高地的时机更加成熟，要求更加严格，需求更加迫切。

（一）长三角城市群协同发展、长三角一体化加速推进的战略性机遇

《长江三角洲城市群发展规划》明确将"创造联动发展新模式"作为建设具有全球影响力的世界级城市群的重要内容，以上海市为中心，推进各都市圈同城化发展。宁波市作为长三角世界级城市群的重要节点城市，如何在国家和浙江的战略交集中发挥知识产权优势、主动加强与上海市对接，学习上海市知识产权保护的成功经验，对提升宁波市的城市地位、核心能级和综合竞争力具有重要的战略意义。

（二）上海市进一步扩大开放、打造全面开放新高地的关键性机遇

日前，上海市深入贯彻落实习近平主席在博鳌亚洲论坛上宣布的扩大开放重大举措，发布《上海市贯彻落实国家进一步扩大开放重大举措　加快建立开放型经济新体制行动方案》，提出建设"开放共享、内外联动的高标准知识产权保护高地"的愿景目标，强调要"加强司法保护为主导、行政保护协同的知识产权保护机制、完善高质量的知识产权海外维权服务体系、构筑开放引领的知识产权公共服务平台"，为宁波市在执法联动、运营交易、海外维权和人才培养等领域的深入接轨明确了方向，拓宽了空间。

（三）知识产权保护上升为国家发展战略的历史性机遇

知识产权是国家科技创新能力和水平的集中体现，是国家发展的战略性资源，是提高国际竞争力的核心要素。越来越多的国家将知识产权保护提升为国家发展战略，知识产权保护已成为国际经济秩序的战略制高点，成为各国激烈竞争的焦点之一。宁波市作为长三角先进制造业基地，工业企业等市场主体众多，知识产权保护等方面的需求旺盛。面向新一轮创新发展需求，宁波市知识产权保护工作需要迈上新台阶，拿出更有针对性、实效性的工作举措。

二、对接上海市打造知识产权保护新高地的基础条件

宁波市作为国家知识产权示范城市、国家首批知识产权区域布局试点城市以及国家知识产权运营服务体系建设重点城市，知识产权发展状况及保护水平全国领先。

（一）司法保护主导、行政保护协同的保护格局基本形成

知识产权司法保护综合水平整体提高，形成了一套卓有成效的知识产权司法与行政互补的"双轨制"保护模式。其中，行政保护以其程序简易、证据灵活、费用较低、救济时间短等优势，正作为司法保护有效补充，发挥着越来越重要的作用。2017年宁波市专利行政执法案件立案1547起，占案件总量的比例逐年增加，其中电商领域案件数量不断攀升。

（二）多元化知识产权纠纷解决机制逐步完善

在全国率先探索多部门协同、多元化快速解决纠纷的保护机制，宁波市知

识产权局联合宁波市中级人民法院、宁波市市场监管局、宁波市海关等 11 家市级部门，建成宁波市知识产权综合运用与保护第三方平台。平台累计成功调解知识产权纠纷 1948 起，案件调解成功率达 70% 左右。

（三）专业化的知识产权队伍建设不断加强

知识产权保护队伍力量不断增强，培育了一支 60 人以上的专利执法队伍，建立了常态化的知识产权执法机制。建成了一支专业化、年轻化的知识产权审判队伍，知识产权法庭团队 35 周岁以下的年轻干警占全庭干警的 60% 以上。组建了一支包括行政部门主管、专家、律师等在内 120 余人的知识产权纠纷人民调解员队伍。知识产权法学会、知识产权保护协会、律师协会等民间机构加大力度汇聚知识产权人才，不断扩大宁波市知识产权保护和研究的品牌影响力。

三、对接上海市打造知识产权保护新高地的新要求和新挑战

现阶段宁波市全方位接轨上海市，打造具有国际先进水平的知识产权保护高地，仍然面临着一定挑战。

（一）知识产权地区联动机制有待进一步健全

在行政执法层面，目前地区之间常态有效的联合执法协作机制还未构建，对异地侵权行为未能形成有效震慑，亟待加强执法合力，提高执法效率。在知识产权信息共享方面，长三角地区知识产权资源还未被有效整合，区域间知识产权运营、交易、维权等信息共享还存在有形、无形的"藩篱"。

（二）应对全球经济一体化能力有待进一步提升

全球经济一体化对各国和各地区的知识产权保护提出了新挑战。一方面，随着知识产权数量上升、知识产权融资业务的兴起，知识产权交易的风险、知识产权寻租与套利空间扩大等问题都会出现，市场主体在知识产权管理和保护方面的需求会越来越高。另一方面，欧美等西方国家较为强势的知识产权保护政策和贸易政策倒逼我国在新一轮全球化竞争中大力推进知识产权保护、提高自主创新水平。在涉外维权方面，针对宁波"一带一路"发展新需求的保护模式仍需完善。

（三）知识产权人才引进培育力度有待进一步加大

随着经济创新转型发展进入攻坚期，城市发展对知识产权人才的需求更加

迫切。特别是宁波市知识产权区域布局、知识产权运营服务体系、中国（宁波）知识产权保护中心等国家级试点建设，亟须吸引一批懂技术、懂法律、懂管理的知识产权高层次人才。目前，宁波市针对知识产权紧缺人才和高层次人才引进培育还未纳入"泛3315"政策支持，在执法人员配备上，目前也存在知识产权执法人员偏少，跟不上日益增长的纠纷解决需求的问题。

四、宁波市对接上海市打造知识产权保护新高地的具体举措

实行更加严格的知识产权保护，是实施创新驱动发展战略的有力支撑，更是新技术、新产业、新业态发展的基础。宁波市作为"一带一路"和长江经济带的交汇点，承载着开放引领和创新发展的新使命。在新形势下，宁波市要积极建设大湾区，主动融入长三角，接轨上海市，联动杭州市，充分发挥知识产权保护的效力，力争成为知识产权保护的排头兵和先行者，打造示范长三角、辐射全国的知识产权保护新高地。具体将实施知识产权行政与司法协同保护对接、与知识产权保护公共服务接轨、知识产权国际化保护提升、知识产权人才引育四大工程。

（一）知识产权行政与司法协同保护对接工程

一是加强司法主导，推进宁波市知识产权法庭建设。充分借鉴上海市成功经验，推进宁波市知识产权法庭建设，实现跨区域管辖、"三合一"集中管辖，探索构建知识产权案件技术事实查明体系，聘用专职或兼职技术调查官，充分发挥科学技术专业人士在技术查明方面的专业优势。进一步推进行政执法与刑事司法相衔接，探索实现跨部门、跨地区的案件信息共享、案情通报和案件移送，打破信息孤岛，加强信息联通。

二是强化跨区域知识产权行政执法协作机制。加强跨区域执法协作，探索建立对接上海市、融入长三角的跨区域联合、多部门联动的执法协作机制，加强执法合力，提高执法效率，对异地侵权行为形成有效震慑。加大电商案件的跨区域知识产权行政执法力度，通过信息技术手段，全面深化相关协作调度机制，推进线上、线下一体化协同监管，实现快速、精准打击。

三是健全知识产权纠纷多元化解决机制。进一步发挥知识产权综合运用与

保护第三方平台作用，高效利用行政调解、维权援助、法律服务三大纠纷化解资源，充分实现司法、行政和维权的横向联动，完善知识产权纠纷多元解决长效机制。最大化发挥知识产权数据库功能，将相关领域专家纳入纠纷解决体系，建立专业化的调解队伍，让诉调对接更专业、更规范，让调解结果更公正、更经济。

四是推进知识产权信用体系建设。建立健全知识产权诚信管理制度，将知识产权侵权信息纳入宁波市信用体系信息共享平台。对接上海市知识产权信用子平台，加强对知识产权项目申报主体的信用信息核查，实施知识产权服务机构信用分类管理。积极推进长三角地区跨区域信息联动、交换与共享，强化对知识产权失信行为的联合惩戒，重点打击侵犯知识产权和制售假冒伪劣商品的行为。严重失信主体实施市场和行业禁入，对严重失信行为实行"一处失信，处处受限"的联合惩戒措施。

（二）知识产权保护公共服务接轨工程

一是推进知识产权保护中心建设。全面开展知识产权快速审查、快速确权、快速维权等工作，提高专利申请效率，降低企业维权成本，提高维权效率，激发企业创新创业动力。对接中国（浦东）知识产权保护中心，建立案件协查、联合办案、案件移送等快速通道，构建区域快速协同保护机制。积极与中国（浦东）知识产权保护中心协同开展专利导航项目，统计分析区域创新资源分布，指引企业进行产业核心技术与关键环节的专利布局，开展产业关键技术高价值专利培育。

二是加快宁波市知识产权运营公共服务平台建设。借上海市进一步扩大开放之势，积极对接国家知识产权运营公共服务平台国际运营（上海）试点平台，探索构建区域知识产权大数据共享中心，运用大数据分析技术开展跨区域的专利数据分析与挖掘、知识产权分析评议、专利导航、高价值专利培育、专利价值评估、知识产权运营等服务。推进长三角区域内知识产权运营、交易、维权等信息共享，有效推进资源整合和开放共享。

三是提升知识产权成果转移转化能力。把握上海市建立知识产权交易市场的契机，对接上海市知识产权交易的数据资源，开展数据加工与分析、知识产权价值评估和交易、专利金融服务等专业化、市场化服务。推进开展专利质押融资服务，借鉴上海市浦东区"银行＋政府基金担保＋专利权反担保"模式，推进知识产权质押融资信贷风险池建设，支持和鼓励银行、担保、保险等机构开展知识产权质押融资工作。依托宁波市创建国家保险创新综合试验区的有利条件，支持现有保险公司面向创新型企业提供专利执行保险、侵权责任险和质押融资保险等险种。

（三）知识产权国际化保护提升工程

一是建立海外知识产权维权机制。加强海外知识产权保护力度，营造一流的国际化营商环境。支持产业和企业在实施"走出去"战略中进行海外知识产权布局与维权。建立海外企业知识产权维权援助中心，支持中国企业在受到海外知识产权侵权行为时积极维权诉讼。搭建海外知识产权服务网络，发布海外知识产权服务机构名录和案例库，发布海外知识产权预警报告。

二是积极承接知识产权保护国际化功能。接轨上海自贸区，探索引进国际仲裁调解机构，建立国际贸易争端解决有效机制，依法对国内和国外企业的知识产权给予同等保护，营造国际化、市场化、法制化营商环境。加强部门执法协作，协助海关开展"清风""龙腾"行动，严厉打击侵犯外商投资企业的知识产权违法行为，深化对出口企业的知识产权保护。

三是接轨上海国际贸易知识产权海外维权基地。充分对接上海国际贸易知识产权海外维权基地，加强各类知识产权争端应对和风险防范能力建设。为企业开展涉知识产权国际贸易纠纷产业影响评估提供案件协调、诉讼争议调解、人才培训等全方位的服务，特别在与知识产权相关的贸易调查和风险防范方面，为企业争取在国际市场上的合法权益，提升国际竞争力。

（四）知识产权人才引育工程

一是大力引进和培育知识产权高端人才与服务机构。制定和优化知识产权相关财税、金融、服务、人才等相关配套政策，给予政策倾斜和资助奖励，吸引海内外优秀人才和服务机构入驻。通过设立宁波市知识产权运营基金，选取优势服务机构进行重点培育。

二是加快培育知识产权高端人才。重点发展宁波知识产权学院，培养一批

"理工＋法律"复合型知识产权人才。增强宁波知识产权学院的高端人才培育能力，积极引进优质师资力量，与同济大学国际知识产权学院等高校合作开设相关专业，加快培养知识产权国际化高端专业人才。

三是建立知识产权人才能力提升机制。与上海市建立知识产权工作定期联络机制与人才交流机制，学习和吸取上海市的先进经验和先进模式。与上海国际知识产权学院、海外维权服务基地等机构合作，为宁波市企业开展知识产权相关法律知识、贸易规则、维权途径等领域的培训，进一步提高企业知识产权保护意识和维权能力。开展国际经贸领域知识产权海外维权人才培训，进一步提升知识产权领域法律参与者的国际视野和实操能力。

互联网商业模式创新及其知识产权
保护问题研究

在互联网模式下，中国的新商业模式不断出现、发展和壮大，形成了"互联网+"新业态。互联网思维的本质是数据思维、用户思维和协同融合思维，商业模式在互联网情境下的创新，对与之相关的商务领域、金融领域、金融工具和技术领域产生了巨大影响，为社会经济带来新的发展活力。然而，机遇与挑战并存，"互联网+"新业态下知识产权的主体、客体和利用方式更为复杂。目前来看，我国的知识产权保护还没有针对互联网时代的需求进行相应的保护机制的调整，未能适应时代的需求。对互联网商业模式创新及随之产生的知识产权保护问题的研究一方面有助于互联网新商业模式的健康、可持续发展，另一方面也将帮助更新和完善知识产权保护研究，帮助构筑互联网新技术经济范式下的知识产权保护体系。

一、互联网商业模式的定义和类型

互联网商业模式的概念众说纷纭，主要有以下三种定义。

（1）规范所有商贸行为或活动而开发的模式和方法。

（2）借助数字化技术开展商业经营的、有创造力的商业模式方法。❶

（3）指网络经营者在因特网上从事贸易活动说采用的经验模式。❷

显然，互联网商业模式的概念是基于计算机因特网的出现和广泛使用才被

---

❶ 世界知识产权组织的定义。

❷ 参见 2001 年 5 月 25 日的《中国知识产权报》。

提出且被开始重视的。所以传统经营模式上的创新、改进都不能被囊括于内。第一种的定义内涵太大，第三种定义则将"网络"定义得太狭隘，为此，第二种定义是最贴切的定义，本文后面出现的互联网商业模式都是指借助数字化网络经营商业的、有创造力的商业模式方法。

二、互联网商业模式知识产权保护的必要性和现状

在国家层面上，我国应对互联网商业模式，特别是互联网商业模式下的专利保护迫在眉睫。从 1993 年开始，国家知识产权局就先后收到来自花旗银行关于商业模式的 19 项专利申请请求。尽管这些申请现在不能被授予专利，但是花旗银行还是提出来了，很显然，花旗银行知道一旦中国国家知识产权局宣布对商业模式方法进行专利的保护，它就能够占得先机，因为专利一般都是遵循先使用的原则。所以，一旦这些专利申请被授权，那么就会给花旗银行带来巨大的收益。这一事件也从侧面反映，国外的大型企业集团已经开始在这方面进行前期的布局，针对中国实行知识产权策略。

宁波市作为"一带一路"重要节点城市、外贸大市，2012 年就获批成为全国首批跨境贸易电子商务试点城市。宁波市拥有发展电子商务的良好产业基础，中小企业数量多、实力强，拥有纺织、服装、家电、汽车及零部件等众多产业集聚和方太、太平鸟、奥克斯等强势品牌企业，90% 以上的外贸企业已经涉足互联网，位居全国前列。以大宗商品交易为主的电商平台和行业性网站已经形成一定规模，B2B 网站宁波市有 100 多家，各类行业网站上千家。宁波市本地企业积极投身互联网大潮，致力于以产业互联网思维推动传统产业整合，已经取得了一定的成效。诸如生意帮、海上鲜依托网络化平台得到迅猛发展，正在以超乎寻常的速度发展成潜在的独角兽企业。"生意帮"平台是国内首家网络化协同智造众包平台，为外贸公司、大型工厂和中关村、硅谷等硬件创业公司提供协同制造外发订单的总包分包服务，已有 1.2 万家工厂入驻。不过纵观宁波市的互联网公司，整体相比于杭州市等一些城市发展比较慢，互联网商业模式还是以传统供给为主。现阶段开展互联网商业模式的知识产权保护研究可以为宁波市互联网产业及电子商务的下一步发展打下坚实的基础。

宁波市是国家知识产权示范城市，也是国家首批知识产权区域布局试点地方，是浙江省开展知识产权司法和行政协同保护卓有成效的缩影。目前，宁波市知识产权司法和行政协同保护格局已经逐步形成，为下一步构建知识产权行政保护和司法"大保护"格局奠定了良好的基础。从宁波市2015年的专利行政执法案件情况来看，在841件侵权案件中，80%以上案件的被告属于互联网企业。从宁波市2015年的专利司法案件情况来看，在侵犯专利权案件中，原告全部为非互联网企业，非互联网企业有210件。在被告中，互联网企业有2件，非互联网企业有208件，依旧是非互联网企业占绝大多数，占比达到99.05%，互联网企业仅占0.95%。说明目前宁波市互联网类型的知识产权案件还不多，不过从已有案件来看，知识产权行政保护有着简洁、主动、效率高的优势，能够在专利受到侵犯之后及时有效地制止，越来越受到青睐。

三、互联网商业模式知识产权保护的实践和经验借鉴

美国持有"商业方法专利申请"可以作为一种可行的专利保护方式的理念。State Street Bank案结束以后，在美国专利分类体系中，一个名为"技术中心2100"的部门在美国专利商标局应运而生，专门承担商业方法专利705类目的审理。705类目集中了美国现在大部分商业模式和商业方法专利。最近几年，第705类专利申请已经开始向着越来越多的商业模式方法功能转变。商业技术方面的增长也反映在第705类专利申请的质量和复杂性的增加上。日本则在特许厅的审查四部中增设了一个电子商务审查室，对商业模式和商业方法专利进行集中审查，并在1999年颁布了商业模式和商业方法专利审查指南。据统计，1998年日本国内商业模式方法的申请为2400件，1999年为3150件，2000年增加到15000件，一年增加了近5倍。相比而言，欧洲专利局也认为计算机软件和商业方法是可专利化的，但是更加注重对计算机软件和商业方法创造性的判断。

一直以来，《中华人民共和国专利法》就没有对互联网商业模式的法律保护做出明确规定，导致企业在试图通过专利法来保护商业模式时无章可循。直到2017年4月1日，我国新版《专利审查指南》正式实施，才意味着带有技术性质的商业方法和商业模式被列入保护范围，也就是说原来《中华人民共和国专

利法》第 25 条规定的不属于专利授权范畴的"智力活动的规则和方法"商业模式和商业方法，只要含有技术特征，现在也应该予以保护。未来，随着商业模式、商业方法专利的逐步认可，国家层面要借鉴美国和日本的成功经验，及时修订专利法、商标法、版权法，逐步完善互联网知识产权立法，建立起科学、全面、合理的互联网知识产权语境下的商业模式保护体系。由于互联网技术具有更新快、周期短等特点，可以在现行制度框架下，针对"云计算"等互联网技术制定专门的立法保护程序，尝试建立专门的互联网执法队伍，打击震慑互联网侵权行为。其次，建议国家知识产权局进一步完善《专利审查指南》，出台规范文件，制定相应的"商业模式专利审查规则"。在审理相关纠纷时，建议构建部门间常态化的协调机制，以及行政与司法相衔接的大保护格局，加大司法保护力度。商业机构要对商业模式专利给予足够重视，积极丰富专利组合，不断提高专利策略的运用能力。

四、宁波市开展互联网商业模式知识产权保护的相关建议

宁波市是电子商务大市，网上交易活跃频繁，正确界定互联网企业商业模式的知识产权，营造良好的知识产权保护氛围，对宁波市发展互联网经济，推动互联网语境下的商业模式创新有着重要的作用。

一是在司法层面，积极借助杭州市互联网法院的辐射带动效用，承接互联网商业模式、商业方法的相关案件，建立案件协查、联合办案、案件移送等快速通道，构建区域快速协同保护机制。对接杭州市互联网法院，组建宁波市审理涉网案件的审判团队，在大量类型化涉网案件审判实践的基础上进行深入研究，探索涉网案件诉讼规则，完善审理机制，提升审判效能，积极化解涉网纠纷，提高宁波市涉网案件审理的专业化程度。宁波市中级人民法院在审判模式上要同时积极探索创新"互联网＋审判"的新模式，推进电子商务的网上法庭建设，提升电子商务高速发展中的法治水准和司法保障。

二是在行政层面，知识产权行政保护作为目前互联网类型知识产权保护的重要渠道，具有广泛性、普遍性和独立性的特点，对解决互联网商业模式的知识产权民事纠纷案件有重要作用。要不断加大互联网语境下的知识产权行政保

护力度，开展针对互联网商业模式知识产权保护的专项行动，结合中国（宁波）跨境电商综合试验区建设，引入国际仲裁机构，建立有效处理电商贸易纠纷的跨国解决机制。逐步规范互联网领域的知识产权纠纷案件的行政处理程序，加强知识产权管理部门和电子商务监管部门之间的交流和联动，建立信息交流机制、走访检查机制、重大问题会商机制等。充分借助宁波市知识产权综合运用和保护第三方平台，探索构建专门针对互联网商业模式侵权的知识产权诉调对接机制，形成针对宁波市互联网侵权案件的知识产权纠纷案件司法诉讼过程中委托调解、行政调解后司法确认、中心自行受理案件人民调解后司法确认等诉调对接机制，在征得当事人同意的前提下，由第三方平台对纠纷进行调解。发挥中国（宁波）知识产权保护中心的优势，探索开展针对商业模式和商业方法的快速审查、快速确权、快速维权工作，降低企业涉网维权成本，提高涉网维权效率，激发企业创新创业动力。

三是针对企业自身，宁波市企业要主动出击，首先是要强化自己的销售行为，让自己的产品在各个流量渠道中占据最重要的地位，让假货无处遁形。其次，要对各种流量渠道出现的投诉行为给予足够的重视，积极和平台方以及服务提供商沟通，了解他们的沟通机制、投诉机制。再次是丰富保护手段，运用好司法保护、行政保护、行业协会等多种维权手段，在知识产权局并入市场监管总局，知识产权保护执法队伍更加庞大的大背景下，积极争取自己的权益。最后是勇于发声，通过协会、联盟等组织向不同层级的政府机关发出自己的诉求，投身知识产权保护规则的标准制定，为我国知识产权事业贡献自己的一分力量。

宁波市推进国家知识产权区域布局试点工作再深入的对策建议

知识产权区域布局是落实国家改革创新决策的发力点、促进经济转型升级的决策工具、带动知识产权由大到强的助推器。通过知识产权区域布局工作，能够在区域层面把握创新要素和创新资源的集聚与流动规律，实现资源优化整合，为高端产业和传统产业提供高水平技术供给，为产业区域合理分工和梯次转移提供布局方案，为培育创新链、打造高端产业链、建设资源集聚的优质发展环境提供重要政策支撑。

宁波市于2015年8月获批国家知识产权区域布局首批试点地区，从组织保障、经费投入、团队搭建、项目研究、平台建设、政策调整、长效机制等方面入手，扎实推进区域布局各项试点任务，取得了较好的工作成效。本文通过总结分析宁波地区知识产权区域布局试点工作的经验做法，提出推进区域布局试点工作再深入的对策建议。

一、宁波推进区域布局试点的主要做法

（一）完善工作推进体系，形成区域布局工作合力

试点城市获批后，宁波市政府高度重视，时任分管副市长的陈仲朝专门批示推进区域布局工作，要求必须举全市之力加紧推进。为保障知识产权区域布局工作的顺利开展，宁波市按照统一认识、健全组织、制订计划、资源保障、强化管理、全面推进的工作思路，全力助推试点工作高效完成。

一是强化组织保障。 经过各部门反复研究讨论，宁波市政府于2016年初编

制印发《宁波市知识产权区域布局试点实施方案》，提出区域布局试点的指导思想、工作思路、主要任务和发展目标，确立以市政府为主导、市知识产权领导小组统筹协调、各成员单位和研究单位参与配合的工作机制。为切实推进试点任务，将区域布局工作连续三年列入宁波市政府工作报告和宁波市委年度改革重点工作，要求宁波市知识产权局每季度向宁波市委改革办报送工作进展情况。经过三年谋划推进，区域布局工作受到浙江省、宁波市领导的高度重视，在2018年宁波温州国家自主创新示范区建设推进大会上，浙江省委书记车俊、宁波市市长裘东耀分别在讲话中强调了知识产权区域布局相关工作。

二是加大资金投入。建立稳定的财政经费保障机制和规范的经费管理使用机制，在区域布局实施期间，从宁波市财政科技经费中整合1500万元专门用于试点工作。同时，为加强经费科学化、精细化管理，举办了区域布局试点项目经费使用规范、台账建立规范相关培训。

三是夯实技术支撑。围绕知识产权、产业、经济、科技、教育、人才等多个领域，组建了有浙江大学、宁波大学等高校，中国科学院宁波材料所、中国兵器科学研究院宁波分院等科研院所，知识产权服务机构、龙头骨干企业等20多家单位参与的研究团队，协调解决项目研究过程中的重大问题。依托科技信息挖掘与应用重点实验室、宁波市科技文献检索服务平台等市内重点研究平台，采用 Innography、Innovation、WIPS 等国外高端专利数据检索分析系统，帮助项目承担单位开展专利数据资源整合与分析研究。

四是细化任务分解。根据《宁波市知识产权区域布局试点实施方案》整合资源，按照基础搭建、试点推进、阶段总结三个时间阶段，面向资源摸底分析、布局综合评价、资源配置研究、信息平台建设、支撑服务体系建设五大任务制定细化方案。依据任务分解方案，2016年设置数据资源类、政策评价类、质量评价类、产业研究类、平台建设类5大类、22个项目。2018年新安排导向目录编制、信息平台开发建设、成果推广应用三类课题，其成果为推进区域布局长效机制建设做好支撑。

五是抓好宣传引导。通过《宁波日报》、宁波科技网、甬派客户端、微信微博等媒体，全方位、多渠道、立体式地对试点工作进行报道。发布《一张图读懂宁波市知识产权区域布局试点工作》，积极营造全社会支持的良好氛围。注重地方主要会议论坛的交流分享，在诸如"知识产权走基层服务经济万里行"等国家级活动，年度（浙商）知识产权高峰论坛等地方会议及论坛期间，就知识产权区域布局工作的进展、经验及成果做交流分享，进一步提升区域布局工作知晓度，汇集众智为下一步区域布局工作提供意见建议。

六是扎实业务培训。以开展企业、科研院所知识产权培训为契机，选派专家对区域布局的意义、内容、任务等进行深入讲解，提升宁波市专利布局意识及风险防范能力，并为今后区域布局成果在相关单位推广应用做好铺垫。邀请国家知识产权局、大连理工大学、中国科学院地理科学与资源研究所等单位的权威专家向本地区区域布局研究团队分享阶段性研究成果，对专利资源实务分析、区域布局资源分析的流程与方法、研究分析工具的使用等进行系统培训，增强团队研究能力。在市局级领导干部培训班上，就区域布局试点工作邀请专家进行专题培训，增强宁波市领导干部对区域布局试点工作的认识。

七是严格督促监管。设置项目监控机制，搭建宁波市知识产权区域布局项目监控平台，围绕各项目课题实施计划，跟踪研究进度、质量和课题经费使用情况，便于及时进行适当的资源调配和进度调整。在实施项目过程中，建立区域布局试点定期会议汇报制度和项目中期检查制度，要求项目承担单位定期汇报相关情况，详细了解和掌握项目团队的阶段性成果、存在困难及问题，对不符合规范的项目单位进行督促整改。坚持每季度总结试点工作，形成总结材料分别上报国家知识产权局和宁波市委改革办公室，确保整体试点工作按计划规定的进度规范化、效率化落实。

八是加强部门协作。明确了知识产权领导小组各成员单位的任务分工和具体联络人员，各联络员负责报送本单位区域布局工作开展情况、阶段成果、考核材料等，并定期参加区域布局专业培训、协调和讨论会议等，解决试点推进过程中的各类问题。邀请联络人员、专家团队共同参加知识产权区域布局宁波试点工作方案对接会、全国知识产权区域布局试点工作现场会、宁波地区知识产权导向目录范本编制交流会等重要会议，推动政府部门联络员与专家团队的交流对接，强化各部门对区域布局和相关成果的认识，为试点工作的协调部署、成果的推广落地夯实基础。

（二）夯实各项任务模块，构建研究和平台基础支撑

研究是区域布局精准推进的基础，经过三年攻坚行动，宁波市知识产权区域布局摸清了区域创新发展"家底"，明确了区域创新资源与产业协调发展匹配度，编制了区域产业发展知识产权导向目录，建成了大数据支撑的知识产权区域布局信息化平台，形成了以知识产权为核心的资源配置机制，为政府精准决策、建设知识产权强市提供了强有力的支撑。

1. 基于科学准确的数据指标，摸清区域创新资源分布状况

（1）**数据资源调查类研究课题**。按照国家知识产权局五大模块框架指标要求，以长三角主要城市为研究样本，结合本地区产业特色构建指标体系，开展知识产权和创新资源分析。面向宁波地区教育资源不足的现实情况，专门构建"长三角城市群教育资源研究矩阵"开展特色化指标搜集和研究。累计获取宁波地区 10 年创新数据和长三角同类型城市 5 年创新数据开展研究，确保分析指标的完整性、全面性、针对性。

整体数据采集过程依托宁波市高新技术企业采集系统，通过统计局、函件、年鉴等方式，收集各区域科技、教育、知识产权、产业、经济等各类资源布局数据，确保了各项指标数据真实、准确、可靠。综合相关指标的客观性以及数据可获取性，通过建立合理的分析模型，对各区域的资源布局情况进行全面科学的比较分析，较为系统地掌握了创新资源在不同产业、不同创新主体、不同区域之间的流动和分布情况，为宁波地区创新资源的引进、筹划、布局提供了量化依据，也为进一步开展导向目录编制研究提供数据基础。

（2）**宁波市总体知识产权布局的质量评价研究课题**。为系统研究和评价当前宁波知识产权区域布局质量，由宁波市科技信息研究院和中国计量大学组成联合课题研究团队，依据国家知识产权局规定的五方面动态和静态综合分析评价标准，遵循阶段性和全局性相结合、静态分析和动态匹配相结合的基本原则，构筑了包括知识产权创造潜力、创造能力、运用能力、运用需求、保护管理五

个模块的质量评价体系，分析比较了长三角主要城市知识产权布局质量的差异，为进一步优化政府创新决策提供有效依据。

（3）细分领域知识产权区域布局调查研究课题。结合宁波市科技创新"十三五"规划及"中国制造2025"重点优势产业领域，选取新材料、高端装备、海洋高技术三大区域特色产业细分领域，率先开展知识产权（专利）创新资源研究。通过"调研＋梳理"，各团队走访了重点企业，收集归纳政策、市场规模、产品类型等资料数据，从全球、全国、宁波市三个层次，运用专业工具开展专利检索与分析，研究细分领域国内外专利布局的整体状况与策略、重点企业的技术聚焦点等，找出宁波市细分领域发展问题及瓶颈，明确了重点优势领域的行业发展趋势、当前发展的技术热点等问题，掌握了关键技术存在的不足、技术空白点，推进了创新地图、技术路线图的绘制，为相关产业的转型升级提供了良好的信息支撑。

2. 运用大数据、云计算手段，开发知识产权区域布局信息平台

（1）**注入充足的人力、资金、设备资源，保障平台基本建设。**组建专业的技术开发团队，重点推进知识产权（专利）基础数据库及相关资源数据库、知识产权资源布局信息平台、知识产权（专利）区域布局分析的可视化工具三项重点任务。整体平台搭建具备良好的前期基础，依托于宁波市创新云平台的数据库和基础设施建设，协调导入第三方数据资源，进一步加强知识产权资源布局细分领域的深度应用，保持了系统数据及应用持续更新、与时俱进。

（2）**立足详尽的需求调研、规格要求、设计分析，充实平台服务功能。**平台目前已经集成匹配决策分析、资源共享、管理监测、成果动态展示等功能模块；建成产业基础数据库和专利基础数据库，基本实现宁波市及长三角主要城市科技、人才、教育、成果、创新企业、知识产权等资源的动态更新、深度分析与可视化展示，并将知识产权导向目录成果固态化和动态化；实现"3511"全产业及部分"246产业"的分析研究展示，为摸清宁波市创新发展资源家底、明确转型升级主攻方向、提供资源配置方案提供了平台支撑。

（3）**按照便利性、美观性、充分性要求，优化平台展示和服务效果。**在系统建设中充分考虑了信息平台今后与国家知识产权局及宁波市有关部门的平台数据对接交换；在应用系统设计方面，做到了信息内容统一、数据结构统一、编码规范统一、处理方式统一、界面风格统一、操作方法统一。在展示效果上更强调在线专利分析、交互设计、信息聚类分析以及信息筛选和提取，切实提升了用户体验。

3. 立足区域创新和产业发展特色，研究编制知识产权产业导向目录

（1）以知识产权为核心的资源配置导向目录。根据宁波市优势产业方向，联合中国科学院地理科学与资源研究所开展全产业导向目录研究，市科技局、经信委、发改委、统计局、人才办、高校、行业协会等多个部门联动交流合作，在多番深入调研基础上，对宁波市相关产业领域开展产业数据搜集、模型构建、指标评价，形成了产业发展目录，进一步引导政策资金和社会资本重点投向创造潜力大、运用需求多的产业。

（2）宁波市汽车及零部件产业以知识产权为核心的资源配置导向目录。联合大连理工大学，深入各区县（市）汽车零部件企业、院所开展调研，选择汽车及零部件产业作为"样本产业"编制导向目录。找准了汽车及零部件产业细分领域的优势区域和薄弱环节，提出了宁波市在该产业领域面向未来创新发展的以知识产权为核心的资源配置方案和行动路线图，解决了汽车及零部件产业发展在技术方向、人才和知识产权资源获取等方面的指引性问题。

4. 开展创新政策全面性、关联性分析，提出优化区域创新发展的对策建议

专门设置政策研究类课题，全面梳理和研究宁波市及同类型城市在科技、经济、知识产权等方面的相关创新政策，找准本地区创新政策薄弱环节并针对性提出对策建议，积极争取区域布局工作纳入地方政府、各部门产业规划、政策中。目前，在《以"一带一路"建设为统领争创对外开放新优势的实施意见》《关于推进科技争投　高质量建设国家自主创新示范区的实施意见》等宁波市重大政策中，已经明确知识产权导向目录的配合使用。在《宁波市科技项目管理办法中》提出科技项目的编制要结合运用知识产权区域布局信息化平台，参考知识产权资源配置导向目录的研究成果。

（三）推进长效机制建设，融入区域创新长远发展

为强化成果落地实施，进一步谋划布局，强化政策、资金、人才等各项支撑，推动形成区域布局长效机制建设，加强对宁波知识产权区域布局长效机制建设的研究，由国家知识产权局委托浙江万里学院（宁波知识产权学院），并提供相应的配套经费，用于开展专题项目研究。强化人才支撑，以区域布局成果支撑创新人才引育，加快建设知识产权学院，鼓励高校开设区域布局相关课程，扩大区域布局成果影响力。

加强成果推广，组织召开知识产权区域布局成果应用推介会，组织国家知识产权局相关领导、宁波市知识产权工作领导小组成员单位分管领导、各区县（市）及"四区二岛"知识产权管理部门负责人、国家知识产权区域布局课题组成员代表参会，发布知识产权区域布局导向目录和信息平台阶段成果，研讨区域布局长效机制建设，为宁波市打造知识产权密集型产业提前谋篇布局。

二、宁波推进区域布局试点的主要经验

（一）试点工作必须提升认识高度、因势利导

高度重视知识产权工作，把知识产权作为产业发展的战略性资源和国际竞争力的核心要素充分考量。必须找准知识产权区域布局工作的切入点和落脚点，把知识产权区域布局工作摆在对外开放大局中去思考定位，摆在营造一流营商环境大局中去谋划布局，真正通过区域布局满足区域产业发展实际需求，解决企业特别是民营企业在知识产权方面的困难和问题，提升宁波市知识产权工作的核心层次。

（二）推进过程必须强化协同保障、支撑联动

区域布局试点工作涉及知识产权、教育、人才、产业等创新资源的调查和分析，涉及政府相关部门、县（市）区、高校院所、科研机构以及部分企业，必须统筹全局、协同推进。在整体任务推进过程中，宁波市广泛发动资源，着力先行先试，不仅得到市级相关部门的认可，还在海曙、北仑等区县（市）试点普及推广，制定了区县（市）知识产权区域布局的相关规划，努力形成区县（市）联动协同的推进局面，着力推进宁波产业转型升级和区域经济创新发展。

（三）研究路线必须符合产业趋势、发展需求

区域布局是贯穿基础研究到落地实施的全过程，符合区域创新发展的现实需求。宁波市开展的研究工作从数据、政策等基础资源入手，以扎实的调研事实为基准，切实打通了从资源调查—政策分析—区域知识产权质量评价—产业创新地图—企业推广应用这一条线路，产出了多类型、多指向、高水平的研究成果，提出了有利于区域发展的知识产权及相关创新政策的优化和调整方案，具备较强的创新引领示范作用。

（四）落地推广必须立足平台载体、强化支撑

大数据平台的特色在于包容、高效、直观，不仅是开展研究的便利载体，更是应用推广的重要媒介，经过三年搭建，宁波市建成了集资源分析、空间分布、动态监测、集中展示等多功能于一体的信息平台，形成了与国家知识产权运营服务体系重点城市建设、中国（宁波）知识产权保护中心建设协同推进的机制，切实通过高端数字平台建设打通了知识产权事业发展的快速通道。因此，平台建设将是未来继续重点开展的研究方向，为区域布局与经济建设的深度链接提供支撑。

三、推进区域布局再深入的对策建议

下一步宁波市知识产权区域布局工作的重心在于长效机制建设，切实推进成果应用与产业创新转型，在引导科教、产业等创新资源在区域和产业集聚，促进区域资源配置方式和经济发展方式转变等方面做出贡献，为知识产权强市建设提供支撑，为此提出以下对策建议：

一是进一步强化政策导向、制度落实。按照长效机制实施方案要求，研究制定与知识产权区域布局试点工作相配套的政策和财政投入保障管理机制，完善知识产权的运用普及、机构建设、资金使用管理、绩效考核等方面的政策落实，切实保障知识产权全链条的政策体系全覆盖。

二是进一步强化部门联动、研究协同。从本质理解与核心运用上强化认识，着力提升区县（市）、各部门对区域布局工作的重视程度、运用深度。依托中国（宁波）知识产权保护中心、宁波市知识产权学院等部门强化专业引导，形

成上下联动、协调配合的工作机制。

三是进一步强化成果落地、研究深入。由重点产业入手继续开展深入研究，找准和补齐区域产业缺失领域和薄弱环节，以导向目录为发展蓝本，以信息平台为支撑平台，着力构建以知识产权区域布局为导向的资源配置机制，助力宁波高质量发展。

四是进一步强化宣传引导、氛围营造。加强知识产权区域布局等相关工作的宣传，创新方式方法、扩大覆盖面、提高参与度，着力提升区域布局等工作的普及度和影响力，助力打造良好的营商环境。

学术探讨

宁波市科技创新政策文本分析——基于政策工具与创新价值链的双重视角

科技创新政策是政府营造创新环境、引导科技创新的主要手段。从全球创新发展经验来看，科学的政策工具可以推动创新链、产业链、资金链有机衔接，引导全社会资源向科技创新集聚。宁波市科技创新政策体系日趋完善，尤其"十三五"以来，创新政策制定进入密集期，创新发展进入关键期，科技创新政策的导向作用至关重要，需要通过分析研究当前政策布局及工具选择现状，弥补政策短板及薄弱环节，提高政策对于创新资源配置的精准性和科学性。

一、研究基础

创新政策作为政府推动自主创新活动的重要手段和工具，不止是简单一项或几项举措抓手，而是涉及科技投入、税收激励、金融支持、政府采购、项目引进、基地平台、知识产权、人才队伍、教育科普等各个方面的综合政策体系。

科技创新政策研究是当前的热点研究问题之一，国内学者从不同角度开展相关研究。如汪涛等首次提出了适合我国实际情况的科技创新政策文本编码和类定量化分析框架。张永安等提出了创新科技政策概念（ITP），分为促进创新型中小企业的发展阶段、完善政策体系强化创新阶段、创新投资和新技术产业体系建设阶段三个阶段，从政府资金投入与创新收益在时间周期上的变化作为衡量，对每个阶段进行分析。刘兰剑等从政策工具角度出发，分时间段对收集的政策进行分析，并结合国外部分国家的政策情况，进行对比分析。王霞等对上海市 1998—2010 年出台的 192 条科技政策采用"资源使用方式 – 政策功能"的框架，将政策用二值法进行量化编码，对编码量化后的政策数据进行信度检验，再根据组合分类进行分析。李方等从政策工具和政策作用领域两个维度对 2008—2015 年国务院及相关机构颁布的关于知识产权的政策内容条款进行分类编码并分析。郭元源等基于质性分析，以浙江省 2015 年前的科技创新政策作为分析样本，用编码分析和共词分析的方法，分析浙江省科技创新政策的基本结构、政策体系以及演变规律。

基于现有的研究基础，本文将从科技创新政策的政策工具和所面向的创新价值链环节两个维度，采用文本内容分析法，对宁波 2006—2017 年的 41 份科技创新政策文本进行深入分析，并结合当前科技创新发展现状及需求，剖析其存在的问题，提出相应的对策建议。

二、研究方法及分析框架

（一）研究方法

本文主要采用文本内容分析法，即以定性为基础，量化文本内容并分析的方法，旨在将语言描述的内容转化为用数量表示的资料。具体研究流程包括文本选择、框架搭建、编码量化、归入框架、频数统计和分析等环节。

（二）分析框架

参照该研究领域内各学者对政策工具的划分方式，并结合宁波市创新驱动发展特征及政策制定背景，构建"政策工具 – 创新价值链"双重维度的政策文本分析框架，如图 1 所示。在此框架下，对宁波市科技创新政策体系进行文本分析，归入框架中进行研判分类。

（1）政策工具维度。政策工具是指公共政策主体为实现公共政策目标所能采用的各种手段的总称。本文依据科技政策工具理论和 Rothwell 等人的思想，并结合樊霞、赵筱媛等学者对政策工具的细分框架，将科技政策按照政策工具划分为供给面、环境面和需求面三种类型。这是国际上运用较为成熟的科技政策分类方式，能够做到分类后各个部分的互斥。

其中，供给面科技政策工具更多地表现为政策对科技活动的推动力，如风险分担、资金投入、人才培养、科技创新园区服务等方面的政策；需求面科技政策工具是对科技活动的拉动力，如通过政府采购、服务外包、贸易管制及海外机构等直接或间接扩大需求方面的政策；环境面科技政策工具是通过对科技活动环境的优化从而对科技活动起到间接影响的作用，如金融支持、税收优惠、法规及管制等方面政策。

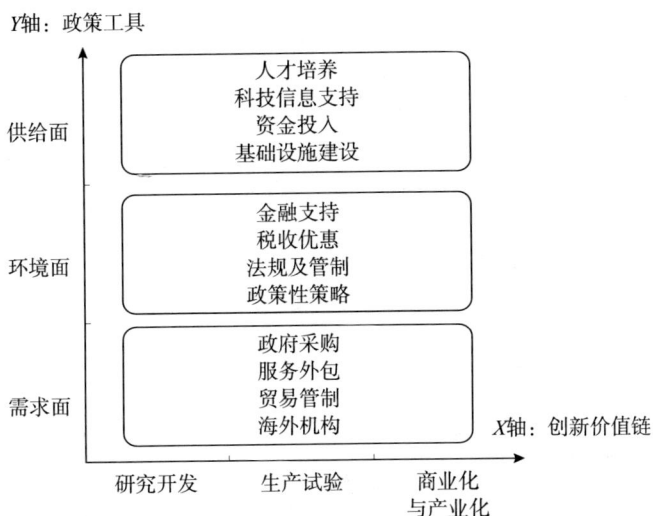

图1 分析框架

（2）创新价值链维度。创新价值链是指从获取创新源开始，通过采取一系列相互独立、相互关联的提升科技开发价值的创新活动，将创新源转化为新产品，实现商业化产业化的链条组合体。根据其定义和科技创新活动的实际情况，将创新价值链分为研究开发、生产试验、商业化与产业化三个环节。科技创新政策通过不同的政策工具分别作用于创新价值链的某个或多个环节，二者之间的联系如图2所示，供给面的政策工具对创新价值链起推动作用，环境面政策工具对创新价值链起影响作用，而需求面政策工具对创新价值链起拉动作用。

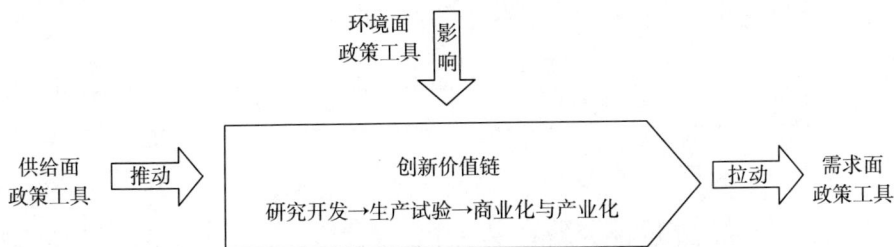

图2 政策工具对创新价值链的影响

三、实证研究

（一）政策采集

宁波市于 2006 年初启动创新型城市建设，做出了《关于推进自主创新建设创新型城市的决定》，将自主创新战略从科技战略、产业战略层面提升到区域和城市发展战略，在顶层设计方面不断强化，围绕创新链布局的政策体系逐渐完善。基于此，本文选取从 2006—2017 年以科技创新为施政主题的市级范围内的政策文本为分析对象，通过网络搜索、相关部门官网查询、部门索取、查阅年度政策汇编等方式，重点收集了宁波市党委、宁波市人民政府、宁波市财政局、宁波市科学技术局、宁波市经济息委员会、宁波市教育局、宁波市人社局等部门的有关科技创新的政策。

经过筛选，选取 41 份与科技创新密切相关的政策文件，作为文本分析对象，涵盖了创新驱动发展战略、企业创新梯队培育、科技创新创业载体建设、科技成果转移转化、科技计划与经费管理、人才引进及培养等方面。

（二）政策文本编码

根据政策条款这一基本单元对政策文本进行内容分析，通过对 41 份政策文本的有效条款进行编码，抽取出 202 条政策条款，并按照"政策编号–章–条–句"的格式进行编码，例如，1–1–3–2 表示第 1 号政策文件的第 1 章第 3 条的第二句内容。

对编码后的条款，再抽取每个条款中的施政对象和施政主要动作，结合各类工具的定义，首先从政策工具维度，逐一对编码后的条款进行归类；再从创新价值链维度，对条款进行归类。本文在归类时，规定所编码的政策条款仅使用一项政策工具且作用于创新价值链的一个环节。

（三）频数统计与维度分析

按照既定分析框架，从政策工具和创新价值链两个角度对编码条款归类后，进行频数统计并分析，分析结果如表 1 和图 3 所示。

表 1　统计分析结果　　　　　　　（单位：条）

类别	政策工具	研究开发	生产试验	商业化与产业化	小计	总计
供给面	人才培养	18	0	4	22	84（41.58%）
	科技信息支持	4	0	6	10	
	资金投入	9	3	17	29	
	基础设施建设	7	6	10	23	

续表

类别	政策工具	研究开发	生产试验	商业化与产业化	小计	总计
环境面	税收优惠	2	1	6	9	108（53.47%）
	金融支持	0	1	21	22	
	法规及管制	3	1	12	16	
	政策性策略	11	12	38	61	
需求面	政府采购	0	1	6	7	10（4.95%）
	服务外包	1	0	0	1	
	贸易管制	0	0	0	0	
	海外机构	2	0	0	2	
合计		57（28.22%）	25（12.37%）	120（59.41%）		

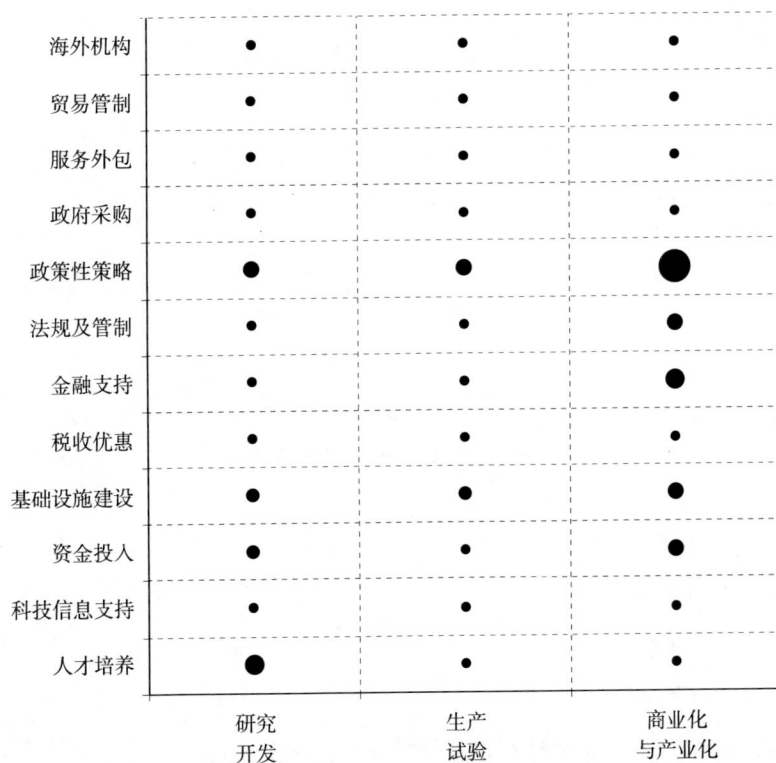

图 3　分布情况散点图

1. 政策文件概况

从政策发布机构角度来看，对所采集的 41 份科技政策的发布机构或联合发布机构进行统计分析，如图 4 所示。参与到科技创新政策制定及实施的活跃部门主要有宁波市人民政府、宁波市人民政府办公厅、宁波市财政局、宁波市科学技术局、宁波市经济与信息委员会、中共宁波市委组织部、宁波市发展与改革委员会，这些部门发布了所采集政策的 80% 以上。其中，市财政局发布或联合发布了 20 份政策，宁波市科学技术局发布或联合发布了 19 份政策，可见这两个主要部门对宁波科技创新进行财政支持、项目支持的重视程度。

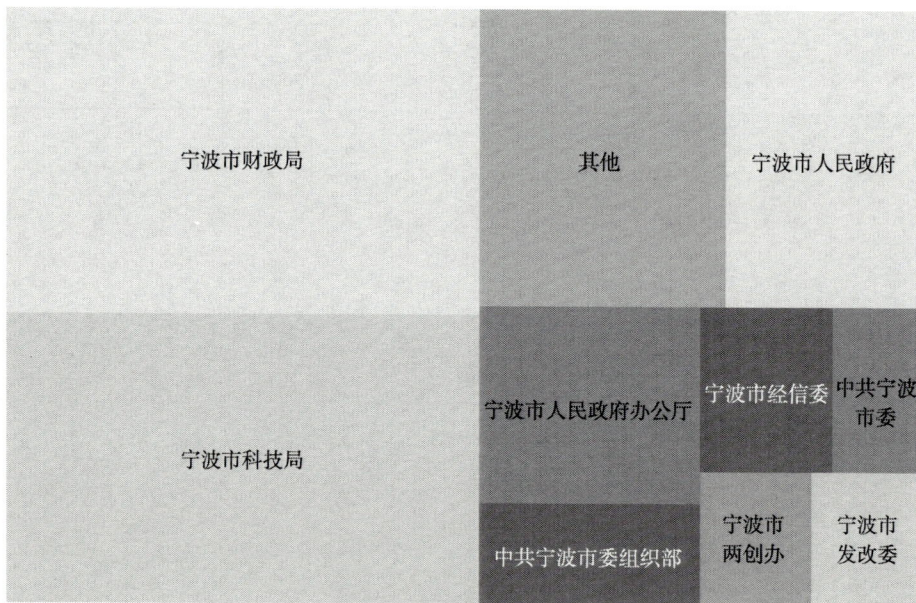

图 4 科技创新政策发布机构分布情况

从政策文种角度来看，参考盛亚对于政策文种类型的分类，对所采集的 41 份政策文本进行文种类型分布统计，结果如图 5 所示。根据分布比例情况，宁波市科技创新政策的文种类型以办法与意见为主，这两种类型占了 82.92%。

从政策发布时间角度来看，2006—2017 年的历年政策发布数量情况如图 6 所示。由图可以看出，宁波市科技创新政策数量在 2013 年呈现激增的态势，在 2014—2017 年发布数量也呈现连年增长态势，反映了自 2012 年党的十八大提出实施创新驱动发展战略以来，宁波市在科技创新方面不断加强顶层设计，政策发布数量在不断增加。

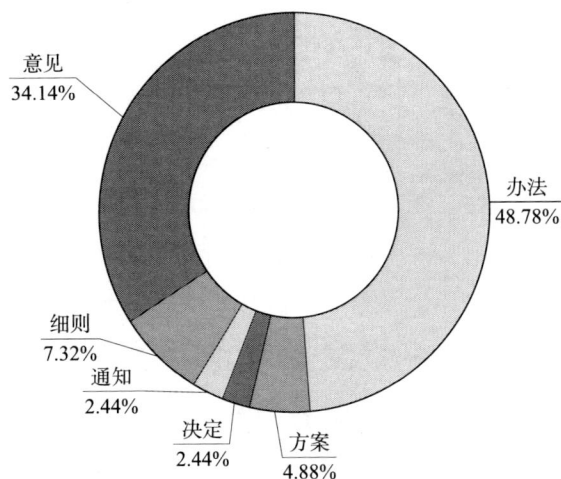

图 5 政策类型分布情况

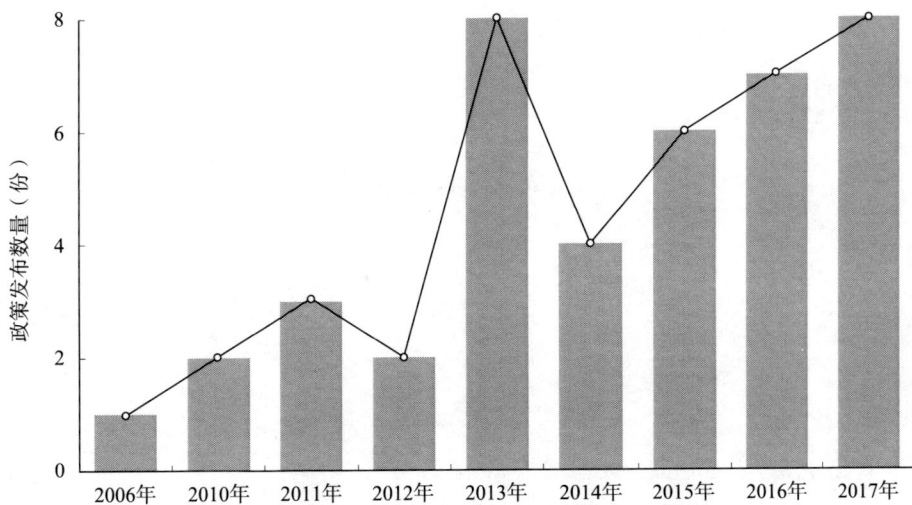

图 6 历年创新政策发布数量情况

2. 政策工具维度分析

由表 1 及图 7 可以看出，政策工具三个面供给面、环境面、需求面的使用频次占比分别是 41.58%、53.47%、4.95%。其中供给面与环境面的占比合计高达 95.05%，占据绝对的主导地位，说明宁波市在科技创新政策方面，整体上倾向于环境面和供给面两个维度，需求面的政策非常少，对科技创新的拉动力相对较弱。

从各个细分的政策工具使用频次来看，图 8 所示的雷达图呈现较强的偏向性，集中使用几个政策工具，分布相对不平衡，其中"政策性策略"以 61 次的使用频次占据首位，其后是"资金投入"29 次、"基础设施建设"23 次、"人才培养"和"金融支持"均是 22 次、"法规及管制"16 次，以上 6 种政策工具合计使用 173 次，占据了 85.64% 的使用频次。对高频使用的政策工具的施政方式和施政对象进行进一步的挖掘，发现"政策性策略"的使用以奖励、补助、引导、支持发展方式为主，施政对象涵盖了企业、各类创新载体、管理部门、投资机构等；"资金投入"的使用方式以经费支持、资助为主，施政对象主要以创新团队、科技项目、科研平台为主；"基础设施建设"的使用方式以建设、资助为主，施政对象主要包括科研院所、产业集聚园区等。

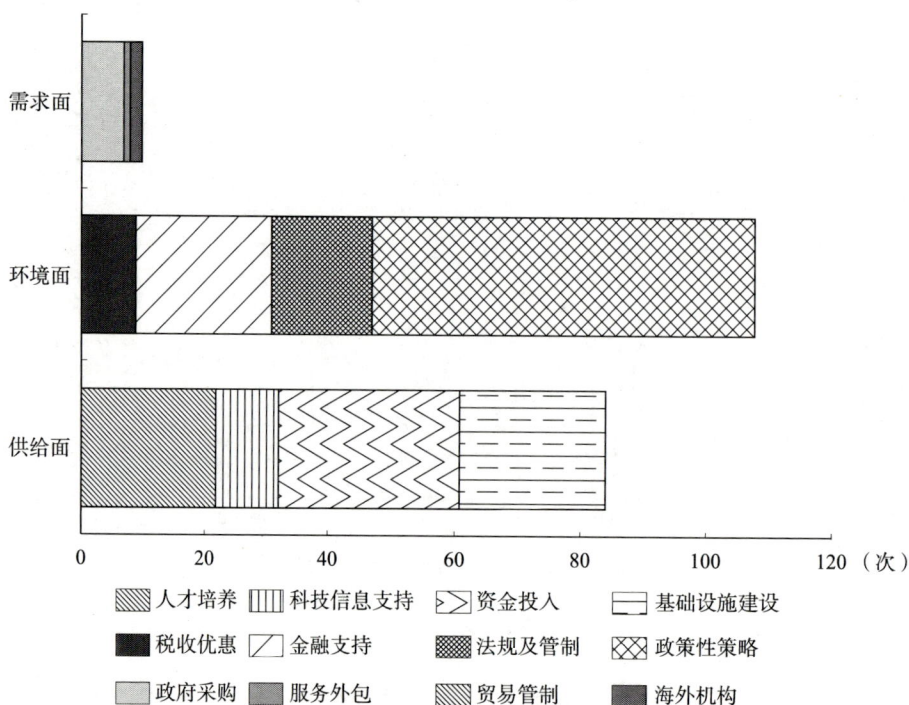

图 7　政策工具分布情况

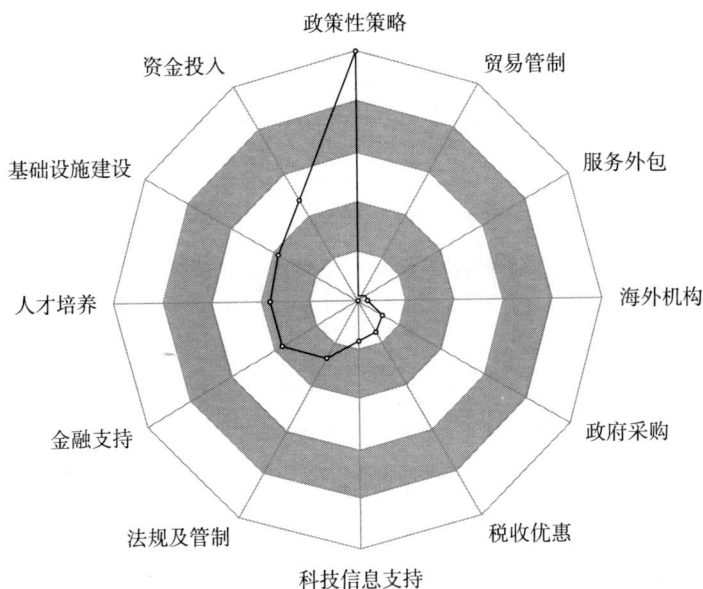

图8 政策工具分布雷达图

3. 创新价值链维度分析

从创新价值链维度进行分析，由表2及图8可知，41份科技创新政策全方位地覆盖了创新价值链的三个环节，其占比分别是商业与产业化59.4%、研究开发28.22%、生产试验12.38%。可以发现，宁波市的科技创新政策对商业化与产业化的覆盖较大，在研究开发和生产试验环节影响较小，这也跟宁波市以工业为主导、以制造业为基础的产业结构有关，政策制定与地方情况贴合度较高，更加注重科技创新成果的实际落地和效益产出。但在研究开发和生产试验环节的投入不足，会影响后续商业化与产业化的过程，致使前端创新不足，商业化与产业化过程趋于同质化和低端化，影响科技创新的整体质量。

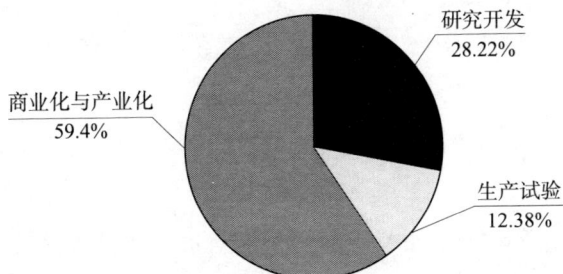

图9 创新价值链分布

四、相关建议

一是多角度优化平衡创新政策布局。 从政策的创新链布局来看，宁波市科技创新政策在商业与产业化环节布局最多（59.4%），多于研发与生产试验环节的合计占比（40.6%），生产试验环节布局最少（12.38%）。这组数据虽然与政策条款制定的必要性和主观性有关，但也从侧面上反映了在研发和生产试验这两个环节上政策的相对不足。结合宁波市具体情况，发现在创新基础设施建设、鼓励基础研究原创性研究等方面，确实存在政策支持力度小甚至缺位的现象，需要强化对创新链前端的政策支持力度。建议强化知识产权区域布局研究成果与区域经济、科技、教育等领域相关政策的衔接和融合，找准薄弱环节并制定有效对策。

从政策的类型来看，宁波市需求面的政策覆盖率是最小的，国内同类城市如深圳市、南京市等，在通过政府采购、激发社会需求等方面支持创新非常重视。宁波市需要在政策类型分布方面进行研究，更加重视政府采购、消费者政策、海外机构管理等需求面政策工具的综合利用，加大技术创新产业链后端对创新活动的拉动作用，弥补研发和市场方面的缺陷，谋求政策需求面、供给面和环境面三者的协调统一。

二是探索多元化创新政策工具类型。 由于各项创新活动的特征和需求不尽相同，存在主体差别或者区域差别，在政策工具的使用上不能追求"普适性"，也不能照搬照抄其他城市的政策样本。在政策工具的使用上，需要不断创新宏观调控思路和方式，丰富政策工具、优化政策组合，重视经济激励型和需求型政策工具对创新的引导和调节作用，提高除资金支持以外的其他政策工具的应用频次，严格落实融资、财税优惠政策工具，强化以政府采购等方式对自主创新产品进行支持，提升政策工具的实施效果。

三是抓紧制定宏观创新政策的配套实施细则。 从数据可以看出，宁波市"宏观"类政策占比较大，"细则"类政策仅占7.32%。对比宁波市的实际情况，在某些环节的细化政策上，如关于高端人才引进、支持人才双向流动、支持科研人员科技成果转化等方面仍未出台实际操作层面的实施细则，尤其在新一轮科技创新提出了较多改革力度大、创新性强的意见后，需要尽快制定出切实可行的实施细则，消除政策执行上的模糊性、随意性和不确定性，并通过严格的时间表加以落实。

四是要积极探索创新政策法治化进程。寻求更长效的法治化方式，如修订《宁波市科技创新促进条例》，通过立法形式保护创新者、企业家大胆尝试和积极探索，使其成为创新创业的推动者和受益者。探索建立多层次的政策创新性、合法性审查机制，着力减少从政府到市场、企业的单向"线性化"决策，让市场、企业和社会各相关方面更多参与政策制定过程。探索建立创新政策的第三方评估机制，把对创新和竞争的影响评估作为创新政策出台的前置条件，紧密跟踪创新创业的重大趋势，及时完善政策法规，为创新发展扫清障碍。

宁波市经济增长中科技进步作用测算研究

经济增长主要表现为 GDP 和人均 GDP 的增加，是一个国家或地区在一段时间内社会财富增加的统称。外延式扩大再生产和内涵式扩大再生产分别属于经济增长的两种方式。

劳动和资金，是外延式扩大再生产的两个关键投入要素，劳动要素的增长包括增加劳动者人数、延长劳动时间、增加劳动强度等。资金要素的增长包括增加固定资产投资、增加流动资金、增加机器设备等。资金投入有许多限制，与国家发展水平密切相关，与国家的通胀程度和杠杆率有关，不可能无限制地依靠增加资金去扩大生产规模。内涵式扩大再生产包括提高装备技术水平、改进工艺水平、生产出性能更高的产品、提高劳动者素质、改善管理决策水平等，这种形式的扩大再生产主要依靠高素质的劳动者与高效率的设备，达到经济增长的总目标。当然，纯粹的内涵式或外延式增长是不存在的，它们对经济增长的影响往往是相互交错的，但是理解它们各自的内涵对于揭示经济增长实质具有重要意义。

一、研究背景

自 20 世纪 50 年代以来，定量测算技术进步对经济增长的贡献已经成为各国经济学家、世界组织和国家政府普遍关注的问题，对其进行定量计算是一项比较复杂的工作。1927 年，柯布－道格拉斯生产函数的出现对于描述产出量和投入量之间关系大有裨益。1957 年，索洛又对生产函数做了重大改进，对技术进步进行了定量分离，使人们更好地认识到技术进步对经济增长的巨大推动作用，而且生产越发展，越需要依靠技术进步。索洛所揭示的这个规律，引起了学术界的广泛注意，同时受到了许多国家决策者的重视，索洛教授也因此获得了诺贝尔经济学奖。

二、理论模型的推导

科技进步贡献率则是用索洛余值法从柯布–道格拉斯生产函数逐步推导而来的，是扣除了投资和劳动要素后，科技这一因素对经济增长的贡献份额。柯布–道格拉斯生产函数如式（1）所示：

$$Y_t = A_t K^{\alpha}_t L^{\beta}_t \tag{1}$$

其中，Y_t 代表经济产出；K_t 代表资本投资；L_t 代表劳动投入；α 和 β 分别代表资本弹性系数和劳动弹性系数；A_t 代表多要素生产率（MFP），又可以称为综合要素生产率和全要素生产率，即技术进步，t 为时间因素。使用柯布–道格拉斯生产函数需要满足生产规模收益不变这一基本假设，即 $\alpha + \beta = 1$。

对式（1）取对数，得到：

$$\ln Y_t = \ln A_t + \alpha \ln K_t + \beta \ln L_t \tag{2}$$

基于生产规模收益不变基本假设，将式（2）变形为：

$$\ln Y_t - \ln L_t = \ln A_t + \alpha(\ln K_t - \ln L_t) \tag{3}$$

基于柯布–道格拉斯生产函数推导得到科技进步贡献率即呈现为式（4）的左边部分 $\frac{a}{y}$，计算如下：

$$\frac{a}{y} \times 100\% = 100\% - \frac{ak}{y} \times 100\% - \frac{\beta l}{y} \times 100\% \tag{4}$$

其中，a，y，k，l 分别代表 A（多要素生产率）、Y（产出量）、K（资本投入量）和 L（劳动投入量）的增长率。

三、理论模型的拓展

在传统 GDP 核算中，R&D 未被作为投资的一部分纳入生产函数中，事实上这与中国经济发展阶段及国家创新发展战略不符。本研究将"无形资本"因素计算在资本投入中，也就是在资本投入中增加了无形资本投入。将无形资本因素加入后的生产函数变形为式（5），其中 R = 地区 R&D 经费支出 / 全国 R&D 经费支出，满足规模报酬不变的基本假设，即 $\alpha + \beta + \gamma = 1$。

$$Y = AK^{\alpha}L^{\beta}R^{\gamma} \tag{5}$$

变形后得到：$A = \dfrac{Y}{K^{\alpha}L^{\beta}R^{\gamma}}$，对公式进行全微分，得到式（6）：

$$\frac{dA}{A} = \frac{dY}{Y} - \alpha\frac{dK}{K} - \beta\frac{dL}{L} - \gamma\frac{dR}{R} \tag{6}$$

如果分别用 a，y，k，l 和 r 代替 MFP 全微分式子中 Y，K，L，R 的增长率，则有：

$$a + \gamma r = y - ak - \beta l \tag{7}$$

用索洛余值法将等式左右两边分别除以产出增长率，就得到了科技进步贡献率：

$$(\frac{a}{y} + \frac{\gamma r}{y}) \times 100\% = 100\% - \frac{\alpha r}{y} \times 100\% - \frac{\beta l}{y} \times 100\% \tag{8}$$

由式（8）可见，首先测算产出增长率、资本投入增长率和劳动投入增长率，其次估算资本弹性系数和劳动弹性系数，即可得到科技进步贡献率。

四、数据采集和测算

定量评价经济增长中科技进步的作用及特点，非常重要的一个环节就是对数据进行采集。

（一）数据的采集

1. 产出量

测定技术进步的模型是定量地确定产出量和投入量相互关系的数学表达式。从理论上讲，应当用实物量来分析产出量，然而采用实物量往往很难做到，一般只能以产值的形式来表达，一般采用国民生产总值。研究对产出量的测算采用的是年鉴中的"国内生产总值指数"这一指标。"国内生产总值指数"指当期可比价格 GDP 与上期可比价格 GDP 的比值。可比价格是不变价格，是剔除物价变化的实物量的测算。国家统计局隔一段时期会对不变价格进行一次编制，利用不变价格，实现"实物量"的测算。

2. 劳动投入量

劳动量的测算一般采用劳动者人数来说明劳动的消耗，劳动量的测算还可以采用劳动时间、劳动者报酬和人力资本存量来测算。研究对劳动投入量的测算采用的是"全社会就业人数"这一指标。当然，各个地区也根据本地区实际情况采用"城镇单位就业人员数量"等其他指标，但是假设该地区城乡人口基本上同步增长。

3. 资本投入量

资本投入量的确定和测算是研究中较为复杂的问题，要比劳动投入量更为复杂，Hichs曾经指出："资本测算量是经济学家交给统计学者们最困难的任务。"资本投入量的选择和测算包含了几个相互联系的问题，比如基本变量的选择、存量测算方法、价格调整方法和基年存量的估计等。国内外许多专家学者持续对这些问题进行了研究，但是至今还未得到统一的认识。首先是基础变量的选择问题。可以采用固定资产投资额、新增固定资产额、资本形成额、固定资产形成额、资本服务量等来计算。

学术界一般采用永续盘存法来估算资本存量。常用的永续盘存法测算公式如式（9）：

$$K_t = I_t + (1 - \delta)K_{t-1} \qquad\qquad (9)$$

其中，K_t指的是当年的资本存量；I_t代表的是当年的资本投入；$1 - \delta$是一个折旧的系数；K_{t-1}则是上一年的资本存量。折旧率要根据固定资产使用寿命来进行估算，比如王小鲁和樊纲估算固定资产折算率为5%，宋海岩、蒋萍估算为3.6%，张军估算为9.6%，单豪杰采用10.96%。研究采用吴敬琏的计算方法得到2000年全国的固定资本存量大致在60000亿元的水平（1952年价），根据各个省市按照等量资本可以获得等量报酬的原则，采用当年的GDP的份额推算出宁波市的资本存量为800.28亿元。以1952年为基准，按照浙江省固定资产投资价格指数，得到宁波市的固定资产投资价格指数。按照这一价格指数，以2000年的固定资本存量净额为基础变量，用永续盘存法和单豪杰的折旧率计算得到实际的每年的资本投入量。

4. 弹性系数的测算

资本弹性系数 a 的定义是，在其他条件不变的条件下，资金增长 1% 时，产出相应增长的百分比，但是在实际生产过程中，资金、劳动、技术水平等因素随时都在变化，而很少有其他条件不变只有资金变化的情况，所以实际测量资金产出弹性的大小是非常困难的。劳动的产出弹性也存在同样的问题，为此经济学家和数学家们做了大量工作，多方寻找测算参数的方法。目前主要有分配法、回归法和经验法三种。

（二）科技进步贡献率的测算

在测算五年及五年以下时段的科技进步贡献率时，我们选取的弹性系数测算方法主要是经验估计法，即主观分析法，比如将资本和劳动的产出弹性系数分别设定为 0.4 和 0.6。各地区在测算科技进步贡献率时，往往将 R&D 变量加入，为此在估算弹性系数时，也将 R&D 弹性系数一起估算。对于宁波市这类城市而言，无论是财政收入还是民间资本都相较于其他省市较为充裕，而且正在寻求如何从资本密集型增长转为创新驱动型增长，为此，资本投入占的权重也比较小，劳动投入占的权重比较大，而体现宁波市科技创新驱动能力的 R&D 权重更是在逐步增加。因此研究采用 0.3 及上下浮动作为单个年度资本产出弹性的估算值，0.5 及上下浮动作为单个年度劳动产出弹性的估算值，R&D 弹性系数在 0.2 上下浮动，这三个弹性系数总和为 1。

在测算五年以上时间段的科技进步贡献率时，我们采用的弹性系数测算方法为回归分析法。根据 $\ln Y_t - \ln L_t = \ln A_t + \alpha(\ln K_t - \ln L_t)$，利用历年的总产出量、劳动投入量和资本投入量，通过回归估计可估算出 α，进而得到 β 值。回归法通常采用时间序列数据进行回归，主要是根据统计资料，用最小二乘法得到最佳拟合。当然，采用时间序列法估算参数时，需要假定模型中的参数为参数，即参数不随时间变化。研究以 2003—2016 年为样本区间，对宁波市 14 年间的 α 和 β 值进行回归测算，计算科技进步贡献率。利用 Eviews 软件，各系数（除了常数项）在 0.01 置信水平下检验显著性，得到 14 年间科技进步贡献率的资本弹性系数 α 为 0.29，劳动弹性系数 β 为 0.66，根据规模报酬不变，得到 r 为 0.05 且从 t 统计量值、拟合系数值及杜宾统计量值（D-W）看出，回归结果非常可靠。根据得到的弹性系数，计算得到宁波市 2003—2016 年的科技进步贡献率为 55.2%。

表 1　宁波 2003—2016 年间资本弹性系数的回归结果

Variable	Coefficient	Std. Error	t-Statistic	Prob.
C	2.768506	0.524251	5.280883	0.0004
LnK–LnL	0.290216	0.146081	1.986673	0.0750
AR(1)	0.909173	0.033357	27.25543	0.0000
R-squared	0.997343			
Adjusted R-squared	0.996812			
Durbin-Watson stat	2.128117			
Prob(F-statistic)	0.000000			

五、结论与思考

本文根据科技进步贡献率的理论模型推导以及实践中对于科技进步贡献率几个主要变量的选择和测算，对宁波市的科技进步贡献率进行了初步估算，得到以下结论。

（一）以每个五年规划期科技进步贡献率的平均值来反映相应时期科技进步的作用比较符合实际情况

根据经济、科技的发展规律，在一定历史条件下，技术从开始到真正成为现实生产力需要一段时间，尤其是技术革命的孕育过程要求的时间更长，技术融入生产的每个环节，凝聚在每个产品、工艺、装备和管理中也需要时间，这就决定了技术进步对经济增长的贡献也有一定的滞后性。因此，评价宁波市的科技进步状况或者科技水平，最科学和客观的情况是就宁波市经济发展的一段时期而言，这也可以在相当程度上消除统计口径不同造成历年科技进步贡献率的差异过大的问题。由于我国经济通常以五年规划为期进行评价，因此，建议在测算宁波市的科技进步贡献率时也以五年为时间轴。通过测算，得到宁波市 2009—2013 年 5 年间的科技进步贡献率为 50.72%，2010—2014 年五年间科技进步贡献率为 53.95%，2011—2015 年 5 年间的科技进步贡献率为 57.24%。测算五年以上时间段的科技进步贡献率时，我们采用的弹性系数测算方法为回归分析法，通过测算得到宁波市 2003—2016 年的科技进步贡献率为 55.2%。

（二）宁波市的科技进步贡献率呈现一个逐步增长趋势

自 2009 年起，宁波市每个五年期的科技进步贡献率呈现一个逐步增长的趋势，从 50.72% 上升到 57.24%。说明宁波市在"十二五"期间坚持把提升创新能力作为促进经济社会发展的重要着力点，经济发展逐步从低技术层次向高技术层次迈进，经济增长方式逐步从工业资本密集型和劳动密集型向技术密集方式转变，已经卓有成效。其中，宁波市全社会的 R&D 投入占 GDP 比重由 2010 年的 1.6% 上升到 2015 年的 2.4%；高新技术产业实现总产值 5383.4 亿元，占规模以上工业总产值比重为 39.1%，较 2010 年上升近 14 个百分点；实现高新技术产业增加值 952.7 亿元，对 GDP 的贡献强度由 2010 年的 9.4% 上升到 2015 年的 12.08%；新产品产值率由 2010 年的 17.1% 上升到 2015 年的 29.4%。

（三）对科技进步贡献率的几点认识

随着国家中长期规划纲要的颁布，各地区已掀起测算科技进步贡献率的浪潮。从国内外各种组织机构及各位学者对于科技进步贡献率的测算来看，出现了比较明显的差异性，即使在相同的时间段，科技进步贡献率的差异也会在 10 个百分点以上。这与测算过程中模型的运用、变量的选择、起始年份的确定等都有着密切的关系。因此，要正确认识科技进步贡献率，普及科技进步贡献率在计算过程中可能产生的差异，从而使社会各界正确理解科技进步贡献率的内涵，避免对科技进步贡献率不切实际的夸大。

从测量方法上看，科技进步贡献率只反映科技进步速度占经济增长速度的份额，其大小取决于经济增长速度和科技进步速度之间的相对关系。同样地，还受到资本贡献率和劳动贡献率的影响，当这些数值之间的相对关系变化时，科技进步贡献率会产生相应的变化。比如，同样的科技进步速度，当经济增长速度较慢时，科技进步贡献就会较大；而当经济增长速度较快时，贡献率就会较小。为此，对一些沿海发达地区而言，由于资本和劳动投入规模较大，经济增速较大，反而科技进步贡献率会低于中西部的一些经济不发达的地区，就如同发达国家的经济增长速度常常低于发展中国家的一样，也就不能简单地认为沿海地区的科技进步贡献率低于中西部地区。

此外，科技进步贡献率只是一个统计指标，虽然可以直观反映技术进步对于经济增长的贡献，但是单单采用唯一指标进行衡量，必定会有局限性和片面性，因而要谨防出现单纯根据科技进步贡献率的大小片面进行评优评劣的做法。

团体标准中专利标准化的自我治理与制度构建

专利和标准的结合有其必然性、可行性和必要性。基于团体标准在我国的发展趋势，其将成为专利标准化现象最为凸显的一类标准。国家顶层政策文件对团体标准中专利标准化持鼓励和支持的态度。但是目前，有关团体标准中专利标准化的制度环境还未完善，自我治理亦未成熟，故须进一步加强社会团体在标准化领域的自我治理，通过专利政策从内部作用于专利标准化，同时构建制度（体系）营造外部制度环境。在保障团体标准的制定和实施的前提下，促进专利技术融入团体标准之中，推动对团体标准的培育和发展进程，最终使其能够肩负起激发创新、推动发展与对外联通的时代使命。

一、团体标准中的专利标准化发展趋势

专利除了被狭义地理解为专利权外，还可以被理解为具有新颖性、创造性和实用性的技术方案。而标准则是指，为了在一定范围内获得最佳秩序，经协商一致制定并由公认机构批准，共同使用和重复使用的一种规范性文件。从时代发展的角度来看，专利和标准的结合源于前者在现代科学技术发展中重要性的不断凸显以及后者对市场影响力的不断提升。两者高频结合之趋势是社会科学技术、经济活动发展的必然结果，特别是在通信等高新科技领域几乎是无可避免的。从价值追求的角度来看，专利可借助于标准得到充分、有效地传播和使用，实现其市场价值的最大化；标准则可以借助专利提高水平和质量，从而被广泛地接受和实施。从功能实现的角度来看，专利和标准均为致力于解决相关领域实际问题的技术方案。又因为专利文本和标准文本在一般情况下均是公

开可获得的，故两者的结合通常并不存在绝对的技术矛盾和保密障碍。但是，若从法律性质的角度来看，专利具有鲜明的私人权利属性，而标准则具有一定的公共物品属性，以至于涉及专利的标准就成了公共利益和私人权利的"对冲区"。其中，公共利益是广大标准使用者和最终产品与服务消费者等不特定的多数人利益，私人权利则是指特定的专利权人利益。对此，则需要在制度层面采取合理之措施，来协调所涉公共利益与私人权利之冲突，在促进标准的顺利制定和广泛实施的同时，保障专利权人的合法权益，从而达至一个动态平衡状态。

具体到团体标准，在 2018 年 1 月 1 日起施行的《中华人民共和国标准化法》第一次赋予其法律地位，目前还处于培育和发展阶段。但是，可以预判的是，被赋予重任的团体标准，同时作为一种最为重要的市场自主制定的标准，其必将成为专利标准化的主要"阵地"，其中的专利标准化问题将会较其他类型的标准更为突出。这主要是因为以下几个原因。

（1）团体标准将在数量和规模上成为我国标准的主要标准类型。随着我国标准化改革的不断深入，强制性标准（国家标准）与推荐性标准（国家标准、行业标准、地方标准）将继续整合、精简和缩减。更多的标准将由市场主体遵循市场规律制定。政府将不再充当标准的主要提供者，转由市场自身去满足标准的自足供给。

（2）团体标准将在功能和作用上成为我国标准的上限标准类型。在质量时代，根据标准功能和作用的分工，质量下限（基础、安全、通用等要求）主要依靠强制性标准和推荐性标准来保障和满足，而质量上限（市场和创新等需要）则主要通过团体标准和企业标准来提升。并且根据《中华人民共和国标准化法》的规定，团体标准和企业标准中的技术要求通常要高于强制性标准和推荐性标准。

（3）团体标准将在应用和推广上成为我国标准的主流标准类型。团体标准是市场自主制定的标准，并不绝对受制于国家身份，其在应用和推广上具有溢出效应。这使得团体标准不绝对受制于国家身份，一旦真正被市场所接受，会比企业标准更有助于在全球范围内对外联通、建立规则，从而增大、增强在全球范围内的话语分量。

（4）团体标准将在竞争和创新上成为我国标准的核心标准类型。区别于政府主导制定的标准之间的非竞争关系，团体标准之间是存在竞争关系的。在相同领域可以存在技术指标类似的标准，它们并非要在标准制定前通过互相协商规避冲突，而是要在标准实施时通过市场竞争优胜劣汰。也正因如此，团体标准会反映最新的创新成果，并能充分激发创新活力。在目前我国顶层政策文件中也将专利标准化作为团体标准起到促进创新、推动进步等作用的主要方式。

基于上述 4 点原因可以发现，团体标准本身对团体标准化主体具有激励作用，致使团体标准化主体在开展团体标准化活动时，倾向于将其所拥有的代表创新成果的专利技术融入于团体标准之中，通过团体标准的特性，进一步提升其在相关市场里的竞争力，凸显其在相关行业内的引领性。但是，我国团体标准的现状仍远未成熟，专利标准化对于团体标准化主体而言可能如同一把"双刃剑"，倘若不能很好地规范化开展，则会使得其中公共利益与私人权利之间的动态平衡失衡，从而增加承受风险的概率。因此，接下来亟须开展的工作就是要在充分了解有关团体标准中专利标准化的顶层政策要求、具体制度规定和内部自我治理的概况的前提下，采取合理措施从内部自我治理和外部制度构建两方面来保障专利标准化成为团体标准存在和发展的动力而非阻力。

二、国家顶层政策文件对团体标准中专利标准化的要求

目前在我国，专利与标准的结合已获顶层政策的认可、鼓励和支撑。在国务院于 2008 年 6 月 5 日公开发布的《国家知识产权战略纲要》(国发〔2008〕18 号) 中就已明确提出要制定和完善与标准有关的政策，规范将专利纳入标准的行为。在国务院于 2012 年 2 月 6 日公开发布的《质量发展纲要（2011—2020 年)》(国发〔2012〕9 号) 中提出要注重创新成果的标准化和专利化，从而起到扭转重制造轻研发、重引进轻消化、重模仿轻创新状况的作用。在国务院办公厅 2016 年 9 月 6 日公开发布的《消费标准和质量提升规划（2016—2020 年)》(国办发〔2016〕68 号) 中提出要加强消费品领域科技、专利、标准一体化研究，鼓励将拥有自主知识产权的关键技术纳入标准，从而起到推动技术创新、标准研制和产业化协调发展的作用。在于 2017 年 9 月 5 日公开发布的《中共中央国务院关于开展质量提升行动的指导意见》(2017 年第 27 号) 中则提出要建立健全技术、专利、标准协同机制，从而起到破除质量提升瓶颈的作用。

随着全国性的标准化改革的开展和深入，明确提及团体标准中的专利标准

化的顶层政策文件也陆续公开发布。在国务院于 2015 年 3 月 11 日公开发布的《深化标准化工作改革方案》(国发〔2015〕13 号)中唯一明确提出支持的就是专利与团体标准的结合,从而起到推动技术进步的作用。在国务院办公厅于 2015年 12 月 17 日公开发布的《国家标准化体系建设发展规划(2016—2020 年)》(国办发〔2015〕89 号)中又明确提出要加强专利与标准相互结合,促进标准合理采用新技术,并鼓励社会组织将拥有自主知识产权的关键技术纳入团体标准,从而起到促进技术创新、标准研制和产业化协调发展的作用。在原质检总局与国家标准委员会于 2016 年 2 月 9 日公开发布的《关于培育和发展团体标准的指导意见》(国质检标联〔2016〕109 号)中也明确支持专利融入团体标准,从而起到促进创新技术产业化、市场化的作用,并进一步提出要制定团体标准涉及专利的处置规则,对于团体标准中的必要专利,应及时披露并获得专利权人的许可声明等具体要求。在原质检总局、国家标准委、工业和信息化部于 2016 年8 月 1 日联合公开发布的《装备制造业标准化和质量提升规划》(国质检标联〔2016〕396 号)中则进一步指出,在装备制造业领域也要通过标准促进科技成果、专利技术转化和快速推广应用,并支持专利融入团体标准,从而起到推动装备制造业技术进步的作用,并要求通过加强法规政策的建设,合理处置装备制造业标准中所涉及的专利。

对上述与团体标准中专利标准化有关的现有国家顶层政策文件进行系统性、综合性的文本解读可以得出以下几点重要的信息:(1)国家高度重视团体标准中的专利标准化,并对此采支持、鼓励态度;(2)专利标准化是团体标准起到促进科技创新、推动技术进步、提升质量水平、保障产业发展等作用的主要方式;(3)团体标准中的专利标准化在依靠社会团体自我治理的同时,需要外部进行必要的引导与规范。

三、目前我国团体标准中专利标准化的制度环境与自我治理

(1)我国团体标准中专利标准化的制度环境现状

1. 在法律制度层面

现行的《中华人民共和国标准化法》和《中华人民共和国专利法》均未就

专利标准化给予回应。在《中华人民共和国标准化法》之前的修法过程中，所有的公开征求意见稿中也均未对专利标准化做出回应。但是在目前的《中华人民共和国专利法》修法过程中，却对专利标准化创设性地做出了回应，国家知识产权局于 2015 年 4 月 1 日公开征求意见的《中华人民共和国专利法修改草案（征求意见稿）》第 82 条（新增 X9 条）以及于同年 12 月 2 日公开征求意见的《中华人民共和国专利法修订草案（送审稿）》第 85 条（新增）。而在 2018 年 3 月 2 日，国务院已提请全国人大常委会审议专利法修订草案。这两部公开征求意见稿在具体的条文内容上保持一致，即设计了标准必要专利默示许可制度。但遗憾之处在于其将适用标准的范围仅限定为国家标准，而未涵盖团体标准等其他法定类型的标准。

2. 在部门规章层面

由国家标准委员会和国家知识产权局联合制定并于 2014 年 1 月 1 日起施行的《国家标准涉及专利的管理规定（暂行）》，是我国首部关于专利标准化的部门规章，主要对国家推荐性标准中涉及专利的信息披露、专利实施许可、强制性国家标准涉及专利问题的处理、采标中专利的处理等问题进行了规定。但遗憾之处在于其仍将适用标准的范围仅限定为政府主导制定的标准，未涵盖团体标准等市场自主制定的标准。基于《中华人民共和国标准化法》的要求，原质检总局、国家标准委员会联合民政部制定了《团体标准管理规定（试行）》，并于 2017 年 12 月 15 日公开发布。其中对团体标准中的专利标准化做出了原则性规定，主要有：（1）应制定相关知识产权政策；（2）应披露和公开专利信息；（3）应获专利权人的许可声明。国家发展与改革委员会先后于 2015 年 12 月 31 日和 2017 年 3 月 23 日发布的历次《关于滥用知识产权的反垄断指南（征求意见稿）》，从维护市场良性竞争秩序的角度回应了专利标准化问题。对文本进行解读可以得出，其中所指的标准应该包括团体标准。

3. 在司法解释层面

于 2016 年 4 月 1 日实施的《最高人民法院关于审理侵犯专利权纠纷案件应用法律若干问题的解释（二）》，是我国第一部回应专利标准化的司法解释，对我国标准必要专利问题的司法实践产生了重要影响。其中第 24 条对推荐性标准涉及专利侵权纠纷具体适用法律的问题做出了明确规定。但遗憾之处依旧在于其所规范的对象范围是推荐性标准（国家标准、行业标准和地方标准），而未涵盖强制性国家标准、团体标准和企业标准。

4. 在国家标准层面

于 2010 年 1 月 1 日实施的《标准化工作导则第 1 部分：标准的结构和编写》GB/T 1.1—2009（以下简称 GB/T 1.1—2009），其中附录 C 较为简单地回应了专利标准化，即原则性地设计了在标准的编制过程中，专利权人对相关专利信息的披露规则。作为现行有效的推荐性国家标准，其适用于各类法定标准的编写。GB/T 1.1—2009 提高了《国家标准涉及专利的管理规定（暂行）》的可操作性。为进一步提高该规定的可操作性，国家标准委组织起草了《标准制定的特殊程序第 1 部分：涉及专利的标准》GB/T 20003.1—2014（以下简称 GB/T 20003.1—2014）并于 2014 年 5 月 1 日实施，其对国家标准中的专利标准化作了较为翔实的规则设计。但不同于 GB/T 1.1—2009 的是，同样作为现行有效的推荐性国家标准，GB/T 20003.1—2014 的适用范围仅为政府主导制定的标准。为进一步落实顶层政策文件的改革要求，培育和发展我国的团体标准，原质检总局和国家标准委员会共同发布了《团体标准化第 1 部分良好行为指南》GB/T 20004.1—2016（以下简称 GB/T 20004.1—2016），并于 2016 年 4 月 25 日实施。GB/T 20004.1—2016 是目前我国唯一直接回应我国团体标准中的专利标准化的推荐性国家标准。其中对社会团体的专利政策的主要内容做了原则性要求，对于更为详细的细节规则，则在此直接引用了 GB/T 20003.1—2014。但这一指引性的处理，其合理性有再讨论的必要。

除此之外，北京市高级人民法院于 2017 年 4 月 20 日发布的《专利侵权判定指南（2017）》也对如何解决与专利标准化有关纠纷进行了有益尝试，但是其亦将标准限制于推荐性标准。故综合而论，目前我国有关团体标准中专利标准化的制度环境现状并未成熟，究其原因主要有以下几点：（1）团体标准本身还处于"成长期"。目前有关专利标准化的制度环境主要形成于 2015 年前后，是解决现实问题的阶段性状态，是各方共识的阶段性体现。故可以发现，大部分的制度规则均适用于推荐性标准，这是因为在我国的标准体系中，推荐性标准长期占据绝大多数份额，国内有关纠纷也主要是涉及推荐性标准中的专利标准化。（2）我们习惯于从专利的角度而非从标准的角度讨论和研究专利标准化，这就容易出现制度构建的片面性。（3）从观察域外成熟的经验可以发现，要实现专利标准化的规范化，各个社会团体的内部专利政策要起到更为重要的作用。

（二）我国团体标准中专利标准化的自我治理概况

根据《中华人民共和国标准化法》的规定，我国的团体标准化主体主要包括学会、协会、商会、联合会、产业技术联盟等社会团体。目前，这些已经制定或者将要制定团体标准的社会团体都会陆续通过统一的全国团体标准信息平台（http://www.ttbz.org.cn）向社会公开其相关信息，并且，根据《全国团体标准信息平台用户管理规定（试行）》的有关规定，如果这些社会团体已经有了专利政策文件（自己制定或者等同采用），则须上传和公开，而这为观察和研究目前我国团体标准中专利标准化的自我治理概况提供了便利条件，故通过对目前平台上已经注册成为成员的和正在公示的社会团体的专利政策进行归纳和总结，可以发现目前我国团体标准中专利标准化的自我治理概况，主要存在以下几种现象。

（1）有专门的知识产权政策［如中国通信标准化协会的《中国通信标准化协会知识产权政策（试行)》等］。

（2）采用 GB/T 1.1—2009，并在团体标准管理办法中专门对专利标准化做出了较为具体的规定，涵盖涉及专利的信息披露、专利实施许可、专利信息公示程序、专利转让后的处理、专利实施许可费用等（如崇州市农民专业合作经济组织联合会等）。

（3）采用 GB/T 1.1—2009，并在团体标准管理办法中规定，协会不负责对涉及专利内容的真实性、有效性和合法性进行鉴别，一旦标准中涉及专利，标准起草单位应及时请专利权利人根据有关规定做出书面的专利实施许可声明，该声明应作为标准报批材料之一（如中国电器工业协会等）。

（4）在团体标准管理办法中规定，须作标准是否涉及专利的说明。如果涉及专利，则提案人应提供专利持有人同意将有关技术方案制定成标准，以及同意放弃或在联盟内部采用合理无歧视的专利许可的书面声明（如国家半导体照明工程研发及产业联盟等）。

（5）采用 GB/T 20003.1—2014 和 GB/T 1.1—2009，并在团体标准管理办法中作了需要制定相关处置规则、程序和要求的原则性规定（如深圳市质量协会等）。

（6）采用 GB/T 1.1—2009，并在团体标准管理办法中作了需要制定相关处置规则、程序和要求的原则性规定（如广东省农村电子商务协会等）。

（7）采用 GB/T 1.1—2009，并在团体标准管理办法中规定，团体标准如涉及专利，其标准编制、实施等应符合国家对标准涉及专利的相关规定（如珠海市社会体育指导员协会等）。

（8）采用 GB/T 1.1—2009，并在团体标准管理办法中规定，如果有涉及专利相应材料须作为报批材料一并报送（如上海市聚氨酯工业协会）。

（9）采用 GB/T 1.1—2009，并在团体标准管理办法中规定，标准中如果涉及专利，应有明确的知识产权说明（如中国散装水泥推广发展协会）。

（10）采用 GB/T 1.1—2009（如崇义县水饺协会等）。

（11）采用 GB/T 20003.1—2014（如江西省物流与采购联合会等）。

（12）没明确是否有专门的专利政策，仅在团体标准管理办法中作了需要制定相关处置规则、程序和要求等原则性规定（如贵州省体育场地设施建设行业协会等）。

（13）没明确是否有专门的专利政策，且在团体标准管理办法中也没有任何相关规定（如甘肃省美发美容协会等）。

虽然在《团体标准管理规定（试行）》中明确规定了社会团体开展团体标准化活动时，应制定相关知识产权政策，并且大部分社会团体在其团体标准管理办法中也都明确指明是根据《团体标准管理规定（试行）》等有关政策性、规范性文件而制定，但通过上述统计与归纳可以发现，目前我国开展团体标准化活动的社会团体内部的专利政策在整体上呈现出了依靠国标、过于简单、缺乏体系等现象。究其原因主要有以下两个：（1）因有些社会团体所处的行业领域以及具体工作的自身特征，使其在开展团体标准化活动时很少或者几乎不会涉及专利技术；（2）与国际标准化组织（ISO）、欧洲标准化委员会（CEN）等这类专门从事标准化活动或者与国际电工委员会（IEC）、国际电信联盟（ITU）、电气电子工程师协会（IEEE）和欧洲电工标准化委员会（CENELEC）等这些已经具备成熟的标准化活动经验的组织不同，目前我国大多数开始或者准备开始从事团体标准化活动的社会团体，其成立之初衷并非为专业从事标准化活动，而至今才2年左右的发展时间（包括试点）也并不能使它们具备成熟的标准化经验，更别提专利标准化又是标准化活动中最为复杂的部分之一。当然，这同时也凸显学习专利标准化内部自我治理成熟经验与营造合理的外部制度环境的重要性。

四、加强自我治理从内部作用于团体标准中的专利标准化

从我国开始标准化改革之初，对于最终的目标定位就是要坚持简政放权，切实转变以政府为主导的标准化管理格局，从而健全统一协调、运行高效、政府与市场共治的标准化管理体制，形成政府引导、市场驱动、社会参与、协同推进的标准化工作新格局。这与体现"有效政府"的新自由主义之理念与现代社会所要求的政府与市场共同治理的理念不谋而合。这一理性定位又被修订后的现行《中华人民共和国标准化法》加以巩固。在标准化领域，政府角色的转变，意味着传统规制模式的淡化，这在培养和发展团体标准方面体现得最为突出。政府更多的是出于对团体标准化活动的"鼓励和支持"而提供外部服务和指引，而非直接干预和管制。因此，社会团体则要更多地通过内部的自我治理来保障团体标准化活动的良好运转，而社会团体维系自我治理的基础就是要通过充分地行使自治权（主要体现为规则制定权），建立并不断完善自我治理的机制，为团体标准的发展提供可持续性保障。

具体到专利标准化，社会团体自我治理的重要机制就是基于成员之间的协商一致而制定符合自身发展需要的专利政策，从而对内部成员起到约束作用，最终达到平衡利益、遏制冲突、促进标准实施的目的。通过观察国际和域外发达地区和国家的具有影响力的标准化组织的成熟经验可以发现，标准化组织一般会通过制定专利政策，构建事前协调机制，以确保标准的有效实施。在国际层面上，如国际标准化组织（ISO）、国际电工委员会（IEC）和国际电信联盟（ITU）这三大国际标准化组织于2006年3月共同发布了《ITU-T/ITU-R/ISO/

IEC 共同专利政策》，为了更好地配合实施共同专利政策，它们又于次年同月发布了《ITU-T/ITU-R/ISO/IEC 共同专利政策实施指南》，随后为适应发展以及回应不断产生的热点问题，三大国际标准化组织分别于 2012 年 4 月 21 日和 2015 年 6 月 26 日发布了修订版。在域外发达地区，如欧洲标准化委员会（CEN）和欧洲电工标准化委员会（CENELEC）则于 2009 年 11 月底共同发布了《CEN/CENELEC 指南 8：CEN-CENELEC 关于专利（和其他基于发明的法定知识产权）共同政策实施指南》，在经历了 3 次修订后于 2015 年共同发布了最新版本，这是对《ITU-T/ITU-R/ISO/IEC 共同专利政策》在欧洲范围内得以具体实施的进一步细化。在域外发达国家，如美国国家标准协会（ANSI），虽然其本身并不制定标准，但是其专利政策至今已历经 85 年的演变发展。在 2018 年它又在最新发布的《ANSI 基本要求：美国国家标准的正当程序要求 2018》中体现了其最新的专利政策。

诚然，不同的标准化组织由于其所处的行业以及地域的不同，在处理知识产权问题上，往往存在差异，致其自身的知识产权政策，往往也随着技术和产业环境变化的发展而发展。但是这并不意味着标准化组织的专利政策就毫无逻辑与章法可循。实际情况则是，成熟的标准化组织的专利政策，在其核心内容上，是基本上保持一致的。如果我国的社会团体想加强自我治理从内部规范团体标准中的专利标准化，那么应该学习这些成熟经验的共性，再基于共性发展个性。

基于上文对目前我国团体标准中专利标准化自我治理概况的归纳和总结的结果，有必要对作为团体标准化主体的社会团体在专利标准化的自我治理方面进行适当的引导。对此，鼓励和支持我国已经或者即将从事标准化活动的社会团体制定专利政策的 GB/T 20004.1—2016 已在一定程度上起到了引导作用，即有关团体标准的专利政策的主要内容宜包括但不限：团体标准涉及专利问题处置的目标或宗旨；对专利权人进行专利信息披露的相关要求；基于公平、合理（包括免费或收取合理许可费）和无歧视条件进行自愿性专利实施许可承诺的要求；对标准所涉及专利信息的公布要求；专利转让后许可承诺的存续要求。因此，须对已经或者即将从事团体标准化活动的社会团体继续做好 GB/T

20004.1—2016 的标准宣贯工作。

承上文所述，尊重对专利标准化的自我治理是培育和发展团体标准的原则和立场，我们坚信随着我国团体标准的不断发展，作为团体标准化主体的社会团体也将会制定并不断完善其专利政策，从而成为司法实践的重要参考依据。但是，面对我国团体标准中专利标准化自我治理的现状，社会团体专利政策所呈现出来的"乱象"，有必要对作为团体标准化主体的社会团体在专利标准化的自我治理方面进行适当引导（如 GB/T 20004.1—2016 等），甚至有必要通过有效措施规范和弥补因目前社会团体专利政策缺失不全面、过于原则性等所产生或者可能产生的弊端。对此，通过适当的制度（体系）构建营造良好的制度环境则为良策。这也符合《中华人民共和国标准化法》所做出的对团体标准的制定进行规范、引导和监督的规定。

五、构建制度（体系）从外部作用于团体标准中的专利标准化

在欧美这些传统的发达地区和国家，团体标准有着悠久的历史，被高度重视，是这些地区和国家标准体系的主要部分。长期的发展积淀以及市场竞争的优胜劣汰，使得这些地区和国家从事团体标准化活动的社会团体通常会有较为成熟的专利政策来降低自身发展风险，并为解决纠纷提供重要依据。但是，我国的团体标准是标准化深化改革的新生事物，其所对应的标准化活动也还处于探索发展阶段，社会团体内部对于标准化的自我治理经验还未成熟，对于其中最为复杂的专利标准化部分则更是如此。如上文所述，目前我国社会团体内部的专利政策在整体上暴露出依靠国标、过于简单、缺乏体系的问题，故有必要在尊重团体标准化主体的专利政策的基础上，通过外部制度（体系）的构建，表达国家对团体标准中专利标准化的立场，弥补因专利政策缺失不全面、过于原则性等而产生的漏洞，规范专利政策的整体框架结构，指引专利政策的具体完善方向，最终遏制乱象发生的可能，平衡主体之间之利益，降低纠纷产生之概率，提升纠纷解决之效率。而且，从上文对目前我国团体标准中专利标准化的自我治理概况的归纳和总结的结果可以发现，我国社会团体在标准化方面的自我治理，尤其是对专利标准化部分，还明显有对外部制度规则依赖的倾向。并

且，专利标准化行为作为一种社会行为，可以成为并且也应当成为法律规制的对象。这同样说明了构建制度（体系）从外部作用于团体标准中的专利标准化是具有必要性和可行性的。

在我国，《团体标准管理规定（试行）》、GB/T 1.1—2009、GB/T 20004.1—2016 等已初步为团体标准中专利标准化营造出了一个外部制度环境，但仍存在继续完善的空间，而在继续构建具体制度（体系）之前，确有必要对专利标准化行为做进一步的分解。对此，可以将专利标准化行为分解为两部分，第一部分是专利技术的融合，即在标准的制修订过程中将专利技术以一定的条件融合进入标准之中；第二部分为专利权利的行使，即在标准的实施过程中进行专利许可、转让等。对于第一部分而言，披露专利信息与做出许可声明是核心内容。而对于第二部分而言，协商许可费用与专利转让处置则是核心内容。随后需要明确的是构建具体制度的宗旨，即为在保障和促进团体标准的制定和实施的前提下，鼓励和支持专利技术融入团体标准之中。这同时也是国家和社会团体的共同立场表达。对于前者因上文已做阐述，故在此不再赘述。对于后者，在市场竞争机制的作用下，社会团体在制定标准时融入专利技术的目的在于提升团体标准作为一种产品的市场竞争力，倘若因此而阻碍了标准的制定和实施，则必然是事倍功半的。而就构建具体制度（体系）而言，可以分为事前引导规范制度（体系）和事后司法处理制度（体系）两部分进行构建，从而取得相得益彰之效果。

对于事前引导规范制度（体系）的构建，主要目的是为了指引和规范从事或者即将从事团体标准化活动的社会团体制定符合自身需求的、完善的专利政策，故可以在《团体标准管理规定（试行）》、GB/T 1.1—2009、GB/T 20004.1—2016 的基础上进行合理、适度的细化。首先，明确专利政策的核心内容框架：规范团体标准中专利标准化的目标、宗旨和原则部分、专利信息的披露（包括对内和对外）部分、专利的实施许可部分（包括专利转让后的许可存续）；其次，明晰核心部分中所涉及术语的具体概念含义；最后，进一步细化各核心部分可以或者应该包括的具体实体性和程序性内容。如在专利信息的披露部分包括披露主体、披露客体、披露对象、披露时间、披露流程等。又如在专利的实施许可部分包括许可声明模式、许可声明时间、许可声明流程、专利转让后许可声明的存续等。而进一步的内容细化，则要交给社会团体通过制定具体的专利政策来完成。至于实现路径的选择，具体可以采用制定"办法＋标准"的模式加以实现。这就相当于标准与法律相结合的模式一样，即前者可以很好地成为对后者原则性的补充和落实。而且如今，标准与法律的融合已经体现于诸多领域，呈现"你中有我"和"我中有你"的状态。而这种已证的可行、有效的模式，可以成为我们构建有关团体标准中专利标准化事前引导规范制度（体系）提供有益的参考样本。

对于事后司法处理制度（体系）的构建，主要目的是为了作用于由团体标准而产生的专利纠纷的解决，弥补目前我国社会团体自身专利政策的缺失、片面，和由于过于简单、过于笼统而产生的漏洞，并进一步解决因此而导致的司法困境。可以基于以下几点构建具体的制度（体系）：（1）对专利技术的直接使用，除非属于法定的不视为侵犯专利权情形，否则均应以许可作为使用专利技术的前提条件，不然视为侵犯他人专利权；（2）专利权人参与了团体标准的制定，或者经专利权人同意将其专利技术纳入团体标准的（无论是否对外披露所涉专利信息），即视为专利权人许可他人在使用标准的同时使用专利技术；（3）标准实施后，专利权人可以要求标准使用者支付一定的专利实施许可费或者免费许可，但要求支付的专利实施许可费应在公平、合理、无歧视的基础上提出；（4）专利权人与标准使用者经充分协商仍然无法达成一致的，可以通过诉讼解决专利实施许可费纠纷，人民法院应当综合考虑标准的实施范围，包含在标准中的专利技术对实现该标准的性能与作用的重要程度，专利的使用范围（技术领域、地区等）和使用期限，其他已经达成的相同的、类似的或者可比的专利许可合同中的专利实施许可费，参与标准制定的企业生产和销售采用该标准的产品情况等因素加以决定；（5）未经专利权人同意，也未获得实施专利技术的强制许可将专利技术纳入团体标准的，后标准使用者又未获得许可的，属于对他人专利权的侵犯，制定该团体标准的社会团体应被视为共同侵权。至于实现路径的选择，具体可以采用制定"法律或条例＋司法解释"的模式加以实现。

六、结语

专利和标准的结合可以产生 1+1>2 的效果。而基于团体标准在我国的发展趋势，其将成为专利标准化的主要"阵地"。现阶段，得到国家顶层政策重视，并要予以重点培育和发展的团体标准，必须通过外部的制度规则和内部的自我治理协同作用，来处理好其中的专利标准化问题。但是目前，有关我国团体标准中专利标准化的制度环境还未完善，自我治理亦未成熟，故有必要进一步加强社会团体在标准化领域的自我治理从内部作用于团体标准中的专利标准化，同时构建制度（体系）从外部作用于团体标准中的专利标准化。而无论是内部专利政策还是外部制度规则都应在保障和促进团体标准的制定和实施的前提下，鼓励和支持专利技术融入团体标准之中，从而实现培育和发展团体标准的战略目标，完成我国标准化改革的重要任务，最终使团体标准能够真正肩负起激发创新、推动发展与对外联通的时代使命。

宁波市总体知识产权（专利）布局质量研究

《宁波市"十三五"科技创新规划》明确以建设"全国一流的产业技术创新中心"为目标，提出到 2020 年率先迈入国家创新型城市前列。知识产权区域布局试点工作是深入贯彻实施创新驱动发展战略、实现"十三五"科技创新战略目标的重要抓手，也是推进区域科技进步、促进经济转型升级的一项重要制度，对宁波的社会经济发展具有重要的战略意义。本课题系统评价了宁波知识产权区域布局质量，分析比较了长三角主要城市知识产权布局质量的差异，在此基础上提出了进一步提升宁波知识产权布局质量的思路和建议，以期更好地发挥知识产权资源在创新驱动发展战略中的引领作用，加强区域知识产权创造、运用、管理、保护及其与产业发展的协同，为全面建设小康社会提供强大的科技支撑。

一、宁波市知识产权区域布局质量评价指标与方法

（一）知识产权区域布局的内涵

知识产权区域布局是指综合运用多种措施和手段，对区域知识产权资源进行有机设计与配置，从而把各类知识产权资源引导或分配到不同区域和产业领域，促进区域产业技术进步和科技与经济健康协调发展的总体安排。通过区域知识产权布局可以有效地克服单个企业知识产权申请的盲目性和零散性，并因此提升区域知识产权资源的利用效率，为区域产业发展提供切实有效的知识产权支撑。知识产权区域布局的最终目的是推动知识产权工作与区域经济建设的深度融合，探索知识产权资源与区域科教、产业、经济、社会协同发展机制，

引导并实现创新资源的区域集聚。

知识产权区域布局从经济学的角度而言就是资源配置问题。进一步地，知识产权资源区域布局可从静态和动态两个角度来理解：在静态上是指各类知识产权资源在不同区域层面的分布状态及配置结果，在动态上是指把各类知识产权资源引导或分配到不同区域的配置过程。知识产权资源的区域布局既包括知识产权的创造、运用、保护、管理等几个方面，也需要将知识产权资源与其他经济、社会、科技资源相结合，从静态和动态角度进行综合分析与讨论。

（二）知识产权区域布局质量评价体系

本课题遵循阶段性和全局性相结合、静态分析和动态匹配相结合的基本原则，构筑了包括知识产权创造潜力、知识产权创造能力、知识产权运用能力、知识产权运用需求以及知识产权保护管理五个模块的知识产权区域布局质量评价体系（图1）。知识产权区域布局质量从静态质量和动态质量两个角度来衡量：静态质量是指知识产权能力和资源的多少，从资源和能力的角度进行评估；动态质量是指区域知识产权资源与前端教育、科技、产业资源基础之间，以及与后端产业、经济、社会发展需求之间的耦合和匹配性。

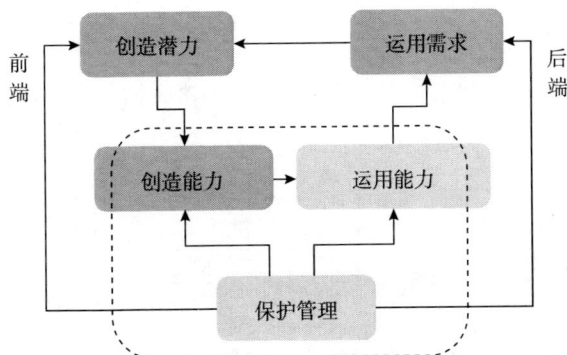

图1　区域知识产权布局的模块结构

综合考虑相关指标的客观性、代表性以及数据的可获取性，本课题选取了13个二级指标（图2），并在此基础上进一步确立了54个三级指标，形成了知识产权区域布局指标体系。

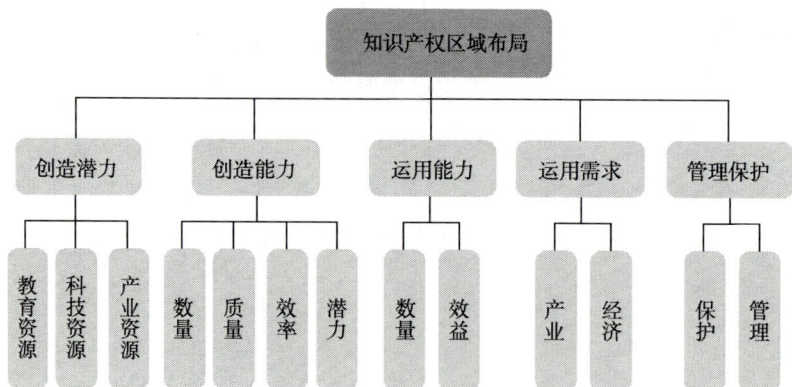

图 2　知识产权区域布局评价体系

（三）知识产权区域布局质量评价方法

课题从静态和动态两个角度，纵向和横向两个维度评价宁波市及长三角地区主要城市的知识产权布局质量。静态分析方法主要针对评价指标体系的构建及应用，运用专家打分法、层次分析法、熵值法、结合赋权法等多种方法确定知识产权布局质量评价各级指标的权重，并在此基础上采用结合赋权法对2006—2015年宁波知识产权区域布局质量进行了综合评价。动态分析方法主要针对指标体系各模块系统之间动态协调度和关联性的评估，运用耦合协调度分析、灰色关联度分析方法对区域层面的专利资源与前端和后端区域资源的动态协调和关联进行了动态匹配分析。在横向比较中，课题运用结合赋权法比较了2015年长三角主要城市知识产权区域布局质量整体情况，运用耦合协调度分析和灰色关联度分析对长三角地区七个主要城市的知识产权布局质量进行了动态匹配分析。

二、宁波市知识产权区域布局质量评价与分析

（一）宁波市知识产权布局现状概述

（1）知识产权创造潜力。宁波市的教育资源相对匮乏，发展缓慢；企业研发投入逐年提升，重点研究项目逐年增多，科技资源发展势头良好；在产业资源方面，规模以上企业发展稳健，高技术产业和企业 R&D 活动有待进一步加强。

（2）知识产权创造能力。十年来，宁波的知识产权创造数量有显著增加，其中海外专利申请数量的增加尤为明显；知识产权创造质量也有了大幅度的提高；知识产权创造效率一般，经费利用效率相对较低。

（3）知识产权运用需求。十年来，知识产权的产业需求一直处于一个波动状态，知识产权在工业企业以及高技术产业上的运用未进入良性循环。

（4）知识产权运用能力。宁波市知识产权运用能力整体水平较低，而且2011—2015年专利所有权转让及许可数及许可收入都呈现下降的趋势。

（5）知识产权管理保护。宁波尚未形成规模化的代理机构以及专利从业人员，知识产权管理服务水平有待提高；知识产权司法保护强度以及专利行政保护强度水平得到了较为明显的改善。

（二）宁波市知识产权布局质量静态分析结果

2006—2015年，宁波市知识产权布局质量整体呈现波动上升的趋势。2015年知识产权布局质量得分为0.6574，是2006年的近5倍，取得了较大的发展（表1）。从知识产权布局质量变化过程看，2012年布局质量达到一个小高峰，2013年出现了小幅下降，之后连续两年保持在上升通道上。

表1　基于结合赋权法的宁波市知识产权区域布局评价结果

知识产权区域布局维度	2006年	2007年	2008年	2009年	2010年	2011年	2012年	2013年	2014年	2015年
知识产权创造潜力	0.0861	0.2281	0.2248	0.2875	0.3099	0.4450	0.4529	0.4913	0.5462	0.6056
知识产权创造能力	0.0746	0.1181	0.1444	0.2551	0.3175	0.4715	0.6382	0.6348	0.5935	0.8318
知识产权运用能力	0.3958	0.6197	0.3945	0.2516	0.4851	0.3741	0.6389	0.3906	0.6386	0.0004
知识产权运用需求	0.1672	0.3122	0.3797	0.3786	0.5179	0.4845	0.5841	0.6307	0.7218	0.8011
知识产权管理保护	0.1227	0.0737	0.1902	0.2720	0.3935	0.3888	0.6693	0.5034	0.8345	0.8610
知识产权布局质量评价得分	**0.1317**	**0.2470**	**0.2492**	**0.2931**	**0.3654**	**0.4514**	**0.5613**	**0.5481**	**0.6246**	**0.6574**

从分项指标看，宁波市知识产权创造潜力从 2006 年的 0.0861 到 2015 年的 0.6056，扩大了将近 6 倍，处于持续上升状态；知识产权创造能力从 2006 年的 0.0746 到 2015 年的 0.8318，扩大了将近 10 倍多，发展态势良好；知识产权运用需求从 2006 年的 0.1672 到 2015 年的 0.8011，扩大了将近 5 倍，与知识产权布局质量的总体发展趋势相符。知识产权保护管理评分从 2006 年的 0.1227 到 2015 年的 0.861，增长了近 7 倍，进步较为明显。可见，强劲的知识产权创造潜力、良好的知识产权创造能力、旺盛的知识产权运用需求和不断完善的知识产权管理保护环境是宁波知识产权布局质量提升的重要动力，也是宁波市知识产权布局质量的主要优势。

2006—2015 年，宁波市知识产权运用能力总体水平有所提升，但受市场、企业、政策等方面的影响，2014 年后该指标大幅滑落，影响了宁波市知识产权整体的布局质量。知识产权运用效益停滞和运用数量不足，是制约知识产权运用能力乃至整体布局质量情况的主要问题。因而，宁波知识产权布局质量提升的着力点应该放在大力提升知识产权的运用转化能力上，从而满足区域产业发展对知识产权资源的巨大需求，形成与知识产权创造、管理、保护协调发展的联动机制。

（三）宁波市知识产权布局质量动态匹配结果

1. 耦合协调度分析

2006—2015 年五大模块耦合协调度测算结果显示，总体上宁波知识产权区域布局质量五大模块耦合协调度呈现波动上升趋势且增长速度较快，2012 年以后基本步入中度耦合协调区域（图 3）。具体而言，知识产权创造潜力与知识产权创造能力、知识产权运用需求与知识产权创造潜力、知识产权创造能力与知识产权保护管理耦合协调度保持持续上升的势态，从低耦合协调区域进入中度耦合协调度区域。知识产权创造能力与知识产权运用能力、知识产权运用能力与知识产权保护管理、知识产权运用能力与知识产权运用需求在在 2014 年达到最高值（分别为 0.342、0.365、0.339），进入中度耦合协调度区域，但是 2015 年由于知识产权运用能力异常下降导致耦合协调度回落。其中，宁波市知识产权创造能力与知识产权保护管理耦合协调度提升最快，接近高度协调耦合区域。

知识产权创造能力与知识产权运用能力、知识产权运用能力与知识产权保护管理这两个指标的耦合协调关系比较差，显示宁波市知识产权运用能力严重滞后于宁波市知识产权保护管理和创造能力的发展，有待加强提升。

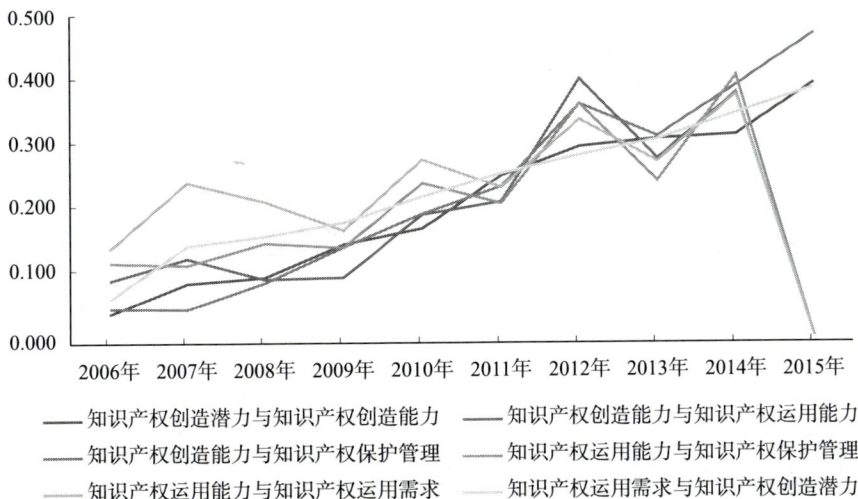

图3 2006—2015年宁波知识产权布局五大模块耦合协调度分析结果

2. 灰色关联度分析

课题使用了灰色关联度分析中的综合关联度来考察宁波市知识产权布局质量评价中五大模块的匹配关系，这个指标兼顾了模块指数发展水平的匹配度和变化速率的接近程度。从表2可以看出，宁波市知识产权运用能力与知识产权运用需求、知识产权创造能力与知识产权运用能力的匹配程度较好；知识产权创造能力与知识产权保护管理、知识产权运用需求与知识产权创造潜力匹配程度中等；亟待改善的是知识产权运用能力与知识产权保护管理、知识产权创造潜力与知识产权创造能力的匹配情况。原因主要是宁波市知识产权保护管理水平在2013年后提升很快，但是近几年知识产权运用能力的发展存在较大的波动性。应该说，宁波市知识产权保护管理水平超前的发展为知识产权运用能力的后续发力提供了有力的保障。就知识产权创造潜力与知识产权创造能力的匹配问题而言，宁波市知识产权创造能力在2010年后提高很快，而知识产权创造潜力发展则比较平稳，导致两者的匹配程度不高。因而，从动态角度看，今后特别需要加强宁波市知识产权创造潜力的挖掘以及知识产权运用能力的提升。

表2 宁波市知识产权布局五大模块灰色关联度分析结果

匹配对象	序列	绝对关联度	相对关联度	综合关联度
知识产权创造潜力与知识产权创造能力	（1）–（2）	0.7934	0.6187	0.7061
知识产权运用需求与知识产权创造潜力	（1）–（4）	0.8507	0.7922	0.8215
知识产权创造能力与知识产权运用能力	（2）–（3）	0.9076	0.8561	0.8818
知识产权创造能力与知识产权保护管理	（2）–（5）	0.9119	0.8070	0.8595
知识产权运用能力与知识产权运用需求	（3）–（4）	0.9872	0.7853	0.8862
知识产权运用能力与知识产权保护管理	（3）–（5）	0.8358	0.7187	0.7772

三、长三角主要城市知识产权布局质量比较分析

（一）长三角主要城市知识产权布局质量静态分析结果

从总体情况上看，2015年上海市的知识产权区域布局质量最高，之后依次是南京市、杭州市、苏州市、无锡市、宁波市、嘉兴市（表3）。依据区域知识产权布局质量大致可分为三个梯队：第一梯队上海在知识产权区域布局质量上有着绝对优势（布局质量0.6～0.9），大大领先其他城市；第二梯队为杭州市、南京市、苏州市（布局质量0.4～0.6），知识产权布局质量处于中等水平；第三梯队为宁波市、无锡市、嘉兴市（布局质量<0.4），与前两个梯队相比宁波市知识产权布局质量仍有一定的差距，嘉兴市的区域知识产权布局的弱势非常明显。

表3 基于结合赋权法的长三角知识产权区域布局评价结果

知识产权区域布局维度	宁波市	杭州市	嘉兴市	上海市	南京市	苏州市	无锡市
知识产权创造潜力	0.1295	0.4150	0.0161	0.9202	0.6691	0.2890	0.1526
知识产权创造能力	0.3396	0.6076	0.1208	0.6909	0.3921	0.4917	0.3355

续表

知识产权区域布局维度	宁波市	杭州市	嘉兴市	上海市	南京市	苏州市	无锡市
知识产权运用能力	0.3191	0.5762	0.2487	0.9060	0.3435	0.5763	0.3877
知识产权运用需求	0.1463	0.1488	0.0414	0.8834	0.1614	0.5523	0.1600
知识产权保护管理	0.3750	0.4750	0.2848	0.6217	0.3238	0.3817	0.2165
知识产权布局质量	**0.2149**	**0.4235**	**0.0840**	**0.8403**	**0.4601**	**0.4115**	**0.2182**

值得注意的是，除上海市在知识产权布局各领域绝对领先、嘉兴市知识产权布局整体处于末位外，其他五个城市在知识产权创造潜力、知识产权创造能力、知识产权运用能力、知识产权运用需求、知识产权保护管理等方面都存在着发展不均衡的问题。如南京市在知识产权创造潜力方面的优势最为突出，杭州市知识产权运用需求是制约其未来布局的主要短板，苏州市的知识产权运用能力和需求非常旺盛，知识产权的创造能力和潜力却与需求不匹配。从整体布局质量和布局结构上看，宁波市与南京市、苏州市存在一定的差距，与无锡市较为接近，同时明显高于嘉兴市。

（二）长三角主要城市知识产权布局质量动态匹配结果

1. 耦合协调度分析

五大模块耦合协调度测算结果显示，长三角七大城市知识产权布局质量评价地区差异明显（图4），按照其耦合协调度测算值的大小可以划分为以下三类。

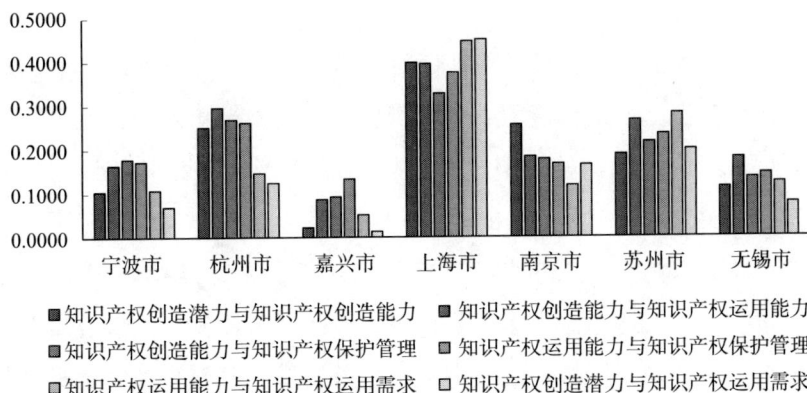

图4　长三角7大城市知识产权布局质量评价五大模块耦合协调度比较

（1）**高度耦合协调地区：上海市**。上海市五大模块耦合协调度的均值为0.399，位居7大城市首位。而且上海市五大模块耦合协调度呈现均衡势态，没有明显的短板，从任何单个模块的耦合协调度来看，也均高于其他6市。总体上，上海市作为一个经济强市，知识产权运用需求推动了知识产权创造能力和知识产权运用能力的发展，使得上海市知识产权创造能力和知识产权运用能力水平都很高，且有较强的知识产权创造潜力为依托，又有比较完善的知识产权保护管理提供保障，形成了知识产权布局质量提升的良性循环。

（2）**中度耦合协调地区：杭州市和苏州市**。苏州市和杭州市五大模块耦合协调度的均值分别为0.231和0.225，和上海市存在一定差距，略高于第三梯队的宁波市、嘉兴市、南京市和无锡市。苏州市的优势在于知识产权运用能力与运用需求高度协调，这与苏州市区域产业经济繁荣有很大的关系。杭州市的优势在于知识产权创造能力与运用能力的匹配，高新企业的蓬勃发展有力提升了杭州市知识产权的创造能力，专利申请数量、质量及其增长速度等方面发展很快。

（3）**低度耦合协调地区：宁波市、嘉兴市、南京市、无锡市**。宁波市、嘉兴市、南京市、无锡市五大模块耦合协调度的均值分别为0.133，0.066、0.178、0.129。就城市比较而言，嘉兴市各个模块耦合协调度都比较低；南京市知识产权运用能力与运用需求的匹配度亟待提高；宁波市和无锡市的短板主要体现在知识产权运用需求与知识产权创造潜力、知识产权创造潜力与创造能力匹配方面。

2. 灰色关联度分析

从表4可以看出，整个长三角地区运用需求与知识产权创造潜力、知识产权创造能力与知识产权运用能力、知识产权运用能力与知识产权运用需求的匹配程度较好；亟待改善的是知识产权创造潜力与知识产权创造能力匹配程度、知识产权运用能力与知识产权保护管理的匹配程度。结合之前静态分析的结果，匹配度较低的原因是嘉兴、上海市、南京市、苏州市和无锡市知识产权保护管理程度对于知识产权运用能力水平是相对滞后的；宁波市和杭州市知识产权保护管理水平相对于知识产权运用能力水平超前发展，但创造潜力又明显滞后于知识产权创造能力。

表 4　长三角知识产权布局质量五大模块灰色关联度分析结果

匹配对象	序列	绝对关联度	相对关联度	综合关联度
知识产权创造潜力与知识产权创造能力	（1）-（2）	0.7538	0.5848	0.6693
知识产权运用需求与知识产权创造潜力	（1）-（4）	0.8595	0.7892	0.8243
知识产权创造能力与知识产权运用能力	（2）-（3）	0.8470	0.7907	0.8188
知识产权创造能力与知识产权保护管理	（2）-（5）	0.7868	0.6877	0.7372
知识产权运用能力与知识产权运用需求	（3）-（4）	0.9916	0.7521	0.8718
知识产权运用能力与知识产权保护管理	（3）-（5）	0.6990	0.6091	0.6541

四、提升宁波知识产权布局质量的思路和对策

知识产权作为现代产权制度的重要构成、创新驱动发展战略实施的重要支撑，是区域经济发展的"助推器"。优化知识产权资源的布局，有利于促进区域重塑新的发展动力源和增长极，有利于形成以创新为引领的经济体系和发展模式。基于前文知识产权布局评价分析，课题组认为，知识产权区域布局是一个涉及多方面、多领域的系统工程，不仅涉及政府、企业、大学、科研院所、金融机构，以及科技中介等多个创新主体及主体之间的协同合作，同时涉及知识产权成果从研究开发、经设计试制到工业性试验，并最终成为商品，实现产业化的整个链条中所需的资金、技术、管理、人才、市场、中介服务以及社会环境等多方面因素。因此，提升知识产权区域布局质量，促进知识产权成果转化，需要统筹兼顾、协调发展，需要重点解决资金链条、创新链条与支撑环境中的薄弱环节，着力解决以下几方面问题。

（一）正确定位政府功能，发挥政府的市场导向作用

充分发挥宁波市机制体制方面的优势，积极用好政府的"有形之手"，又要

盘活市场的"无形之手"，通过政府"有形的手"引导市场"无形的手"。宁波市应着力进行知识产权运营服务体系建设，完善专利成果市场评估机制，实现专利的转化率有效提升。

（1）完善知识产权运营服务体系。应借入选首批知识产权运营服务体系建设重点城市的契机，加快构建知识产权运营服务体系的载体，促进知识产权与创新资源、金融资本、产业发展有效融合，实现知识产权支撑区域经济创新驱动发展。宁波知识产权运营服务体系建设重点应以发展新材料、高端装备、新一代信息技术等知识产权密集型产业为依托，以谋求产业链竞争优势为主攻方向，以打造知识产权运营生态、拓展知识产权运营链条为核心，以配置全球知识产权资源、培育高价值专利组合为主线，加快构建以宁波市知识产权运营公共服务平台为载体，综合性专业化知识产权服务机构为运营主体，金融、法律、评估、产业分析、知识产权保护等相关配套服务为支撑的知识产权运营服务体系。

（2）进一步优化知识产权平台。依托资源整合、政策集成以及数据挖掘与共享服务，建设区域知识产权与产业融合分析中心、知识产权交易中心、知识产权保护服务中心，形成集政府部门、运营机构、企业、科研院校、金融机构、中介机构等产业链利益相关方于一体的协同化运作机制。在平台信息化建设方面，宁波可以依托科技创新云平台，通过开展统一资源服务、统一数据服务和统一平台服务，为运营平台建设实现开放共享、简化服务流程提供基础支撑。

（3）引导专利成果有效转化。缺乏对于专利价值的有效评估和专利质量的认定，是造成专利成果市场转化率较低的主要原因。因此，建议政府认定一批第三方专利价值评估机构，再通过金融机构的有效参与，以提升专利成果的有效转化。此外，基于新修订的《中华人民共和国专利法》，对于事关国计民生的专利成果，政府可以实施强制转化。特别是对于那些风险大，成本高，企业很难做到的专利成果，政府可与专利权人达成许可协议，或者购买其专利成果，实施转化。

（4）强化知识产权保护体系。为进一步加强知识产权保护，加快推进知识产权运用转化，快速、有效、低成本地解决知识产权纠纷，营造创新良好氛围，宁波市应依托现有知识产权保护运用体制，进一步发挥知识产权综合运用和保护第三方平台优势，以国家知识产权纠纷调解试点城市建设为契机，全力争创中国（宁波）汽车及零部件知识产权保护中心，加快推进集知识产权行政执法、司法保护和社会调解为一体的知识产权大保护工作格局，并积极开展知识产权领域社会信用体系建设，保障宁波市知识产权运营服务体系高效运转。

（二）优化政府知识产权资源配置，进一步引导集聚社会资源

（1）有效发挥政府知识产权布局作用。通过政府引导和市场布局相结合，大幅度增加对知识产权成果转化环节的投入力度；增加对在宁波的技术创新工程、技术创新联盟、孵化器、工程技术中心、重点实验室等知识产权密集型单位的投入，增强其共性技术开发服务功能和投融资服务功能。同时，发挥宁波市在科技成果转化方面探索形成科技人员带成果带团队共同创业、成果作价入股、"产业技术＋产业育成＋衍生企业""国际合作＋跨国并购＋产业化"等多种科技成果转移转化模式，优化科技资源计划组织运行模式，以知识产权布局引导和市场转化成果为目标，改革和创新投入方式，综合运用多种方式，引导和带动金融资本及其他社会资本，促进与引导企业和科研机构利益机制转变。

（2）积极依托宁波国家高新区，打造浙东南国家自主创新示范区。宁波市国家高新区已经汇集了宁波市一半的重点科技研发机构、公共技术服务平台，被列为国家创新型科技园区、国家海外高层次人才创业创新基地，成为宁波市实施创新驱动发展战略的核心区域，在全省乃至全国具有较强的辐射力和影响力。充分利用宁波市作为全球磁性材料、高性能金属材料、合成新材料等发展的高地，形成全球新材料知识产权布局的领航者。同时，对接"一带一路"，依托东南沿海港口城市和区域经济一体化支撑，率先实现区域产业知识产权战略布局的突破，形成一批有特色、可复制、可推广、可借鉴的知识产权示范样板企业。

（3）结合宁波"中国制造2025"试点示范城市，培育高价值专利组合。结合宁波"中国制造2025"试点示范城市建设，推进重点优势产业领域专利导航工程，建设一批规模较大、布局合理、对产业发展和国际竞争力具有支撑保障作用的高价值专利组合。整合科技攻关资金，以企业、高校、研究院所、运营

机构为依托，鼓励和引导企业联合上下游产业链条共同开展高价值专利组合培育和运用。

（4）增强创新平台专业化服务能力。强化清理整顿和分类扶持，引导企业孵化器、大学科技园、中试基地、大学生创业基地、留学人员创业园提升技术转移、专业咨询、投融资和市场推广等专业服务能力，吸引社会资本，促进企业孵化培育和科技成果转化。同时，积极支持创新平台开展创业投资个人所得税税收优惠政策试点，引导鼓励民间资本参与创新平台建设，激发民营资本对科技创新的贡献；加大金融对科技创新的支持力度。

（5）强化资源要素保障措施。宁波市政府每年确定一批科技成果产业化重点项目，在用电、用地、用能、投融资、产品推广应用示范等方面给予重点扶持。对带动性强的重点产业创新项目用地，可参照工业项目供地，并可适当提高容积率。宁波各市、区、县（市）应加快清理和盘活存量房资源，强化创新型人才住房保障。

（三）积极探索建立知识产权发展多元投入机制，强化资金保障作用

（1）强化宁波市财政对于知识产权布局发展资金统筹。宁波各市、区、县（市）财政科技经费的增长幅度，应不低于财政经常性收入增长幅度。对围绕宁波市产业发展为主的基础共性技术和民生公益技术研发，由各级财政直接资助。应用类科技成果产业化扶持方式，转为间接资助创新型企业为主，逐步提高创投基金、风险池基金等资助资金比重。

（2）构建多层次的知识产权投融资体系。引导在涌的金融机构优化信贷结构，综合运用买方信贷、卖方信贷、融资租赁等方式，加大对科技型知识产权示范企业的信贷支持。通过科技贷款补贴、科技保险补贴等方式，支持科技型企业到股权交易所挂牌和境内外资本市场上市等方式融资；加快推进场外交易市场建设，完善股权交易市场监管和交易制度，为非上市科技型企业股权转让和融资提供服务。

（3）有效利用宁波市科技成果转化引导基金。2014年《宁波市科技成果转化资金管理办法》出台，宁波市设立了科技成果转化资金，旨在引导企业积极与高等院校、科研机构开展产学研供需对接，承接购买或投资重大科技成果，

加快推进重大科技成果产业化，引领支撑产业转型升级。合理利用宁波市科技成果转化引导基金，按照宁波市战略性新兴产业发展需求，重点投入针对新材料、新一代信息技术、新能源、新装备、海洋高技术、节能环保、生命健康、创意设计等八大战略性新兴产业，共同研发战略性新兴产业中关键性、共性技术，为宁波市产业的可持续发展提供技术的保障。

（4）完善宁波市创新型中小企业信用担保体系。支持设立宁波市创新型企业融资担保公司和小额贷款公司，对银行和小额贷款公司为宁波创新型小微企业提供的贷款，按年均余额新增部分实施风险补偿。扩大信用担保风险补偿政策的覆盖面，推广科技保险和知识产权质押贷款业务，支持保险资金参与科技创新基础设施建设和重大科技项目投资。

（5）设立宁波市区域性的科技型中小企业股权交易中心。依托技术转移示范机构、技术市场、技术转移中心与科技开发中心，建立宁波市性技术产权交易机构联盟，开发相应的信息化、网络化的技术交易支持系统与展示平台，在此基础上设立区域性的科技型中小企业股权交易中心，建立科技成果的公示公告机制，对应用类科技计划项目成果，探索"强制"进场交易制度，推动重大科技成果直接进入市场。

（6）支持发展专业化知识产权运营机构。制定《宁波市知识产权运营机构培育管理办法》，采取股权投资、以奖代补等形式支持知识产权运营机构发展。培育运营基础好、持有可运营的高质量专利、拥有知识产权运营人才、运营模式清晰的运营机构，鼓励其对接高校科研院所、企业，实现产业联盟，以专利许可、专利转让、股权化、资本证券化、专利诉讼等运营模式实现收益。

（四）积极推进各创新主体协同发展，构建有效的科技成果产业化新模式

（1）深入推进政产学研用协同创新。结合国家新修改的促进科技成果转化法的新精神，支持宁波高校、科研院所将非经营性国有资产转为经营性国有资产，用于科技成果研发和产业化。完善科研类事业单位自主处置科技成果机制。促进和落实科技人员双向兼职和流动，将科技成果产业化成效纳入产学研合作绩效评价重点内容。市各级财政在资金和税收等政策上支持科技成果在市内转让及产业化。

（2）改革和完善高校、科研院所科研成果评价机制，强化各类创新人才激励，引导推动改革高校与科研院所转变"教学与科研并举"为"教学、科研、成果转化"并重，支持其将科技成果产业化业绩作为应用性研究人员职务晋升的主要依据；确保在专业技术职称评聘中，有一定比例的参与技术转移和产业化人员；鼓励其将转化职务科技成果取得的收益按一定比例奖励有关贡献人员和团队。

（3）完善各类创新资源开放共享机制。各级政府投资的科研设施应向企业、高校、科研院所开放，作为技术研发的公共平台。各级政府支持的科研活动所获得的信息资料，应最大限度地向社会公开。鼓励高等院校和科研院所以市场化方式向企业开放各类科技资源，鼓励社会公益类科研院所为企业提供检测、测试、标准等服务。

（4）建立重大创新成果发现机制，大力支持中介机构开展创新服务。对来宁波落地产业化的重大科技成果转化项目，市科技经费给予省重大创新项目的额度扶持，市各区、县（市）、开发区按承诺配套条件，择优落户。完善专业化服务标准，健全发明专利评估、交易、咨询、代理、诉讼、专利检索和人才引进等中介服务体系。鼓励科技中介服务机构规范化、专业化、网络化发展，不断拓宽服务领域。

（五）创新和完善统筹协调机制，强化知识产权布局对区域产业发展的组织保障

（1）创新知识产权制度，为知识产权布局以及专利成果转化提供制度保障。建立团体专利制度，有效降低研发成本、减少专利交易许可费用，整合互补性专利，提高专利技术转化率。政府在制定知识产权政策时要积极支持鼓励团体专利的建立，充分发挥其鼓励科技创新和激励竞争的作用，不断完善团体专利的调整机制。同时政府也可以跟企业和行业协会之间合作，共同谋划建立团体标准以增强国际竞争力，提高专利技术转化率。

（2）加强创新成果统筹协调。在市各县（区）行政服务中心设立科技创新创业咨询、项目受理和代理服务的一站式窗口，为国内外人才来浙江创业、国内外重大成果在浙江落地转化提供全程服务，为宁波市八大产业重点企业科技

创新和成果转化提供科技信息、专利检索、政策咨询、知识产权保护等方面的服务。

（3）建立宁波市知识产权成果服务区域经济发展综合服务平台。

推行网络化管理和服务，为知识产权成果研发、筛选、评价、信息发布、产业项目立项、投融资和资源配置提供一条龙服务，包括通过科技服务综合网络平台对产业创新重点扶持项目进行联合审查；建立科技成果产业化数据库，对入库项目进行遴选并定期发布。

（4）建立知识产权成果应用评估机制。推行渐进式改革，逐步发展社会化的评价方式，重组市场化评价方式和科技成果应用评估机制。由市科技、统计部门、行业主管部门研究建立评估体系，依据不同类型科技成果建立不同的指标体系采用不同的评价方法，突出科技成果应用的可行性、产业带动性和效益提升导向，增加市场考核期。

（5）加强知识产权保护和服务机制建设。以专利权为核心，建立重大科技、经济活动知识产权评议机制，并提供知识产权维权援助支持。加大对企业申报国内外专利、注册商标，取得国际标准认证、参与国内外标准制定的扶持力度。对属于宁波市八大产业的重点企业的知识产权侵权进行严厉查处或提供维权支持。

（6）完善知识产权成果产业化评价激励机制。完善科技成果产业化体系，发展创新型经济纳入综合考评、党政领导科技进步和人才工作目标责任考核的重要内容。定期发布知识产权成果科技进步监测指标和成果转化统计指标，对科技创新成果研发、产业化的综合服务和资金使用绩效，实行全过程严格监管。